全面建成小康社会

兑现向人民向历史作出的庄严承诺

主　编 / 吴厚庆
副主编 / 谢兵良　王赞新

国家行政学院出版社
NATIONAL ACADEMY OF GOVERNANCE PRESS
·北京·

图书在版编目（CIP）数据

全面建成小康社会：兑现向人民向历史作出的庄严承诺/吴厚庆主编．—北京：国家行政学院出版社，2021.6（2022.3重印）

ISBN 978-7-5150-2528-5

Ⅰ.①全… Ⅱ.①吴… Ⅲ.①小康建设—成就—中国 Ⅳ.①F124.7

中国版本图书馆 CIP 数据核字（2022）第 038203 号

书　　名	全面建成小康社会：兑现向人民向历史作出的庄严承诺 QUANMIAN JIANCHENG XIAOKANG SHEHUI：DUIXIAN XIANG RENMIN XIANG LISHI ZUOCHU DE ZHUANGYAN CHENGNUO
主　　编	吴厚庆
副 主 编	谢兵良　王赞新
责任编辑	王　莹　张媛媛
出版发行	国家行政学院出版社 （北京市海淀区长春桥路 6 号　100089）
综 合 办	（010）68928903
发 行 部	（010）68928866
经　　销	新华书店
印　　刷	北京盛通印刷股份有限公司
版　　次	2021 年 6 月北京第 1 版
印　　次	2022 年 3 月北京第 2 次印刷
开　　本	170 毫米×240 毫米　16 开
印　　张	19.75
字　　数	281 千字
定　　价	68.00 元

本书如有印装问题，可联系调换，联系电话：（010）68929022

目　录

第一章　实现中华民族伟大复兴的关键一步 …………………（1）
　第一节　一以贯之而又不断丰富发展的小康理论与实践 ………（1）
　第二节　在全面建成小康社会中书写新时代中国特色社会主义
　　　　　事业新篇章 ……………………………………………（7）
　第三节　全面建成小康社会标注中华民族发展的新高度 ………（15）

第二章　坚定不移推动经济高质量发展 ………………………（20）
　第一节　经济高质量发展筑牢全面小康根基 ……………………（20）
　第二节　经济高质量发展的历史性成就 …………………………（26）
　第三节　坚定不移贯彻新发展理念，推动经济更高质量发展 …（36）

第三章　用制度体系保障人民当家作主 ………………………（55）
　第一节　全面建成小康社会要求人民当家作主 …………………（55）
　第二节　人民当家作主的制度体系不断完善 ……………………（64）
　第三节　充分认识人民当家作主制度的巨大优越性 ……………（75）

第四章　推进文化大发展大繁荣 ………………………………（86）
　第一节　文化大发展大繁荣是全面建成小康社会的客观要求 …（86）
　第二节　文化大发展大繁荣迈出坚实步伐 ………………………（96）

第三节　全面小康社会文化建设的经验与启示 …………… (111)

第五章　提高保障和改善民生水平 ………………………… (117)
　　第一节　全面小康社会要坚持民生优先 …………………… (117)
　　第二节　民生建设的发展历程和历史性成就 ……………… (124)
　　第三节　全面建成小康社会进程中民生建设的经验与启示 … (142)

第六章　打好精准脱贫攻坚战 ……………………………… (156)
　　第一节　坚决打好精准脱贫攻坚战，共享全面小康成果 … (156)
　　第二节　脱贫攻坚取得历史性重大成就 …………………… (167)
　　第三节　脱贫攻坚伟大实践的宝贵经验 …………………… (175)

第七章　构建共建共治共享社会治理新格局 ……………… (187)
　　第一节　共建共治共享社会治理新格局助力全面建成小康
　　　　　　社会 …………………………………………………… (187)
　　第二节　共建共治共享社会治理新格局日趋完善 ………… (195)
　　第三节　坚定不移持续深化共建共治共享社会治理新格局 … (203)

第八章　坚持绿水青山就是金山银山 ……………………… (213)
　　第一节　没有绿水青山就没有全面小康 …………………… (213)
　　第二节　绿水青山为全面小康添彩 ………………………… (219)
　　第三节　在绿水青山间绘就全面小康的美丽画卷 ………… (225)

第九章　把党建设得更加坚强有力 ………………………… (234)
　　第一节　党的领导是全面建成小康社会的根本保证 ……… (234)
　　第二节　推进党的建设伟大工程的历史性成就 …………… (238)
　　第三节　把党建设得更加坚强有力 ………………………… (254)

第十章 开启全面建设社会主义现代化国家新征程 …………（266）
　第一节　全面建成小康社会与全面建设社会主义现代化国家 ……（266）
　第二节　分两步到本世纪中叶全面建成社会主义现代化强国 ……（282）
　第三节　乘势而上开启全面建设社会主义现代化国家新征程 ……（289）

参考文献 ……………………………………………………………（302）

后　记 ………………………………………………………………（307）

习近平总书记谈全面建成小康社会

2020年是具有里程碑意义的一年。我们将全面建成小康社会，实现第一个百年奋斗目标。2020年也是脱贫攻坚决战决胜之年。冲锋号已经吹响。我们要万众一心加油干，越是艰险越向前。

《国家主席习近平发表二〇二〇年新年贺词》，《人民日报》2020年1月1日。

实现全面建成小康社会、建成富强民主文明和谐的社会主义现代化国家的奋斗目标，实现中华民族伟大复兴的"中国梦"，就是要实现国家富强、民族振兴、人民幸福，既深深体现了今天中国人的理想，也深深反映了我们先人们不懈追求进步的光荣传统。

习近平：《习近平谈治国理政》第一卷，外文出版社2018年版，第39页。

我们既要全面建成小康社会、实现第一个百年奋斗目标，又要乘势而上开启全面建设社会主义现代化国家新征程，向第二个百年奋斗目标进军。

《中国共产党第十九次全国代表大会文件汇编》，人民出版社2017年版，第61页。

第一章　实现中华民族伟大复兴的关键一步

党的十八大以来，以习近平同志为核心的党中央带领全党全国各族人民，接过历史的接力棒，致力于全面建成小康社会，书写了中华民族发展史上浓墨重彩的灿烂华章，走过了中华民族伟大复兴道路上的关键一步：以"五位一体"总体布局开创全面建成小康社会新局面、以"四个全面"战略布局推进全面建成小康社会新实践、以新发展理念形成全面建成小康社会新引领、以三大攻坚战打响全面建成小康社会的新战役，践行了向人民向历史作出的庄严承诺。如期全面建成小康社会，提升了人民美好生活的新水平，拓展了改革发展的新格局，标注了全面现代化的新起点，彰显了中国特色社会主义的新境界。这既是胜利的丰碑，又是进一步发展的新起点。

第一节　一以贯之而又不断丰富发展的小康理论与实践

改革开放以来，小康社会始终是中国共产党一以贯之的工作重点和奋斗目标。虽然小康社会的内涵和标准在发展中不断拓展提升，小康社会的目标与要求也在发展中不断明晰具体，但不管在什么阶段，不管形势发生怎样的变化，中国共产党人始终扭住这个奋斗目标，一茬接着一茬干，一棒接着一棒跑。尤其是党的十八大以来，全面建成小康社会已然成为中国特色社会主义事业的"四个全面"战略布局之一。正因为这样，我们聚集了一鼓作气向终点冲刺的磅礴力量，确保全面建成小康社会奋斗目标的如期实现。

一、小康目标的提出

中国的小康思想源远流长，小康是中华传统文化在悠久历史中形成的思想积淀，也是中国悠久历史长河中劳苦大众对社会安定和丰衣足食的一种美好向往。《诗经·大雅·民劳》有云："民亦劳止，汔可小康。惠此中国，以绥四方。"表达了处于贫穷和动荡社会中的人民对安康社会的强烈向往。改革开放之后，邓小平同志创造性地将"小康社会"这一概念与中国社会发展阶段目标结合起来擘画国家发展蓝图。

改革开放后，邓小平同志对我国现代化的道路和目标进行了切合实际的调整和规划。提出我们要实现的现代化是"基本现代化""中国式的现代化"。这是一个从实际出发的务实的现代化目标。一方面，它不同于西方的现代化。当时，中国刚刚走上改革开放的道路，无论是从生产力水平和综合国力看，还是从科技水平和人民生活条件看，与西方发达国家都存在着巨大的差距。1979年12月，邓小平在会见来访的日本首相大平正芳时指出："我们要实现的四个现代化，是中国式的四个现代化。我们的四个现代化的概念，不是像你们那样的现代化的概念，而是'小康之家'。"[①] 这是邓小平第一次用"小康"来描绘中国的现代化目标。另一方面，它不同于改革开放前提出的现代化目标。改革开放之前，中国共产党人延续近代以来革命志士对"大同"理想的追求，提出要实现"高度现代化"的国家发展目标。然而，在一个以传统农业为背景的小农经济国家，急于实现"高度现代化"目标，反而造成了发展的缓慢和停滞。在这一背景下，邓小平以"小康"这一中国传统文化的经典概念和思想来阐述切合中国实际的中国式"基本现代化"目标，提出"四个现代化"，并将"四个现代化"落实到小康目标上。

---

① 《邓小平文选》（第2卷），人民出版社1994年版，第237页。

1982年召开的党的十二大正式将小康社会作为经济建设总的奋斗目标，并提出："从一九八一年到本世纪末的二十年，我国经济建设总的奋斗目标是，在不断提高经济效益的前提下，力争使全国工农业的年总产值翻两番，即由一九八〇年的七千一百亿元增加到二〇〇〇年的二万八千亿元左右。实现了这个目标，我国国民收入总额和主要工农业产品的产量将居于世界前列，整个国民经济的现代化过程将取得重大进展，城乡人民的收入将成倍增长，人民的物质文化生活可以达到小康水平。"① 这标志着小康理论与实践探索在党和国家战略部署中正式启航。在这个基础上，党的十三大进一步展望和安排了更长远的国家发展战略，提出了"三步走"战略："第一步，实现国民生产总值比一九八〇年翻一番，解决人民的温饱问题。这个任务已经基本实现。第二步，到本世纪末，使民生产总值再增长一倍，人民生活达到小康水平。第三步，到下个世纪中叶，人均国民生产总值达到中等发达国家水平，人民生活比较富裕，基本实现现代化。"然后，在这个基础上继续前进。简而言之，即第一步解决温饱，第二步达到小康水平，第三步基本实现现代化。小康社会作为解决温饱和基本实现现代化的中间阶段和目标纳入国家发展战略中。

二、从解决温饱到实现总体小康

按照"三步走"战略，第一步是实现国民生产总值比1980年翻一番，这个目标在1988年提前实现了，解决了温饱问题；第二步目标是到2000年，人均国民生产总值在这个基础上再翻一番，达到小康水平。实际上，我国在1997年就实现了人均国民生产总值比1980年翻两番的目标。在此基础上，又经过5年的快速发展，到党的十六大召开时，无论是人均国内生产总值还是城乡居民恩格尔系数，这两项小康社会的基本指标均较高水平实现、较大幅度超过预期目标。在世纪交替之际，我国成功实现了"三

---

① 范希春：《邓小平思想评传（1977—1999）》，人民出版社2010年版，第271页。

步走"战略的第二步目标,人民生活水平显著提高,总体上达到小康水平。在这个背景下,党的十六大报告郑重宣布:人民生活总体上达到小康水平。

中国人民经过20年的艰苦奋斗,实现了从温饱不足到基本解决温饱再到实现总体小康的跨越,创造了一个历史性的奇迹,是中国经济社会的一次深刻变革。总体小康意味着居民收入水平显著提高、消费领域不断扩大、消费层次从生存性消费向享乐和发展性消费逐步升级、文化教育事业快速发展。然而,实事求是地看,总体小康终究还只是一个低水平的、不全面的、发展很不平衡的小康。这种低水平、不全面、不平衡在当时主要表现为:收入差距不断拉大同失业、下岗率上升及最低收入阶层生活水平相对恶化等现象交织在一起,成为社会稳定的隐患,对社会经济发展有着严重的负面影响;社会就业压力加大,城镇贫困家庭生活困难问题十分突出;资源消耗与环境污染问题严重;居民素质整体还比较低。进一步解决这些问题,需要提出新的目标。由此,党的十六大确立了全面建设小康社会的奋斗目标。

三、从实现总体小康到建设全面小康

从温饱到小康是中国经济社会的一次深刻变革。然而,总体小康仍然是低水平的小康,是发展很不平衡的小康,只能说是刚刚跨过了小康门槛的小康。当人类社会进入21世纪之际,中国人民又开启了从总体小康向建设全面小康迈进的新阶段。2002年,党的十六大明确提出了全面建设小康社会的战略目标。党的十六大报告客观分析了中国经济社会发展的历史方位和时代特征,指出国家发展进入"黄金发展期"和"矛盾凸显期",并明确提出,21世纪头二十年,对我国来说,是一个必须紧紧抓住并且可以大有作为的重要战略机遇期,根据党的十五大提出的到2010年、建党100年和新中国成立100年的发展目标,我们要在本世纪头二十年集中力量,全面建设惠及十几亿人口的更高水平的小康社会。在这一思想指导下,报告明确了全面建设小康社会的具体目标：一是在优化结构和提高效益的基础上，国内生产总值到2020年力争比2000年翻两番，综合国力和国际竞争力明显增强……二是社会主义民主更加完善，社会主义法制更加完备……三是全民族的思想道德素质、科学文化素质和健康素质明显提高……四是可持续发展能力不断增强，生态环境得到改善……可以看出，党的十六大提出的建设全面小康目标涵盖了经济、社会、文化和生态环境各个方面，但最为突出的仍然是经济指标，明确提出了国内生产总值翻两番的目标。这也表明，全面小康是比总体小康更高水平的小康，而这种更高水平的基础是经济发展水平，提高经济发展水平和人民生活水平是建设全面小康的重中之重。

从2002年到2007年是中国经济增长速度最快的6年，增速分别达9.1%、10.0%、10.1%、11.4%、11.6%、11.9%，[①]到2007年党的十七大召开时，我国国内生产总值已接近25万亿元。无论是国内生产总值还是人均国民收入，这两项评价小康社会的主要指标都取得了不俗的成绩。然而，在经济发展日新月异的同时，发展中的不平衡、不充分、不协调和不可持续问题却没有得到根本解决，在有些领域甚至愈演愈烈。在人民的生活水平不断提高的同时，社会矛盾显现、贫富差距拉大、环境污染严重等问题日益凸显。在这种背景下，党和国家更加充分地认识到，全面小康社会除了要注重物质生活的提高外，还要更加注重精神文化生活、社会公平正义、生态环境保护等方面的全面发展进步。由此，2007年召开的党的十七大报告指出，要"在十六大确立的全面建设小康社会目标的基础上对我国发展提出新的更高要求"。这些更高要求包括：增强发展协调性，努力实现经济又好又快发展；扩大社会主义民主，更好保障人民权益和社会公平正义；加强文化建设，明显提高全民族文明素质；加快发展社会事业，全面改善人民生活；建设生态文明，基本形成节约能源资源和保护生态环

---

① 数据来源于国家统计局各年《国民经济与社会发展统计公报》。

境的产业结构、增长方式、消费模式。

四、从建设全面小康到建成全面小康

2012年召开的党的十八大对党的十六大以来全面建设小康社会所取得的巨大成就进行了全面总结，并深刻分析了国内外形势的新变化和国家发展中出现的新的阶段性特征，与时俱进地提出了"到2020年全面建成小康社会"的奋斗目标。从"建设"到"建成"，虽一字之差，却传递了全面小康具有的新意涵和新要求。如果说建设是把全面小康作为一项伟大事业和宏伟目标来追求的话，建成则是在此基础上进一步强调完成这一伟大事业和宏伟目标的紧迫感；建设全面小康规定了整体的目标要求，建成全面小康则在此基础上规定了完成的时间期限。对此，党的十八大在党的十六大、党的十七大确立的全面建设小康社会目标的基础上，站在新的起点上，从经济持续健康发展，人民民主不断扩大，文化软实力显著增强，人民生活水平全面提高，资源节约型、环境友好型社会建设取得重大进展五个方面对全面建成小康社会的目标进行了充实和完善。

五、从全面建成小康到决胜全面建成小康社会

2014年6月，习近平总书记着重指出，中国已经进入全面建成小康社会的决定性阶段，实现这个目标是实现中华民族伟大复兴中国梦的关键一步。为了保证这"关键一步"的成功实现，党的十八届五中全会在小康社会建设已取得显著成就的基础上，顺应我国经济社会发展新常态和广大人民群众新期待，又赋予了"小康"更高的与更丰富的内涵：经济保持中高速增长，在提高发展平衡性、包容性、可持续性的基础上，到2020年国内生产总值和城乡居民人均收入比2010年翻一番；人民生活水平和质量普遍提高，就业、教育、文化、社保、医疗、住房等公共服务体系更加健全，基本公共服务均等化水平稳步提高；国民素质和社会文明程度显著提高，公共文化服务体系基本建成，文化产业成为国民经济支柱性产业；生态环

境质量总体改善，主体功能区布局和生态安全屏障基本形成；各方面制度更加成熟、更加定型，国家治理体系和治理能力现代化取得重大进展。

2017年召开的党的十九大，是在全面建成小康社会决胜阶段、中国特色社会主义进入新时代的关键时期召开的一次重要会议。党的十九大报告明确指出："从现在到二〇二〇年，是全面建成小康社会决胜期。要按照十六大、十七大、十八大提出的全面建成小康社会各项要求，紧扣我国社会主要矛盾变化，统筹推进经济建设、政治建设、文化建设、社会建设、生态文明建设，坚定实施科教兴国战略、人才强国战略、创新驱动发展战略、乡村振兴战略、区域协调发展战略、可持续发展战略、军民融合发展战略，突出抓重点、补短板、强弱项，特别是要坚决打好防范化解重大风险、精准脱贫、污染防治的攻坚战，使全面建成小康社会得到人民认可、经得起历史检验。"党的十九大以习近平新时代中国特色社会主义思想为指导，对全面建成小康社会决胜阶段作出了全面战略部署，是向全面建成小康社会目标冲刺的新的动员令。

第二节　在全面建成小康社会中书写新时代中国特色社会主义事业新篇章

党的十八大以来，以习近平同志为核心的党中央将全面建成小康社会作为引领目标纳入"四个全面"战略布局中。党的十九大报告明确提出，从现在到2020年，是全面建成小康社会决胜期。决胜全面建成小康社会，开启全面建设社会主义现代化国家新征程。以习近平同志为核心的党中央带领全党全国各族人民，开启了全面建成小康社会波澜壮阔的伟大历程，书写了中国特色社会主义事业的新篇章。

一、在全面建成小康社会中提出新要求

全面建成小康社会的价值导向是以人民为中心。坚持以人民为中心的

发展思想，体现了习近平新时代中国特色社会主义思想的人民立场。全面建成小康社会，必须坚持以人民为中心，做到全面小康为了人民、全面小康依靠人民、全面小康成果由人民共享。以人民为中心全面建成小康社会，为全面建成小康社会增加了新内涵。在全面建成小康社会的各个方面和各个环节，都贯穿体现以人民为中心的思想。一方面，要求全面建成小康社会必须坚持人民主体地位。也就是要将人民群众作为全面小康的受益对象，从人民群众中汲取全面小康的智慧力量，围绕人民群众制定全面小康的政策措施，让人民群众共享全面小康的发展成果。另一方面，要将共同富裕作为全面建成小康社会的目标导向。也就是说要将优化收入分配格局，缩小收入分配差距作为重要内容和目标纳入全面建成小康社会的体系中来，积小胜为大胜，推动收入分配格局逐步优化，朝着全体人民共同富裕的目标不断前进。

全面建成小康社会的核心在于全面。一是覆盖的领域全面。全面建成小康社会是经济、政治、社会、文化、生态文明"五位一体"的全面小康，并有效促进现代化建设各个环节和各个方面全面发展、均衡发展。这就需要解决社会建设"短腿"的问题，要补齐治理水平、文明程度等方面的"短板"，要解决既要金山银山又要绿水青山的问题。二是覆盖的人口全面。全面小康是惠及全体人民的小康，而不是一部分人的小康。习近平总书记强调，全面建成小康社会，一个也不能少；共同富裕路上，一个也不能掉队。这就要求，全面小康要体现在实实在在的发展成效上，不能用平均数让贫困人口"被小康"，这也是为什么将脱贫攻坚作为全面建成小康社会的三大攻坚战之一和底线任务、标志性指标的道理所在。三是覆盖的区域全面。全面小康不只是东部沿海地区的小康，是所有区域共同的小康；不是城市的小康，而是城乡融合发展的小康。全面建成小康社会，就是推进发展更均衡、更协调的过程，而不是任由地区差距、城乡差距和行业差距惯性拉大的过程。当然，对于一个幅员辽阔、发展差距较大的大国而言，要求全国各地"齐步走"，达到同样的发展水平是不现实的。因此，一定要用辩证的思维来看待"全面"。

全面建成小康社会的关键是脱贫攻坚。习近平总书记指出"小康不小康，关键看老乡"。全面建成小康社会，关键是要解决农村人口的贫困问题。贫困人口全部脱贫是全面建成小康社会的约束性指标，是决胜全面建成小康社会的重大战略任务。全面建成小康社会当然不是指人人都过上同样生活的小康，但如果贫困人口的贫困问题没有得到根本性解决，他们的生活水平没有得到明显提高，这样的全面小康显然是不能让人信服的小康。因此，在全面建成小康社会阶段，党和国家以更大的决心、更有力的措施、更精准的思路，举全社会之力，向贫困发起了总攻，打响了脱贫攻坚总体战，目的是确保所有贫困地区和所有贫困人口在两个一百年交替之际，不落下一人，与全国人民一道迈入全面建设现代化国家的新征程。

全面建成小康社会的重点在于发展。习近平总书记指出，实现全面建成小康社会奋斗目标，仍然要把发展作为第一要务，努力使发展达到一个新水平。发展是硬道理，这是改革开放40多年来建设小康社会的基本经验。在全面建成小康社会和开启现代化新征程的阶段，要补短板、强弱项，破解全面小康和全面现代化道路上的难题，满足人民对美好生活的更高期待，根本还是要靠发展。发展是最基本的经验，是最大的民意；发展是中国的主题，是全面建成小康社会的基础。不仅如此，即便是进入全面建设现代化的新阶段，发展仍然是中国特色社会主义的必然要求。

二、在全面建成小康社会中践行对人民、对历史的承诺

全面建成小康社会，是中国共产党人为之苦苦探索和不懈努力的奋斗目标，是中国共产党人对人民、对历史的庄严承诺。习近平总书记曾指出，时代是出卷人，我们是答卷人，人民是阅卷人。这表明，人民和历史，是检验全面建成小康社会的两个标准。

如期全面建成小康社会是向人民交出的时代答卷。全面建成小康社会是满足人民对美好需要的时代表达。小康不小康，关键看老乡；小康不小

康,最重要的标准是人民群众满不满意、认不认可。为了得到人民群众的认可,党中央把农村贫困人口脱贫作为全面建成小康社会重中之重的工作,实施精准扶贫、精准脱贫,提出要确保我国现行标准下农村贫困人口实现脱贫、贫困县全部摘帽、解决区域性整体贫困,这个目标"必须如期实现,没有任何退路和弹性"。之所以说没有任何退路和弹性,因为这既是党和国家事业发展的需要,也是向人民交出满意答卷的需要。因为如期全面建成小康社会,是惠及十几亿人的历史性创举,而人民群众的获得感、幸福感、安全感得到切实提高,才是全面小康社会最重要的标志,也只有这样,才能将人民群众的积极性、主动性和创造性极大地调动起来,汇聚成实现中华民族伟大复兴中国梦的磅礴力量。

如期全面建成小康社会是对历史立下的"军令状"。小康梦想深深地根植于中华民族数千年的历史发展中,是中华民族源远流长的美好追求。习近平总书记指出,只有坚持从历史走向未来,从延续民族文化血脉中开拓前进,我们才能做好今天的事业。全面建成小康社会,是中国共产党承接的光荣的历史使命,既是延续历史,又是书写历史、创造历史。时间能证明一切,历史会作出最公正的评判,全面建成小康社会必须经得起历史的检验。因此,如期全面建成小康社会,不能玩"数字游戏"和"速度游戏",更不能搞"政绩工程"和"面子工程",要有真金白银的工作实效,靠的是真抓实干的奋斗姿态。习近平总书记动情地叮嘱:"没有一点实招、硬招,我很怕这件好事办不好,最后给人民交不了账,给历史交不了账。"

一诺重千钧,担当践使命。党的十八大以来,以习近平同志为核心的党中央团结带领全国各族人民在全面建成小康社会的伟大征程中砥砺前行、接续奋斗,不断加强全面建成小康社会的顶层设计,不断推出一系列重大战略部署和创新举措,不断推进全面建成小康社会各项工作落到实处,卓越地践行了向人民、向历史作出的庄严承诺。

第一,以"五位一体"总体布局开创全面建成小康社会新局面。党的十八大将生态文明建设纳入中国特色社会主义事业的总体布局之中,形成了经济建设、政治建设、文化建设、社会建设和生态文明建设"五位一体"的总体布局，不但拓展了全面建成小康社会的广度，也深化了全面建成小康社会的深度，具有十分重大的意义。党和国家一直非常重视生态文明建设，在党的十八大之前也提出过加强生态文明建设的要求和部署，但将其提高到总体布局的层面，与经济、政治、文化、社会建设相匹配来定位，则是党的十八大以后以习近平同志为核心的党中央作出的历史贡献。党的十八大以来，我国出台了一系列加强生态文明建设的战略部署和工作举措，从构建京津冀地区雾霾协同治理机制到强化长江流域水生态环境保护与修复，从签订各级领导生态环保责任书到推广河长制和湖长制责任制，从提出建设美丽中国到发出健康中国号召，都推动了全面建成小康社会的生态环境保护目标有效落实，也赋予了全面建成小康社会以全新的生态文明意境，开创了全面建成小康社会的新局面。

第二，以"四个全面"战略布局推进全面建成小康社会新实践。"四个全面"战略布局是以习近平同志为核心的党中央治国理政的战略思想、总体框架、重点领域和主攻方向。"四个全面"是稳定性和动态性的统一，它的结构保持完整，但在不同战略阶段的战略目标是动态调整的。在第一个百年中，战略目标是全面建成小康社会，后面三个"全面"是战略举措，每一个"全面"都有重大的战略意义。在第一个百年中，全面建成小康社会的战略目标具有全局和统领意义。这个战略目标必须紧紧扭住、毫不动摇。同时，全面深化改革、全面依法治国、全面从严治党这三个战略举措也必须牢牢抓住，毫不放松。可见，总体布局规定了国家建设和发展覆盖的领域，而战略布局则确立了治国理政的战略框架。战略布局和总体布局一样，在全面建成小康社会中发挥着重要的战略引领和战略支撑作用。

第三，以新发展理念形成全面建成小康社会新引领。"创新、协调、绿色、开放、共享"新发展理念是在全面建成小康社会实践中践行以人民为中心价值导向的基本遵循，是在全面建成小康社会中破解发展难题、厚植发展优势、增强发展动力的强大思想武器。理念是行动的先导，新发展理念集中体现了全面建成小康社会的思路、方向和着力点。习近平总书记多次强调，全党要把新发展理念作为指挥棒、红绿灯，"努力提高统筹贯彻新发展理念能力和水平，确保如期全面建成小康社会、开启社会主义现代化建设新征程"。新发展理念不但丰富和拓展了全面建成小康社会的内涵，也校正了过去我们对小康社会的一些错误认识，为建成让老百姓满意，得到人民认可的小康社会提供了强大引领。

第四，以三大攻坚战打响全面建成小康社会的新战役。进入新时代，全面建成小康社会面临的三个制约问题日益突出：一是重大风险日趋复杂且难以预料，二是贫困问题到了非解决不可的时候，三是环境污染问题凸显且积重难返。坚决打好三大攻坚战，是全面建成小康社会抓重点、补短板、强弱项的战略性任务。坚决打好防范化解重大风险的攻坚战，才能牢牢夯实全面建成小康社会的基石；坚决打好精准脱贫的攻坚战，才能补齐全面建成小康社会的短板；坚决打好污染防治的攻坚战，才能消除全面建成小康社会的弱项。三大攻坚战，每场都是攻碉堡、涉深水区、啃硬骨头、闯地雷阵的硬仗。三大攻坚战确定了全面建成小康社会的关键领域，成为全面建成小康社会的重中之重。只有坚决打赢三大攻坚战，全面小康社会的"成色"才能得到保证，全面建设社会主义现代化国家才会有一个良好的开局。

三、在全面建成小康社会中迈出新的一大步

党的十九届五中全会审议通过的《中共中央关于制定国民经济和社会发展第十四个五年规划和二〇三五年远景目标的建议》指出："全面建成小康社会胜利在望，中华民族伟大复兴向前迈出了新的一大步，社会主义中国以更加雄伟的身姿屹立于世界东方。"面对错综复杂的国际形势、艰巨繁重的国内改革发展稳定任务特别是新冠肺炎疫情的严重冲击，以习近平同志为核心的党中央不忘初心、牢记使命，团结带领全党全国各族

人民砥砺前行、开拓创新，奋发有为推进党和国家各项事业，全面建成小康社会取得决定性成就。

从经济社会发展来看，从2016年到2019年，我国保持了年均6.7%的经济增速。2019年，我国国内生产总值达到99.1万亿元，人均国内生产总值首次突破1万美元，国内生产总值占世界经济比重达到16%，对世界经济增长的贡献率达30%左右。党的十九届五中全会提出，预计2020年的国内生产总值将突破100万亿元，与高收入国家的差距进一步缩小。受疫情影响，2020年第一季度我国经济负增长6.8%，但第二季度实现由负转正，实现3.2%的增长，第三季度实现4.9%的增长，从而前三季度实现了0.7%的增长，成为2020年同期唯一实现正增长的主要经济体。

从产业发展来看，我国制造业总量稳居世界首位，工业产值保持持续壮大的趋势。同时，新产业、新业态、新模式发展迅速，2019年已经占到国内生产总值的16.3%，且保持旺盛的发展势头。与此同时，农业基础地位不断加强，粮食产量多年保持在1.3万亿斤以上，中国人的饭碗牢牢地端在自己手中。

从基础设施建设来看，截至2019年末，我国高速公路通车里程已经达到15.5万公里，通车里程稳居世界第一。高铁运营总里程超过3.8万公里，同样稳居世界第一，运营里程约占全球高铁网的七成[①]。5G、大数据、云计算、人工智能等现代信息技术快速发展，正在朝"网络强国"稳步迈进，生产生活方式发生了深刻变化。

从发展动力和发展协调性来看，2019年，在全球创新指数排名中，我国位列第14位，一年时间向上提升了3位，以位居世界第2的研发投入，带来了劳动生产率的稳步提高。尤其是在超级计算机、载人航天、量子通信等领域取得了重大的技术成果，使创新对发展的引领作用进一步增强。城乡、区域间的协调性进一步增强，城镇化率持续提升，东部、中部、西

---

① 陆娅楠、刘成平、雷声等：《中国高铁强劲奔跑》，《人民日报》，2020年1月1日。

部和东北地区联动发展取得新进展，京津冀、长江经济带、雄安新区、粤港澳大湾区等重大区域协调发展战略加快落实。

从民生保障水平来看，党和政府从人民群众最关心、最直接的问题出发，以更大的力度、更实的举措，推动就业、教育、医疗、住房、养老等民生问题一个接一个地得以解决和发展，使各项民生指标不断改善、各项民生事业不断发展，给人民群众带来了实惠。根据2020年10月国家卫健委发布的统计公报，2019年，中国老百姓人均预期寿命已经达到77.3岁，比2015年延长了0.96岁。更为重要的是，中国人的主要健康指标已经达到中高收入国家水平。建成全世界最大的社会保障体系，2020年发布的《社会蓝皮书：2021年中国社会形势分析与预测》指出，基本医疗保险覆盖超过13亿人，基本养老保险覆盖近10亿人。医疗保障水平有了显著提高，国家各级财政对居民医疗保险的补助标准不断提高，2020年已经达到人均550元，比2015年的人均380元有了显著提高。基本医疗保险体制改革加快推进，职工医保和居民医保加快走向合并，城乡医保全面并轨，医保报销比例不断提升，报销范围不断扩大，异地就医实现异地即时报销，解决了2.36亿流动人口医疗报销的难题。就业是最基本的民生，在决胜全面建成小康社会中，我国坚持就业优先，在严峻复杂的国内外形势下保持了就业形势的总体稳定。2016年至2019年，每年城镇新增就业都保持在1300万人以上的高水平上，而登记失业率和调查失业率都保持在较低水平上。2019年，学前教育入园率、九年义务教育巩固率、高中阶段教育毛入学率、高等教育毛入学率分别为83.4%、94.8%、89.5%、51.6%，高等教育已经从大众化向普及化发展，劳动者平均受教育年限为13.7年，中国教育的普及程度已经达到中高收入国家平均水平。

从脱贫攻坚来看，在决胜全面建成小康社会阶段，全国建档立卡贫困户中，得到产业扶贫和就业扶贫支持的贫困户占90%以上，其中有2/3以上凭借发展产业和通过在乡村产业务工实现脱贫，他们的生产经营性收入和工资性收入逐步上升，成为脱贫的重要收入来源。这当然也带来了转移性收入占比逐步下降，意味着他们自主脱贫的能力在稳步提高。产业扶贫是以产业为基础的扶贫脱贫，因而是增加贫困农户收入、促进贫困地区发展最有效的途径，也是脱贫攻坚的战略重点。在产业扶贫以及教育扶贫、生态扶贫等多种扶贫方式的推动下，经过5年的攻坚奋斗，"十三五"期间，我国建档立卡贫困人口已经从2015年的5575万人减少到2019年的551万人，连续7年每年有1000万人以上减贫脱贫。2019年，贫困户人均收入已经增长到9808元，年均增长30.2%，摘掉贫困帽子的贫困县越来越多，贫困发生率由2015年的5.7%降至2019年的0.6%。可以说，决胜全面建成小康社会阶段，我国脱贫攻坚取得了决定性成就。

从生态环境治理来看，决胜全面小康阶段，我国持续推动一系列环境治理重大举措，如污染防治三大行动，山水林田湖草生态保护修复工程，农用地土壤污染状况详查，排污许可、河湖长制等。这一系列的改革举措使生态文明理念深入人心，从而使生态文明建设成效显著，生态环境质量明显改善。2019年，单位GDP能耗比2015年下降13.2%，全国337个地级及以上城市空气质量优良天数比例达82%，地表水质量达到或好于Ⅲ类水体比例达74.9%。环境就是民生，青山就是美丽，蓝天也是幸福。决胜全面小康阶段，也是生态文明建设的重要时期。一个个数据记录了生态文明建设的历史性成就。江河清了、山变绿了、雾霾少了，高质量发展的绿色根基更稳了，可以说，决胜全面小康阶段，是生态环境改善最为明显的时期。

第三节　全面建成小康社会标注中华民族发展的新高度

全面建成小康社会是"两个一百年"奋斗目标的第一个百年目标，是中华民族伟大复兴中国梦的关键一步，是对人民、对历史的庄严承诺。全面建成小康社会标注了中华民族发展的新高度，具有十分重大的历史性意义。

一、提升了美好生活的新水平

全面建成小康社会的价值旨归是满足人民日益增长的美好生活需要。但是，人民对美好生活的需要是不断发展丰富的，人民对美好生活的追求也呈现出从低级向高级不断递进的趋势，永远不会停止。一般而言，人民满足了物质层面的需求，就会激发更多的精神需求和精神生产。因此，物质生活充裕，物质生活需要得到相当程度的满足，是美好生活的物质基础。虽然人民对美好生活需要处于动态发展中，但在不同历史阶段的标准却是具体的、可描述的。因此，从解决温饱到实现总体小康、从实现总体小康到建设全面小康、从建设全面小康到建成全面小康，每一个阶段都会提出、更新和扩展新的标准和要求，都是在解决人民美好生活需要的阶段性问题，直至全面建成小康社会，为实现人民美好生活需要标注了新的历史高度。2019年，中国居民人均可支配收入首次跨越3万元大关，达到30733元。回首历史，我国人均收入跨入万元大关用了60年，而从万元向3万元跨越只用了10年，居民收入快速增长的势头显而易见。党的十八大提出确保到2020年城乡居民人均收入要比2010年翻一番，这是全面建成小康社会的核心指标。从目前来看，2019年我国人均可支配收入为30733元，按现阶段看已经是2010年的2.45倍，按可比价值计算是2010年的1.96倍速，据国家统计局数据显示，2020年全国居民人均可支配收入32189元。这些成就的取得，表明全面建成小康社会为实现人民美好生活奠定了坚实的基础，是在全面建设社会主义现代化国家新征程中继续为实现人民美好生活需要努力奋斗的新起点。

二、拓展了改革发展的新格局

全面建成小康社会，是在改革发展的过程中逐步明确的阶段性目标。但反过来看，实施全面建成小康社会目标的过程，又进一步拓展了改革发展的途径和布局，开创了中国改革开放的新境界。可以说，全面建成小康社会的努力奋斗过程，就是改革开放不断探索的过程，由此形成了经济建设、政治建设、文化建设、社会建设和生态文明建设"五位一体"的总体布局。根据这个总布局，党的十八大明确提出全面建成小康社会的目标：经济持续健康发展，人民民主不断扩大，文化软实力显著增强，人民生活全面提高，资源节约型、环境友好型社会建设取得重大进展。改革和发展，在特定的时期都需要确定一个主体性的目标，明确一些具体的任务。进入新时代，全面建成小康社会便是改革发展的整体性目标，具体的改革发展任务也是围绕这一目标而展开的。由此，便形成了协调推进全面建成小康社会、全面深化改革、全面推进依法治国、全面从严治党的战略布局。在全面建成小康社会阶段，全面建成小康社会在"四个全面"战略布局中处于统帅地位，属于"四个全面"战略目标层面的内容，其他三个全面都是为了完成这一目标而确定的战略保障。这些新战略和新部署，不但拓展了中国改革开放的新格局，也拓展了发展中国家走向现代化的道路。全面建成小康社会作为成功的中国经验和鲜活的中国故事，为世界其他发展中国家走向现代化提供了全新的借鉴，为解决人类发展问题提供了中国智慧和中国方案。

三、标注了全面现代化的新起点

习近平总书记多次强调，全面建成小康社会是实现中华民族伟大复兴中国梦的关键一步。这"关键一步"体现在全面建成小康社会和中华民族伟大复兴的历史逻辑、理论逻辑和实践逻辑中，体现在"两个一百年"奋斗目标的依次交替中。2021年，是中国共产党建党100周年。这100年的奋斗目标是全面建成小康社会，2020年是完成这一目标的时间节点。全面建成小康社会，表明中华民族走出了近代以来的屈辱与沉沦，从一个落后的农业国，发展成为一个工业化、信息化、农业现代化和新型城镇化同步发展的国家，被开除"球籍"的危险已经彻底摆脱，而且迎头赶上了以新一轮信息技术大发展为代表的第四次技术革命，走上了与时代共舞、引领时代潮流的康庄大道。这是中华民族发展史上的伟大胜利,为开启下一个百年奋斗目标积累了更雄厚的资本,打下了更扎实的基础。从2021年到本世纪中叶中华人民共和国成立100年,是第二个"一百年",奋斗目标是全面建设中国特色社会主义现代化国家。全面建成小康社会,是开启这个伟大征程的新起点。实施全面建设现代化国家战略安排的历史过程,使命更加光荣、任务更加艰巨。某种程度上讲也是对全面建成小康社会理论和实践的拓展、升华和发展。因此,全面建成小康社会和全面建设现代化国家,并不是截然分开的,而是依次交替延展的奋斗过程。为全面小康而奋斗的进程中,有现代化的追求和实践,有推进现代化的积极因素和力量的成长积累;为全面现代化而奋斗的进程中,有进一步加强全面小康的表现,也是拓展全面小康、升华全面小康的过程。

四、彰显了中国特色社会主义新境界

新时代要回答的历史课题是坚持和发展什么样的中国特色社会主义、怎样坚持和发展中国特色社会主义,全面建成小康社会的理论和实践,在回答这个历史课题中交上了一份满意的答卷。全面建成小康社会坚持以人民为中心作为价值依循,不但强调实现"小康"的目标,更重要的是强调"全面"。也就是不仅强调要达到一定的发展水平,更要求要实现平衡、协调、可持续的发展。不让一个困难群众掉队是全面小康的基本要求,脱贫攻坚是全面小康的一场硬仗。在联合国千年发展目标中,中国是最早实现减贫目标的发展中国家,先后让7亿多人摆脱贫困,占世界减贫任务的70%以上。这个成就是任何其他国家无法比拟的,而在如此短的时间内完成如此大规模的减贫任务,更是其他国家无法做到的。摆脱贫困和消除绝对贫困,从推进中国特色社会主义伟大事业的高度上看,是为了实现平衡、协调、可持续的发展,这是全面建成小康社会的本质特征,更是社会主义的本质特征。从这个角度来说,全面建成小康社会的实践和所取得的成就,必将更进一步加深人民对社会主义本质的认知和理解;一个不让一个困难群众掉队、惠及 14 亿人口的小康，不仅为世界减贫事业作出了历史性贡献，也无可辩驳地彰显了中国特色社会主义的优越性；全面建成小康社会中所包含的中国特色社会主义价值导向和基本原则，向世界展示了社会主义的新境界，必将使社会主义在 21 世纪焕发出新的更大的活力与生机。

第二章　坚定不移推动经济高质量发展

中国特色社会主义进入新时代，我国经济发展的基本特征，是由高速增长阶段转向高质量发展阶段。高质量发展本质上是体现新发展理念的发展。习近平总书记指出："高质量发展，就是能够很好满足人民日益增长的美好生活需要的发展，是体现新发展理念的发展，是创新成为第一动力、协调成为内生特点、绿色成为普遍形态、开放成为必由之路、共享成为根本目的的发展。"① 新发展理念集中体现了我们党对新发展阶段基本特征的深刻洞察和科学把握，标志着我们党对经济社会发展规律的认识达到了新的高度，是推动我国经济高质量发展必须长期坚持的科学遵循。

第一节　经济高质量发展筑牢全面小康根基

经济高质量发展既是实现全面建成小康社会目标的重要条件和标准，也是推动全面建成小康社会的经济发展方式。只有坚定不移贯彻新发展理念，推动经济高质量发展，让人民群众的获得感、幸福感、安全感更加充实、更有保障、更可持续，实现人民生活水平和质量显著提高，才能为全面建成小康奠定坚实基础，朝着共同富裕方向稳步前进。

一、经济高质量发展的应然逻辑

我国经济已由高速增长阶段转向高质量发展阶段。经济高质量发展，集中体现了坚持以提高发展质量和效益为中心，更通俗地说，就是从"有

---

① 《习近平谈治国理政》（第3卷），外文出版社2020年版，第238页。

没有"转向"好不好"。推动经济高质量发展，对于我国发展全局具有重大现实意义和深远历史意义。

（一）推动经济高质量发展是保持经济持续健康发展的应然

过去，粗放型经济发展方式在我国发挥了很大作用，加快了我国经济发展步伐，但现在再按照过去那种粗放型经济发展方式来做，不仅国内条件不支持，国际条件也不支持，是不可持续的。如今，我国一年的经济增量，就相当于一个中等发达国家的经济规模。由于体量和基数变大，每增长一个百分点，在保就业、惠民生方面的效应明显增大，同时，每增长一个百分点，对资源环境的消耗也成倍增加。中国经济既"做不到"也"受不了"像过去那样高速增长。我国正处于转变经济发展方式的关键阶段，劳动力成本上升，资源环境约束增大，粗放的发展方式难以为继，经济循环不畅问题十分突出。同时，世界新一轮科技革命和产业革命方兴未艾、多点突破。我们必须推动高质量发展，以适应科技新变化、人民新需要，形成优质高效多样化的供给体系，提供更多优质产品和服务。这样，供求才能在新的水平上实现均衡，我国经济才能持续健康发展。

（二）推动经济高质量发展是适应我国社会主要矛盾变化的应然

我国社会主要矛盾发生了重大变化，我国经济发展阶段也在发生历史性变化，不平衡不充分的发展就是发展质量不高的主要表现。我们要重视量的增长，但更要重视解决质的问题，在质的大幅提升中实现量的有效增长。解决我国社会主要矛盾，必须推动高质量发展。通过经济高质量发展，实现产业体系更加完整，生产组织方式网络化、智能化，创新力、需求捕捉力、品牌影响力、核心竞争力不断增强，产品和服务质量不断提高，更好地满足人民群众个性化、多样化、不断升级的消费需求。

（三）推动经济高质量发展是遵循经济规律发展的应然

有关研究表明，20世纪60年代以来，全球100多个中等收入经济体中只有十几个成为高收入经济体，其他大量国家或者长期深陷"贫困陷阱"，或者即使跨越了贫困进入中等收入阶段，但长期也难以再跨越，陷入所谓"中等收入陷阱",根本原因就在于不能顺利实现经济发展方式的转变。那些取得成功的国家和地区,就是在经历高速增长阶段后实现了经济发展从量的扩张转向质的提高。那些徘徊不前甚至倒退的国家和地区,就是没有实现这种根本性转变。经济发展是一个螺旋式上升的过程,上升不是线性的,量积累到一定阶段,必须转向质的提升,我国经济发展也要遵循这一规律。通过经济高质量发展,实现投资有回报、企业有利润、员工有收入、政府有税收,实现生产、流通、分配、消费循环通畅,国民经济重大比例关系和空间布局比较合理,经济发展比较平衡,不出现大的起落,逐步进入高收入经济体行列。

在我国这样一个经济和人口规模巨大的国家,高速增长阶段转向高质量发展阶段并不容易,不可能一夜之间就实现。一方面,必须跨越非常规的我国经济发展现阶段特有的关口,要着重打好防范化解重大风险、精准脱贫、污染防治三大攻坚战。这个关口特别是防范化解金融风险的关口过不去,全面建成小康社会就会失去前提条件。另一方面,必须跨越常规性的长期性的关口,大力转变经济发展方式、优化经济结构、转换增长动力,特别是要净化市场环境,提升人力资本素质,增强国家治理能力。这个关口过不去,提前15年基本实现社会主义现代化的目标就会落空,到本世纪中叶全面建成社会主义现代化强国的目标就难以实现。要增强跨越关口的紧迫感和责任感,统筹做好跨越关口的顶层设计,把各项工作做好做实。

二、经济高质量发展丰富发展了当代中国马克思主义政治经济学

经济高质量发展既集前人之大成,又与时俱进,是当代中国马克思主义政治经济学学科、学术、话语体系建设的最新成就,是中国特色社会主义政治经济学的核心观点、根本方法和基本立场的最新表达,是习近平新时代中国特色社会主义经济思想的重要标识,丰富发展了中国特色社会主

义政治经济学。

（一）经济高质量发展开辟了我们党发展理论的新境界

党的十一届三中全会提出以经济建设为中心，实现了党和国家工作重心的历史性转变，开启了改革开放的伟大历史进程，开辟了中国特色社会主义道路。我们党立足中国实际，把握发展大势，提出了"发展是硬道理"的著名论断，强调抓住机遇，发展自己，关键是发展经济，提出了发展是党执政兴国第一要务，坚持以人为本、全面协调可持续发展等重要思想。经济高质量发展传承党的发展理论，根据形势新变化、实践新要求、人民新期待，进一步提出坚持以人民为中心的发展思想，提出创新、协调、绿色、开放、共享五个维度，赋予经济建设这个中心更加鲜明的目标指向，科学回答了实现什么样的发展、怎样实现发展的问题，阐明了当前与长远、公平与效率、政府与市场、对内与对外、人与自然等重大关系，标志着我们党发展理论达到新高度。

（二）经济高质量发展彰显了中国特色社会主义发展理论的新飞跃

中国特色社会主义进入新时代，我国社会主要矛盾转化为人民日益增长的美好生活需要和不平衡不充分的发展之间的矛盾。我国社会主要矛盾的变化是关系全局的历史性变化。经济高质量发展深刻洞悉新时代我国社会主要矛盾的新变化，在继续推动发展的基础上，着力解决好发展不平衡不充分问题，大力提升发展质量和效益，更好满足人民在经济、政治、文化、社会、生态文明等方面日益增长的需要，更好推动人的全面发展、社会全面进步，实现了中国特色社会主义发展理论的新飞跃。

（三）经济高质量发展书写了中国特色社会主义政治经济学新篇章

马克思主义政治经济学揭示了生产力决定生产关系、生产关系必须适应生产力发展要求的基本原理。经济高质量发展传承党的发展理论，根据新时代坚持和发展中国特色社会主义实践新要求和人民新期待，更加鲜明地强调发展是解决我国一切问题的基础和关键，强调没有水分的发展，强调着力转变发展方式、优化经济结构、转换增长动力，实现我国社会生产力水平总体跃升；更加鲜明地强调不断调整生产关系适应生产力发展，强调使市场在资源配置中起决定性作用，更好发挥政府作用，破除阻碍生产力发展的体制机制障碍；更加鲜明地强调社会再生产过程的协调性可持续性，强调产业间、城乡间、地区间、人与自然、国内与国际、人与人关系的改善，强调处理好当前和长远、局部和全局、重点与一般的关系；更加鲜明地强调坚持以人民为中心的发展思想，强调人民是推动发展的根本力量，坚持人民主体地位，坚持调动各方面积极性、主动性、创造性，汇聚成发展的强大动力。

三、经济高质量发展蕴含了全面小康的核心内容

新发展理念是经济高质量发展的根本遵循。新时代新阶段的发展必须贯彻新发展理念，必须是高质量发展。体现新发展理念的经济高质量发展，深刻回答了实现什么样的高质量发展、怎样实现高质量发展的问题，蕴含了全面小康的核心内容。

（一）创新是全面小康的第一动力

发展动力决定发展速度、效能、可持续性。对我国这么大体量的经济体来讲，如果动力问题解决不好，要实现经济高质量发展是难以做到的。坚持创新发展，是应对发展环境变化、增强发展动力、把握发展主动权、加快构建新发展格局的根本之策。习近平总书记指出，抓住了创新，就抓住了牵动经济社会发展全局的"牛鼻子"。坚持创新发展理念，就必须把创新摆在国家现代化全局的核心位置，把科技自立自强作为国家发展的战略支撑，不断推进以科技创新为核心的全面创新，让创新贯穿党和国家一切工作，让创新在全社会蔚然成风，增强全面建成小康的内在动力。

（二）协调是全面小康的内在要求

协调既是发展手段又是发展目标，同时还是评价发展的标准和尺度。我国发展不平衡不协调是一个长期存在的问题，突出表现在区域、城乡、经济和社会、物质文明和精神文明、经济建设和国防建设等关系上。在经

济发展水平落后的情况下，一段时间的主要任务是要跑得快，通常采取不平衡发展战略加快发展，但跑过一段路程后，就要注意调整关系，注重发展的整体效能，否则"木桶效应"就会愈加显现，一系列社会矛盾会不断加深，影响高质量发展。坚持协调发展理念，就必须牢牢把握中国特色社会主义事业总体布局，正确处理发展中的重大关系，重点推动区域协调发展、城乡协调发展、产业协调发展、物质文明和精神文明协调发展，推动经济建设国防建设深度融合，不断增强全面小康的整体性协调性。

（三）绿色是全面小康的鲜明底色

人因自然而生，人与自然是一种共生关系，人类发展活动必须尊重自然、顺应自然、保护自然。经济发展不仅要谋求物质财富，还要谋求生态财富。保护生态环境就是保护生产力，改善生态环境就是发展生产力。当前，我国生态环境保护形势依然严峻，人民群众对清新空气、干净饮水、安全食品、优美环境的要求越来越强烈。坚持绿色发展理念，就必须坚持节约资源和保护环境的基本国策，坚持可持续发展，坚定走生产发展、生活富裕、生态良好的文明发展道路，加快建设资源节约型、环境友好型社会，建设人与自然和谐共生的现代化，提供人民美好生活所需要的生态产品。

（四）开放是全面小康的必由之路

开放带来进步，封闭必然落后。实践告诉我们，要发展壮大，必须主动顺应经济全球化潮流，坚持对外开放。要看到现在推进开放发展所面临的国际、国内形势与以往有很大不同，国际经济合作和竞争局面正在发生深刻变化，全球经济治理体系和规则正在面临重大调整，"引进来""走出去"在深度、广度、节奏上都是过去所不可比拟的，应对外部经济风险、维护国家经济安全的压力也是过去所不能比拟的。坚持开放发展理念，就必须提高对外开放的质量和发展的内外联动性，主动参与和推动经济全球化进程，建立高质量的开放型经济体系，在更大范围、更宽领域、更深层次提高开放型经济水平，不断提高我国在全球经济治理中的制度性话语权，不断壮大我国经济实力和综合国力。

（五）共享是全面小康的根本目的

共享是中国特色社会主义的本质要求。"治天下也，必先公，公则天下平矣。"（《今文尚书考证》卷十一）让广大人民群众共享改革发展成果，是社会主义的本质要求，是社会主义制度优越性的集中体现，是我们党坚持全心全意为人民服务根本宗旨的重要体现。这方面问题解决好了，全体人民推动发展的积极性、主动性、创造性就能充分调动起来，国家发展也才能具有最深厚的伟力。当前我国发展的"蛋糕"不断做大，但分配不公的问题仍然比较突出。在共享改革发展成果上，无论是实际情况还是制度设计，都还有不完善的地方。坚持共享发展理念，就必须坚持发展为了人民、发展依靠人民、发展成果由人民共享，作出更有效的制度安排，使全体人民有更多获得感、幸福感、安全感，做到全民共享、全面共享、共建共享、渐进共享。全民共享是目标、全面共享是内容、共建共享是基础、渐进共享是途径。

第二节　经济高质量发展的历史性成就

党的十八大以来，习近平总书记坚持以新发展理念统领发展全局，不失时机推进重要领域和关键环节改革，推动我国在经济高质量发展方面取得了历史性成就。

一、经济综合实力大幅跃升

党的十八大以来，我国经济发展取得历史性成就、发生历史性变革，为其他领域改革发展提供了重要物质条件。从经济总量、经济结构、经济影响等角度来分析和判断，我国已成为名副其实的经济大国，已步入发展方式转变、经济结构优化、增长动力转换的经济高质量发展阶段。

(一) 经济总量迈上新台阶

2012—2019 年,我国经济增长平均速度达到 7.0%,在世界主要经济体中保持领先,持续成为世界经济增长的动力源。2019 年,我国国内生产总值 (GDP) 达到 99.1 万亿元,人均 GDP 按年平均汇率折算达到 10276 美元。由于疫情冲击,2020 年第一季度国内生产总值同比下降 6.8%,第二季度同比增长 3.2%,第三季度同比增长 4.9%,前三季度同比增长 0.7%。2020 年 GDP 突破 100 万亿元,标志着我国经济发展迈上了新的大台阶。①

(二) 经济结构出现重大历史性变革

党的十八大以来,我国经济工作以推进供给侧结构性改革为主线,加快推动经济结构战略性调整和经济转型升级,国民经济呈现结构改善、动力增强和质量提升的崭新面貌,产业结构不断优化,需求结构持续改善,区域发展格局优化重塑,收入分配结构加快调整,发展的协调性和可持续性不断增强,经济结构向中高端水平持续迈进。2016—2019 年,我国三大产业占比从 2016 年的 8.6%、39.8%、51.6% 转变为 2019 年的 7.1%、39.0%、53.9%,② 服务业增加值占比显著提高。高技术产业增加值占比快速提高,信息传输、软件和信息技术等新兴服务业自 2016 年以来年均增速 19.4%③。国内市场加快成长,消费对经济增长的贡献度逐渐提高,最终消费支出对经济增长的贡献率达到 60% 左右。消费规模稳步扩张以及消费结构持续升级,对经济内生性增长的支撑作用不断增强。

(三) 经济大国的国际地位稳步提高

从经济影响来看,中国经济大国地位进一步确立。"一带一路"倡议

---

① 马建堂:《全面建成小康社会——习近平新时代中国特色社会主义经济思想的生动实践》,《中国经济时报》,2020 年 7 月 6 日。
② 阳立高、胡敏智、韩峰:《OFDI 影响产业结构升级的实证研究》,《财经理论与实践》,2019 年第 2 期。
③ 《一组数据告诉你"十三五"这五年国家发展日益新》,央视网,http://news.china.com/dometic/945/20201026/38890152.htm。

得到广泛响应,开放型经济新体制逐步健全,对外贸易、对外投资、外汇储备稳居世界前列,在世界经济中的地位不断提高。我国在世贸组织、世界银行、世界货币基金组织等国际性经济组织中发挥着越来越重要的作用,在国际贸易规则、国际金融规则制定等领域有着越来越大的影响力。我国在亚太经合组织、东盟自由贸易区、上海合作组织等区域性组织中正日益发挥着主导性作用,区域影响力进一步增强。我国在参与多边合作和全球治理的进程中,经济大国应有的国际地位正进一步提高。中国对世界经济增长贡献度稳定在30%以上。2020年以来,新冠肺炎疫情对全球经济造成了巨大冲击,根据国际货币基金组织10月13日发布的《全球经济展望报告》,预测2020年全球经济将同比下降4.4个百分点,美国及欧盟等主要经济体下降幅度更大,印度将萎缩近10%,俄罗斯则在6%以上。与此同时,该报告预计中国经济将增长1.9个百分点,是大型经济体中唯一保持正增长的国家,成为疫情冲击下世界经济复苏的重要稳定器。

二、创新驱动成效显著

坚持把创新作为引领发展的第一动力,大力实施创新驱动发展战略,加强国家创新体系建设,持续加大创新资源投入,科技实力正在从量的积累迈向质的飞跃、从点的突破迈向系统能力提升,创新型国家和人才强国建设取得丰硕成果,成功进入创新型国家行列,为跻身创新型国家前列、建成世界科技强国奠定了坚实基础。

(一)科技整体实力显著增强

2012—2019年,我国全社会研发经费投入从10298亿元增长到21737亿元,自2013年起就成为世界第二大研发经费投入国。2019年,全社会研发经费支出达到2.21万亿元,较2015年增长56.3%,占国内生产总值的2.23%,超过欧盟平均水平。其中,基础研究经费达到1335.6亿元,占全社会研发经费支出的比重首次突破6%。我国的国内发明专利授权量连续多年位居世界首位，PCT国际专利申请量跃居世界首位，国际科技论文数量和高被引论文数量均位居世界第2位，成为全球科技创新的重要贡献者。我国在世界知识产权组织等机构发布的"2020年全球创新指数"中位列第14位，在科技部发布的《国家创新指数报告2019》中位列第15位，较2015年均有所提升。

（二）重大创新成果竞相涌现

基础研究整体实力显著提升，化学、材料、物理、工程等学科整体水平进入国际先进行列。量子信息、铁基超导、中微子、干细胞、脑科学等前沿领域取得一批标志性、引领性重大原创成果。载人航天与探月、全球卫星导航、大型客机、深地、深海、核能等战略性领域攻克一批"卡脖子"关键核心技术，有力保障了国家相关重大工程的组织实施。5G移动通信、超级计算、特高压输变电等产业技术创新取得重大突破，有力促进了相关产业转型升级和新兴产业发展。面对突如其来的新冠肺炎疫情，科技战线迅速行动、协力攻关，在药物和疫苗研发、检测试剂以及试验动物模型等方面取得重大突破，为打赢疫情防控的人民战争、总体战、阻击战提供了有力科技支撑。

（三）创新能力建设成效显著

党的十八大以来，我国启动了首批国家实验室建设任务，加快推进重组国家重点实验室体系工作。中国科学院深入实施"率先行动"计划，全面完成第一阶段目标任务，总体创新能力和国际影响力不断增强，在"自然指数"排名中连续8年位列全球科教机构首位。高等院校加快推进"双一流"建设，科研水平和人才培养能力进一步提升。涌现出一大批具有国际影响力的创新领军企业和科技型中小企业，企业技术创新主体地位不断增强。大众创业万众创新深入推进，各类众创空间、新型研发机构大量涌现，创新创业在全社会蔚然成风。500米口径球面射电望远镜（FAST）、散裂中子源等一批国之重器相继建成运行，成为创新型国家建设的标志性成果。

（四）科技人才支撑作用不断优化

人才是第一资源。国家科技创新力的根本源泉在于人。党的十八大以来，我国深入推进人才管理体制改革，持续完善科技人才计划体系，培育和引进了一大批战略科技人才、科技领军人才、高技能人才、创新型企业家和优秀青年科技人才。2019年，我国研发人员全时当量达到461万人年，稳居世界首位，规模宏大、结构合理、素质优良的创新型科技人才队伍初步形成。积极创新人才培养模式，深化科教融合，加强科教协同育人，为创新型国家建设提供了强大人才储备。

（五）科技创新空间布局持续优化

北京、上海、粤港澳大湾区国际科技创新中心建设深入推进，加快构建具有全球影响力的科技创新高地和驱动高质量发展的核心引擎。北京怀柔、上海张江、安徽合肥等综合性国家科学中心建设全面启动，积极培育打造原始创新的重要策源地。深入开展全面创新改革试验并总结推广试点经验，大力提升国家自主创新示范区、国家高新区创新能力，加快推进创新型省份和创新型城市建设，重点区域创新能力加快提升。通过打造创新的区域高地，引领带动其他区域加快实现创新发展。

三、发展协调性明显增强

坚持协调发展，着力解决区域、城乡不平衡不充分发展问题，京津冀协同发展、长江经济带发展、乡村振兴等国家战略进一步深化，发展的协调性、整体性进一步增强。

（一）实现多极协调增长

区域协调发展战略深入实施，支持西部大开发、东北振兴、中部崛起、东部率先发展的政策体系更加完善，老少边贫等特殊类型地区加快振兴发展。重大区域发展战略高质量推进，京津冀协同发展迈出坚实步伐，长江经济带生态环境突出问题整改和生态环境污染治理成效显著，粤港澳大湾区建设规划政策体系不断完善，长三角区域一体化发展进程加快，黄河流域生态保护和高质量发展扎实起步，多极增长、协调拉动的格局逐渐形成，区域发展差距不断缩小。

（二）城乡区域发展协调性增强

乡村振兴战略加快实施，农村生产生活条件显著改善，乡村旅游、休闲农业等新业态不断涌现，农村人居环境大幅改善。新型城镇化质量稳步提高，中心城市和城市群人口集聚能力逐步提升，都市圈建设有序推进，特大镇设市取得突破，2019年末常住人口城镇化率升至60.6%，比2015年提高4.5个百分点，1亿左右农业转移人口和其他常住人口在城镇落户目标取得决定性进展。城乡居民收入差距大幅缩小。"十三五"以来，我国连续4年实现农村居民人均可支配收入增速快于城镇居民人均可支配收入增速。2015年我国城乡居民收入比为2.73∶1，2019年降至2.64∶1，部分省区市基本实现城乡居民收入的相对均等化。

四、生态环境质量明显改善

在习近平生态文明思想的科学指引下，我国生态文明建设从认识到实践都发生了历史性、转折性、全局性变化，生态文明建设成效显著，人民群众的生态环境获得感、幸福感、安全感日益增强。

（一）污染防治力度空前加大

深入实施大气、水、土壤污染防治三大行动计划，污染防治攻坚战进展顺利，环境治理力度持续加大。中共中央、国务院印发了《关于全面加强生态环境保护　坚决打好污染防治攻坚战的意见》，出台了《打赢蓝天保卫战三年行动计划》等专项行动计划，七大标志性战役进展顺利，生态环境质量持续改善，有力促进了高质量发展。空气质量明显改善，2019年，在监测的337个地级及以上城市中，空气质量达标的城市占46.6%，比2015年提高了25个百分点。水环境质量明显好转，全国地表水Ⅰ—Ⅲ类水体比例超过70%，劣Ⅴ类水体比例控制在5%以内。

(二) 生态环境保护水平不断提高

积极推进绿色低碳发展，强化节能提高能效，大力调整能源结构，有力推动了经济高质量发展。截至2019年，"十三五"期间单位GDP二氧化碳排放累计下降了18.2%，全国实现超低排放的煤电机组达到8.9亿千瓦，占煤电总装机容量的86%，建成世界上最大规模的超低排放清洁煤电供应系统，光伏、风能装机容量、发电量均居世界首位，全国清洁能源占能源消费的比重达到23.4%。能源资源消费更加集约，2019年每万元GDP能耗为0.49吨标准煤，比2012年下降24.5%；每万元GDP水耗67立方米，比2012年下降38.8%。

(三) 生态文明建设体制机制更加完善

中央生态环境保护督察等制度落地见效，全面加强"党政同责、一岗双责"领导的机制。排污许可、生态环境保护综合行政执法，生态环境损害赔偿与责任追究等制度相继出台。生态文明建设目标评价考核、河湖长制、省以下环保机构监测监察执法垂直管理等改革加快推进。党的十九届四中全会将生态文明制度体系作为坚持和完善中国特色社会主义制度的重要组成部分，生态文明"四梁八柱"性质的制度体系基本形成。

(四) 生态文明建设世界影响更加深远

率先发布《中国落实2030年可持续发展议程国别方案》，向联合国交存了《巴黎协定》批准文书，推动达成《巴黎协定》实施细则，提前完成了中国对外承诺的2020年碳减排目标。牵头建立"一带一路"绿色发展国际联盟，积极参与和引领全球气候变化谈判进程，努力推动生物多样性保护，已成为全球生态文明建设的重要参与者、贡献者、引领者。中国的塞罕坝林场建设、浙江的"千村示范、万村整治"工程、支付宝"蚂蚁森林"等项目还获得了联合国的"地球卫士奖"。作为世界上最大发展中国家，我国大力推进生态文明建设和生态环境保护，为全球环境治理作出了巨大贡献，为共建清洁美丽的世界提供了中国智慧和中国方案。

五、对外开放取得新成效

进一步加大对外开放力度,扎实推进经贸强国建设,以技术、标准、品牌、质量、服务为核心的对外经济新优势加快形成,中国商品、中国投资、中国服务的全球影响力持续提升。

(一) 对外开放持续扩大

陆续设立 21 个自由贸易试验区,建设海南自由贸易港,与 25 个国家和地区签署 17 个自贸协定,稳步推进中日韩自贸区、中欧投资协定谈判,成功举行"一带一路"国际合作高峰论坛、进口博览会以及中国国际服务贸易交易会等,国际经贸合作政策环境大幅度改善,2020 年中国营商环境子系统中跨境贸易排名提升了 9 位。对外贸易快速增长,货物贸易进出口额从 2015 年的 3.95 万亿美元增加至 2019 年的 4.58 万亿美元,连年保持全球货物贸易第一大国地位。服务贸易进出口额从 2015 年的 6542 亿美元增加至 2019 年的 7850 亿美元,稳居世界第二。外贸结构逐渐优化,机电产品出口金额从 2015 年的 13107 亿美元增加到 2019 年的 14590 亿美元;集成电路等高附加值产品及知识密集型服务出口保持快速增长,在全球价值链的地位逐渐提升。出口国别结构优化,在保持对传统发达市场出口增长的条件下,对新兴和发展中市场出口保持较快增长。贸易方式方面,一般贸易快速增长且比重持续提升,跨境电商等贸易业态创新步伐加快并成为贸易新增长点。吸引外资方面,在跨国投资低迷的情况下,实际利用外资稳步增长,保持发展中国家最大引资国地位。同时,利用外资质量不断提高,高新产业利用外资年均增长 23.9%,占比从 2015 年的 12.2% 上升到 2019 年的 27.7%。2020 年前三季度,在全球外资受疫情影响严重萎缩的情况下,我国实际使用外资 7188.1 亿元人民币,同比增长 5.2%。同时,中国已成为世界第二大对外投资国。2016—2019 年,对外直接投资规模达 6344 亿美元,在 188 个国家和地区设立企业 4 万多家。进入《财富》杂志世界 500 强的内地企业从 2016 年的 97 家增加到 2020 年的

117家。

(二) 共建"一带一路"成果丰硕

共建"一带一路"不断走深走实，成功举办两届"一带一路"国际合作高峰论坛，累计与138个国家、30个国际组织签署200份共建"一带一路"合作文件。2018年和2019年，连续举办两届中国国际进口博览会，自主降低关税水平，推动中国在"世界工厂"的基础上形成"世界市场"。2018年以来，中国加大了自主降税的力度。根据商务部研究院发布的《中国开放发展报告2019》，目前中国的贸易加权平均税率只有4.4%，不仅远低于其他发展中国家，也接近欧盟和美国等发达经济体的水平。

(三) 制度型开放加速推进

加快在全国范围内推行外商投资负面清单制度。先后推出三版《外商投资准入特别管理措施（负面清单）》，2020年版负面清单的"限制"与"禁止"项目缩减至33条，较之2017年指导目录压缩了30条。而在自贸区内，负面清单制度早在2013年就已开始推行。"十三五"时期，中国先后推出四版《自由贸易试验区外商投资准入特别管理措施（负面清单）》，条目由2013年版的190条缩减至2020年版的30条，较之全国版33条的负面清单更加开放。

六、人民生活水平全面提高

各项民生保障事业进展顺利，民生工作实现"从有到优"，不仅人民生活水平持续提高，而且生活质量也得到显著改善。

(一) 脱贫攻坚取得决定性成就

农村贫困人口从2012年末的9899万人降至2019年末的551万人，连续7年年均减贫1000万人以上，贫困发生率从10.2%降到0.6%。全国建档立卡贫困户人均纯收入由2015年的3416元增加到2019年的9808元、年均增幅30.2%。到2020年末，现行标准下农村贫困人口全部脱贫、贫困县全部摘帽的目标任务如期实现，困扰中华民族几千年的绝对贫困问题历史性得到解决。中国的脱贫攻坚行动拓展了发展中国家摆脱贫困的途径，为破解人类社会面临的共同难题贡献了中国智慧和中国方案，构筑了推动人类文明发展进步的样板工程，具有人类文明发展的典范价值。

(二) 居民生活质量显著改善

从绝对数量看，城乡居民生活更加宽裕。2019年全国居民人均可支配收入达30733元，比2015年增长约40%。2019年全国居民恩格尔系数降至28.2%，每百户家庭家用汽车拥有量达35.3辆，这表明我国已进入国际公认的人民生活相对宽裕阶段，全体人民共享新发展成果，消费层次持续提升，多层次多样化需求得到较好满足。从结构变迁看，形成了世界上规模最大的中等收入群体。中等收入群体数量和占比是衡量改革成果公平配置和共同富裕实现程度的重要指标。"十三五"以来，我国中等收入群体比重持续上升，以家庭年可支配收入10万元至50万元为标准，2019年底我国已有超过1.4亿家庭、4亿人成为典型的中等收入群体，规模和增速均为世界之最。从外部保障看，实现了人民生活质量提升与经济转型升级良性循环。"抓民生就是抓发展"的理念全面融入学术话语、政策话语和生活话语中。随着生活质量不断提高，人民群众对产品质量的要求不断增长，倒逼我国产业结构不断转型升级。民生领域的大量投入开始转化为消费力，促进新兴产业不断兴起、经济动能不断优化。

(三) 多层次公共服务体系基本建成

经过持续多年的努力，我国教育、就业、社会保障、医药卫生等公共服务体系实现居民全覆盖，基本公共服务均等化水平稳步提高。养老、医疗、失业、工伤、生育保险参保人数持续增加，保障性安居工程建设加快推进。2013—2019年，每年城镇新增就业人数都在1300万人以上，在一个有14亿人口的大国实现了比较充分的就业。居民平均预期寿命2019年达77.3岁，比世界平均预期寿命高近5岁。2019年九年义务教育巩固率达94.8%，高等教育毛入学率超过50%，劳动年龄人口平均受教育年限达10.7年，教育现代化总体发展水平迈进世界中上行列，其中部分指标已接近或达到发达国家水平。

第三节 坚定不移贯彻新发展理念，推动经济更高质量发展

当前，我国发展不平衡不充分问题仍然突出，发展仍然是我们党执政兴国的第一要务。开启社会主义现代化建设新征程，必须牢牢把握高质量发展这一主题，继续坚定不移把新发展理念贯彻到发展全过程和各领域，实现更高质量、更有效率、更加公平、更可持续、更为安全的发展。

一、坚持创新驱动，夯实高质量发展的产业根基

突出新发展理念的引领作用，必须坚持创新驱动发展，把创新置于我国现代化建设全局中的核心地位，把科技、自立、自强作为国家发展的战略支撑。全面塑造发展新优势，不断增强发展新动能，着力构建创新引领、协同发展的现代产业体系，提升产业链供应链现代化水平。

（一）推进产业链与创新链的深度融合

围绕产业链部署创新链、围绕创新链布局产业链。以科研产业化和市场化为核心，加快科技要素培育。协调推进经济体制、科技体制改革，充分调动释放科研人员积极性、主动性、创造性，提高企业和企业家在创新决策中的重要作用。突出企业主体地位，支持企业牵头组建创新联合体，承担国家重大科技项目，推进"产学研"协同创新，着力攻克重点领域、重点产业的关键技术、核心技术。健全鼓励创新、宽容失败的激励机制，激发企业家创新活力、降低企业家创新活动风险。鼓励企业家与科学家深度合作，加快科技成果从实验室走向市场，突破科技成果转化"最后一公里"障碍，打通科技强到产业强、经济强的通道，实现科技同经济对接、创新成果同产业对接、创新项目同现实生产力对接。

（二）推进产业链与资金链的深度融合

以矫正"脱实向虚"为重点，加快现代金融要素培育。强化对企业创

新的普惠性政策支持，从过去政府主导选拔式的创新支持模式，逐步转变为以普惠性财税政策支持为主的模式，通过税收和采购等普惠性政策来调动企业创新积极性。加快发展普惠金融，让更多中小微企业完成创新发展。落实和完善政府采购促进中小企业创新发展的相关措施，加大创新产品和服务的采购力度。鼓励采用首购、订购等非招标采购方式，以及政府购买服务等方式与深化科技金融结合，发挥金融创新对技术创新的助推作用。加快发展多层次、全方位资本市场体系，充分发挥现代金融对实体经济发展的资本媒介、高效支付、风险规避、财富管理等功能促进作用。持续深化金融体制改革，进一步激发民营经济活力，优化金融资源的市场化配置。

（三）推进产业链与人才链的深度融合

健全以创新能力、质量、实效、贡献为导向的科技人才评价体系。健全创新激励和保障机制，构建充分体现知识、技术等创新要素价值的收益分配机制，完善科研人员职务发明成果权益分享机制。加强创新型、应用型、技能型人才培养，实施知识更新工程、技能提升行动，壮大高水平工程师和高技能人才队伍。支持发展高水平研究型大学，加强基础研究人才培养。实行更加开放的人才政策，构筑集聚国内外优秀人才的科研创新高地。吸引和培育一大批具有国际水平的战略科技人才、科技领军人才、青年科技人才和创新团队投身实体经济发展，让高技能人才过上体面、有尊严的生活，推进人力资本积累和产业发展协同。

（四）推进产业链与价值链的深度融合

产业链涵盖产品生产或服务提供的全过程，是产业组织、生产过程和价值实现的统一，价值链则是产业链、供应链的价值实现，是产业链的核心。提升产业链、供应链现代化水平旨在价值增值。夯实产业基础能力。产业基础能力涵盖底层技术、零部件和材料、基础设施、质量标准、政策环境、人才队伍等多要素，是产业发展的重要支撑和动力之源，直接决定了产业链水平的高低。当前，我国产业链水平和欧美国家的差距也主要集中在产业基础能力方面。应实施产业基础再造工程，重点加大对基础零部件、关键材料、工业软件、检验检测平台和新型基础设施等领域的投入力度，进一步调动国内产业力量，强化协同，组织实施产业基础能力攻关工程，加快补齐产业基础短板。提升产业链控制力。产业链控制的基本形态有三种：全产业链控制、关键环节控制、标准和核心技术控制。提升产业链控制力的重点是以企业和企业家为主体，培育产业生态主导企业和核心零部件企业，增强全产业链、关键环节、标准和核心技术的控制力。要积极营造有利于企业家创新创业创造的良好环境，调动企业家干事创业的积极性，支持实体经济企业做大做强。激发国有企业、现代科研院所和新型研发机构创新活力，建立适应重大技术攻关和产业链主导企业培育的考核评价体系，加快提升核心竞争力。同时，加大对"专精特新"中小企业的支持力度，鼓励中小企业参与产业关键共性技术研究开发，持续提升企业创新能力。强化创新企业培育，把发展培育壮大创新型企业放在更加突出的位置，打造数量多、质量优、潜力大、成长快的创新型企业集群。促进产业链联动发展。促进产业链上下游联动发展，支持上下游企业加强产业协同和技术合作攻关，促进服务业和制造业深度融合发展，增强产业链韧性，提升产业链水平。促进供需联动发展，既要围绕"巩固、增强、提升、畅通"八字方针，提高供给质量和效率，打造具有战略性和全局性的产业链，也要注重发挥人口和超大规模市场规模优势，以庞大的国内需求倒逼产业转型升级。促进内外联动发展，坚持独立自主和开放合作相促进，促进国内标准和国际标准衔接，在开放合作中形成更强创新力、更高附加值的产业链。促进要素协同联动发展，坚持政府引导和市场机制相结合，强化实体经济发展导向，以相关政策协同为保障，促进科技创新、现代金融、人力资源等要素资源顺畅流动，加快构建以信息、技术、知识、人才等要素为支撑的新优势。此外，还要加强中央和地方联动，聚焦5G、人工智能、高端装备、汽车等重点领域，建设一批有影响力的世界级产业集群，把产业链现代化攻坚战的决策部署落到实处。

二、坚持协调联动，优化高质量发展的空间布局

突出新发展理念的引领作用，必须推动协调发展，构建彰显优势、协调联动的城乡区域发展体系，着力增强区域发展的整体性和协调性。

（一）大力实施区域发展重大战略

京津冀协同发展要始终把疏解北京非首都功能作为关键，优化区域经济结构和空间结构，高标准、高质量建设雄安新区和北京城市副中心，进一步提高为中央政务功能服务保障水平。长江经济带应坚持共抓大保护、不搞大开发，协同推进生态保护、促进经济高质量发展，深入推进长江流域生态环境系统治理和保护修复，加快建设生态优先绿色发展先行示范区。粤港澳大湾区建设应着眼于高质量发展和促进香港、澳门融入国家发展大局，着力破除粤港澳三地体制障碍，有序推动三地规则相互衔接和互利合作，推进生产要素流动和人员往来便利化。实施长三角一体化发展战略，以一体化的思路和举措打破行政壁垒，提高政策协同，加强产业合作、设施共建、服务共享，实现更合理分工，加大科技攻关力度，着力打造高质量发展样板区、科技创新和制造业高地、高水平开放平台。积极推进黄河流域生态保护和高质量发展，坚持生态优先，绿色发展，强化中心城市带动作用，推动沿黄地区形成特色鲜明的高质量发展区域布局。

（二）支持革命老区、民族地区加快发展

坚持把革命老区、民族地区振兴发展放在更加重要的位置，推动革命老区、民族地区依托特色优势资源，补齐区域协调发展的短板。建立健全长效性、普惠性扶持机制和差别化支持机制，支持革命老区利用好特色资源，在保护好生态的前提下发展特色优势产业。加快边境重点城镇和口岸建设，使之有一定人口和经济支撑，增强边疆地区发展能力。建设一批抵边新村，引导支持边民贴边生产和抵边居住，推动形成以城镇为中心、辐射边境地区的守边固边富边强边新格局。优化沿边开发开放试验区等布局，创新跨境金融等合作机制，做大做强边境城市。

（三）构建国土空间开发保护新格局

遵循自然规律、经济规律，立足资源环境承载能力，发挥各地比较优势，逐步形成城市化地区、农产品主产区、生态功能区三大空间格局，优化重大基础设施、重大生产力和公共资源布局。支持城市化地区高效集聚经济和人口、保护基本农田和生态空间。把支持经济发展和集聚人口的政策进一步向城市化地区聚焦。城市化地区要高效率集聚经济和人口，坚持质量第一、效益优先，推动质量变革、效率变革、动力变革，加快建设现代化经济体系，率先实现高质量发展。在高效率集聚人口的同时，城市化地区也要保护好区域内的基本农田和生态空间，既满足当地居民对部分不宜长距离运输的鲜活农产品的需要，也满足当地居民对优质生态产品的需要。支持农产品主产区增强农业生产能力。把支持农业发展的政策进一步向农产品主产区聚焦，加大农业水利设施建设力度、实施高标准农田建设工程、强化农业科技和装备支撑、提高农业良种化水平、建设智慧农业、建设农业现代化示范区等重大政策和举措，在落实过程中要向农产品主产区倾斜。完善粮食主产区利益补偿机制，研究建立对农产品主产区的转移支付制度，更好调动农产品主产区发展农业生产的积极性。支持生态功能区把发展重点放到保护生态环境、提供生态至上，支持生态功能区的人口逐步有序转移。把国家支持生态环境保护的政策特别是生态保护修复的政策进一步向生态功能区聚焦，使重大生态系统保护修复、防洪减灾、生物多样性保护，大江大河和重要湖泊湿地生态保护治理、荒漠化、石漠化、水流失综合治理、国土绿化、草原森林河流湖泊休养生息等重大任务和工程，在落实中进一步向重点生态功能区倾斜。着力解决好重叠设置、多头管理、权责不明、保护与发展矛盾突出等问题，加快建立以国家公园为主体的自然保护地体系。

（四）健全区域战略统筹机制

健全区域战略统筹机制，推动国家重大战略之间融合发展，统筹解决区域发展重大问题。提高财政、产业、土地、环保、人才等政策的区域精准性和有效性，加强政策之间的统筹联动。坚持"输血"与"造血"相结合，建立发达地区与欠发达地区联动机制，推动欠发达地区加快发展，促进先富带后富。健全市场一体化发展机制，形成全国统一开放竞争有序的商品和要素市场，消除歧视性、隐蔽性的区域市场壁垒，打破行政性垄断，坚决破除地方保护主义。健全区域合作互助机制，深化区域间基础设施、环保、产业等方面的合作。加强城市群内部城市间的紧密合作，积极探索建立城市群协调治理模式。健全区际利益补偿机制，加快形成受益者付费、保护者得到补偿的良性局面，充分调动重点生态功能区、农产品主产区，加强生态保护和环境治理，提高农业综合生产率和农产品质量的积极性。建立健全市场化、多元化横向生态补偿，鼓励流域上下游之间通过资金补偿、项目补偿、对口支援、基本公共服务共享等多种形式建立横向补偿关系。完善转移支付制度，深入推进财政事权和支出责任划分改革，逐步建立起权责清晰、财力协调、标准合理、保障有力的基本公共服务制度体系和保障机制，推动区域间基本公共服务衔接，加快建立医疗卫生、劳动就业等基本公共服务跨区域流转衔接制度，逐步实现基本公共服务均等化。

（五）积极推进以人为核心的新型城镇化

以城市群为主体构建大中小城市和小城镇协调发展的城镇格局，推进大中小城市网络化建设，提高城市承载能力，增强对农业转移人口的吸引力和承载力。加快户籍制度改革落地步伐，引导特色小镇健康发展，推动农业转移人口在城镇稳业安居，加快农业转移人口市民化。健全农业转移人口市民化机制，完善财政转移支付与农业转移人口市民化挂钩政策，强化基本公共服务保障，更好满足他们融入城市的期盼，提高市民化质量。优化行政区划设置，发挥中心城市和城市群带动作用，建设现代化都市圈。完善以轨道交通为骨干的都市圈交通网络，打造一小时通勤圈，促进中心城市与周边市（镇）同城化发展，形成梯次配套的产业圈，构建便利共享的生活圈。加快推进以县城为重要载体的城镇化建设，引导超大特大城市中心城区瘦身健体，提升大中城市功能品质，适应农民日益增加地到县城就业安家需求，加快县城补短板强弱项。增强县城综合承载能力和治理能力，引导劳动密集型产业、县域特色经济及农村第二、三产业在县城集聚发展，补强城镇体系重要环节，分类促进小城镇健康发展。

三、坚持生态优先，绘就高质量发展的绿色图景

突出新发展理念的引领作用，必须推动绿色发展，建设资源节约、环境友好的绿色发展体系，促进人与自然和谐共生。

（一）建立健全以生态价值观念为准则的生态文化体系

生态文化是人与自然和谐共生的文化。建立生态文化体系，就要将培育生态文化作为现代公共文化服务体系建设的重要内容，积极传递生态文明主流价值观，在全社会倡导勤俭节约、绿色低碳、文明健康的生产生活方式和消费模式，唤起向上向善的生态文化自信与自觉，为正确处理人与自然关系、解决生态环境领域突出问题、推进经济社会转型发展提供内生动力。

（二）拓宽生态系统功能，创新生态经济体系

挖掘生态系统的多样化功能，创新生态产品形式，充分依托良好环境为产品注入"绿色生态""特色""文化"等内涵，提升产品和服务附加值。大力推进节能减排，积极发展绿色低碳循环经济。积极探索把生态资源转化为生态资本的有效途径，通过市场化运作将生态资源转化为兼具经济价值和社会效益的生态产品，实现"绿水青山"向"金山银山"转化。按照产业发展规律推动生态资源开发与建设，提供生态产品和服务，推动生态要素向生产要素转变、生态财富向物质财富转变，促进生态与经济良性循环发展，建立健全以产业生态化和生态产业化为主体的生态经济体系。

（三）拓宽生态系统共建共享半径，激励公众绿色行为

探索社会参与生态系统共建共享的渠道，建立健全"绿水青山"的社

会共建平台和"金山银山"的社会共享平台,引导社会各方参与和支持生态环保工作。全面建设社会主义现代化国家,只有不断凝聚社会力量,才能将更多潜在的生态环境资源转化为更大经济效益和社会效益,让良好的生态环境成为人民美好生活的增长点,成为经济社会持续健康发展的支撑点,成为展现我国良好形象的发力点。

(四)完善生态文明体制机制,促进绿色发展

健全自然资源资产产权制度,健全国土空间开发保护制度,建立国土空间规划体系,落实资源有偿使用制度,实行资源总量管理和全面节约制度,推动绿色生产和消费,倒逼技术水平低、产品附加值低、污染能耗高的企业转型,完善绿色发展考核指标体系,改进推动生态安全政绩考核与问责,在推动高质量发展中逐步改善生态环境,切实践行绿水青山就是金山银山的理念。

(五)加快构建生态安全体系

生态安全是事关大局、对国家安全具有重大影响的安全领域。生态安全体系的建设是一项具有长期性、复杂性、艰难性的系统工程。当前和今后一个时期,要建立健全以生态系统良性循环和环境风险有效防控为重点的生态安全体系。进一步加强环境保护和治理,以解决损害群众健康突出环境问题为重点,坚持预防为主,综合治理,强化水、大气、土壤等污染防治,着力推进重点流域和区域水污染防治,着力推进重点行业和重点区域大气污染治理,着力推进颗粒物污染防治,着力推进重金属污染和土壤污染等综合治理,优先解决好细颗粒物、饮用水、土壤、重金属、化学品等损害群众健康的突出环境问题。不断优化生态安全屏障,针对关键问题整合现有各类重大工程,构建生态保护、经济发展和民生改善的协调联动机制,加快体制机制建设,通过加强国家生态安全法治建设,加快国家生态安全体制机制建设,强化生态环境风险监测与管控,建立国家生态安全评估预警体系,设立国家生态安全保障重大工程等,实现生态安全效益的最大化,加快构筑国家生态安全屏障,全力维护生态

安全。

四、坚持内外循环，构建高质量发展的新格局

突出新发展理念的引领作用，必须推动开放发展，建设多元平衡、安全高效的全面开放体系，实施更大范围、更宽领域、更深层次对外开放，依托我国大市场优势，促进国际合作，实现互利共赢，加快构建以国内大循环为主体、国内国际双循环相互促进的新发展格局。

（一）扩大内需，畅通国内大循环

加快形成新发展格局，内需挖潜是关键。在培育完整内需体系过程中，既要充分发挥投资对优化供给结构的关键作用，又要发挥好消费对经济发展的基础性作用。针对农村和传统产业中存在大批可转移劳动力、一线生产服务人员和技工短缺等问题，以更大力度支持就业创业，实施职业技能精准培训，着力解决好就业结构性矛盾，推动实现更加充分更高质量的就业，提高低收入群体收入，不断扩大中等收入群体消费水平。健全体现效率、促进公平的收入分配制度，完善多层次社会保障体系，提高劳动报酬在初次分配中的比重，促进知识、技术、管理、数据等生产要素参与分配机制，使更多普通劳动者通过自身努力进入中等收入群体，扎实推进共同富裕，着力提高居民消费意愿和能力。围绕吃穿用、住与行、教育、健康、养老、旅游、文化、环境等民生重要领域，提供高品质和多样化的消费产品和服务，以创新驱动、高质量供给引导消费结构升级，更好满足人民日益增长的美好生活需要。

（二）拓展深度，提升国际循环地位

鼓励骨干外贸企业立足于市场开拓需要，加强新产品、新技术研发，提升自主知识产权、自主品牌和高技术含量、高附加值、高效益产品出口规模和市场份额，培育新的竞争优势。打造新一代出口产品，重点提高新一代信息技术、高端装备、新能源新材料、生物医药等先进制造业和战略性新兴产业国际竞争力。扩大中间品、关键零部件等进口，并鼓励企业积

极开拓国内外多元化供应渠道，以高质量进口促进产业发展内在动力和出口竞争力提升。打通国外高质量终端品供给与国内高质量消费市场的循环通道，建立扩进口与促消费相结合的新型消费市场体系。鼓励企业开展商标、专利境外注册，构建全球范围内的自主营销渠道，提升中国品牌影响力，推动对外贸易由数量扩张向质量提升转变。加快培育更多具备自主知识产权和核心竞争力的创新型企业，提升外贸企业的国际竞争力。发展国际贸易新业态新模式，不断推动新业态新模式做大做强，为我国对外贸易发展注入新的活力和动力。以自贸试验区和自贸港为主要平台，对标国际高水平自由贸易园区，更大力度促进投资、贸易、金融等领域的自由化、便利化，推动制度型开放。积极稳妥复制推广自贸试验区和自贸港制度创新经验，带动各地形成各具特色、各有亮点的国际一流营商环境。

（三）深入推动内外贸融合发展

鼓励企业拓展国际市场，同时支持适销对路的出口型企业开拓国内市场，实现内外市场的深度融合，形成内外贸联动发展新格局。支持外贸企业出口转内销，拓展国内销售市场。支持外贸企业加快研发适合国内市场需求的产品，在产品开发、创意设计、用户体验、市场营销及产品智能化等方面对接国内中高端消费需求，进一步丰富国内市场供给，增加消费者选择，带动消费升级。支持外贸企业创新市场开拓方式，开拓新兴国际市场。加强对"一带一路"市场的深耕细作，进一步拓展亚洲、非洲、拉美等市场。逐步提高自贸伙伴、新兴市场和发展中国家在我国对外贸易中的占比，鼓励企业用好用足自贸协定等相关机制安排拓展国际市场。创新运用"云展览""云对接""云签约"，拓展国际市场客户和销售渠道，实现目标市场多元化。

五、坚持共建共享，凝聚高质量发展的磅礴力量

突出新发展理念的引领作用，必须推动共享发展，构建体现效率、促进公平的收入分配体系，扎实推动共同富裕，不断增强人民群众的获得

感、幸福感、安全感，促进人的全面发展和社会全面进步。

(一) 打牢共同富裕的坚实基础

提高劳动报酬在初次分配中的比重。劳动报酬是我国居民群众收入的主要来源，是提高人民收入水平的重要基础。千方百计保市场主体、千方百计稳定和扩大就业，使人民群众通过就业对自己的收入有稳定的预期。完善政府、工会、企业共同参与的协商机制，积极推进工资集体协商，着重保护劳动所得，增加劳动者特别是一线劳动者报酬。完善企业薪酬调查和信息发布制度，健全最低工资标准调整机制，加强对农民工工资支付的保障。健全就业公共服务体系、终身职业技能培训制度，不断提高劳动者增加收入的能力。健全各类生产要素参与分配机制。劳动力、资本、土地、技术、数据等生产要素由市场评价贡献、按贡献决定报酬，对提高人民收入水平具有重要支撑作用。完善按要素分配政策制度，健全各类生产要素由市场决定报酬的机制，探索通过土地、资本等要素使用权、收益权增加中低收入群体要素收入。健全以税收、社会保障、转移支付、第三次分配等为主要手段的再分配调节机制，多措并举促进城乡居民增收，缩小收入分配差距，提高低收入群体收入，扩大中等收入群体。

(二) 强化共同富裕的价值支撑

人民性是马克思主义最鲜明的品格。坚持以人民为中心，不仅是推动共同富裕取得更为明显的实质性进展必须遵循的根本原则，更是新时代我们党坚持和发展中国特色社会主义必须坚守的根本立场。始终坚持人民主体地位，做到发展为了人民、发展依靠人民、发展成果由人民共享，实现发展成果创造者与享有者相统一的目标。始终坚持人民主体地位，坚持人民群众是历史实践的主体，是实现共同富裕的主体，依靠人民实现共同富裕的历史伟业。把尊重社会发展规律与坚持人民主体地位统一起来，奠定实现共同富裕的雄厚基础。始终坚持发展成果由人民共享。共同富裕体现着社会主义的价值立场和奋斗目标。人民群众作为社会物质财富和精神财富的创造者，作为社会发展的推动者和决定力量，在推动共同富裕进程中发挥着决定性作用，他们作为社会财富的创造者和享有者是社会主义的内在要求。人民群众作为社会生产实践的主体，通过自己的实践活动不断推动我国社会发展变革，共享国家发展成果是全体人民的权利。推动在共建中共享、在共享中共建，实现发展主体和发展目标的内在统一，充分彰显社会主义共同富裕的鲜明特征。

（三）强化共同富裕的制度保障

中国特色社会主义制度具有涵盖各个领域的显著优势，为推动全体人民共同富裕取得更为明显的实质性进展提供了根本保障。充分发挥国家体制的统领协调作用，使政策措施有效衔接、权利义务互相契合、目标举措协同促进，充分发挥中央和地方两个积极性，在统筹和协调中实现制度体制的最优效能，激发社会成员的创造活力和创新动力。更好发挥基本经济制度的有效推动作用。坚持和完善以公有制为主体的所有制结构，促进社会财富的充分涌流，更有效地保证社会公平的实现，为全体人民在共同创造社会财富后实现共同享有提供制度支持。坚持和完善按劳分配和按要素分配相结合的多种分配形式，提高劳动报酬在初次分配中的比重，改善收入和财富分配格局，确保更有效体现社会财富创造者与享有者的统一。

（四）增强共同富裕的强劲动力

健全统筹城乡、可持续的基本养老保险制度和基本医疗保险制度，加强社会救助资源统筹，完善基本民生保障兜底机制，让人民群众拥有更好的教育、更稳定的工作、更满意的收入、更可靠的社会保障、更高水平的医疗卫生服务、更舒适的居住条件、更优美的环境、更丰富多彩的精神文化生活，让改革发展成果更多更公平惠及全体人民，增强人民群众获得感。通过制定科学有效的社会政策，使所有社会成员平等行使经济、社会、政治、文化权利，平等享有基本社会福利，让个人和群体都平等拥有自身发展机会，增强人民群众归属感。努力创造人民群众社会参与的自身条件与社会条件，如自身的健康、知识、技能，以及社会提供的民主参与、社会治理等条件，让人民群众感到对社会生活具有参与感，对个人生活具有掌控感，进而获得对个人生活与社会发展双重的满足感。

六、坚持统筹经济发展与安全，构筑高质量发展的安全屏障

发展和安全，是关乎国家兴衰存亡的两大支撑。发展为本，安全为要。贯彻落实新发展理念，前提是国家安全、社会稳定。以新发展理念引领经济更高质量发展，必须坚持统筹经济发展和经济安全，确保经济安全。必须立足于在发展和安全两个大事上同时发力，既要推动经济发展，又要维系经济安全，实现经济发展和经济安全互为条件、彼此支撑。

（一）加强经济安全风险预警、防控机制和能力建设

进一步加大经济安全风险预警机制建设力度，深化对各种风险的评估研判，完善经济安全风险预警监测体系，提高动态监测和实时预警能力，综合运用调查信息、统计资料、部门工作记录和大数据开展监测分析和预测预警，抓早抓小、抓苗头抓源头，把经济风险隐患解决在萌芽状态。完善经济安全风险防控体系，统筹建立风险研判机制、政策风险评估机制、风险防控协同机制、风险防控责任机制，加强统筹协调，明确防控任务，精准决策发力，综合应对挑战，避免风险多发。健全危机应对体系，做到危机预警、应急指挥、现场处置、恢复重建、事后评估无缝对接，积极引导舆论信息和社会预期，严密防范次生风险。继续加强经济安全保障能力建设，着力提高国民经济调控和保护能力、重点产业支撑能力、经济动员能力、社会政策托底能力、国际经济运筹能力和重大冲击应对能力，为防范和控制经济安全风险提供有力支撑和保障。

（二）增强产业体系抵御风险能力

坚持问题导向，精心组织安排，聚焦电子信息、计算机、生物、航空航天、装备能源、新材料等产业领域基础薄弱环节，加快补齐基础零部件、基础材料、基础工业、基础技术等短板弱项。面向市场需求，立足发展条件，加快新型基础设施建设，加大对5G、人工智能、互联网、物联

网、云计算、区块链等领域投资力度,积极构筑工业互联网平台,优化数据中心建设布局,健全重大科技、金融科技、电子商务、现代物流、智能交通、智慧医疗、科技教育等基础设施。要提升产业链现代化水平。深刻把握新一轮科技革命趋势,科学研判重大产业技术问题,探索发挥新型举国体制优势,有效利用市场化手段,提高科技创新支撑能力,对关键领域核心技术和重大装备进行攻关,加快先进适用科技成果在产业领域广泛应用。发挥好我国产业链齐全、协同性较强的优势,培育世界级先进制造业集群。支持地方因地制宜发展特色优势产业,加强重点领域规划布局引导,形成分布合理、链条完整、安全高效的产业格局。针对产业链重点领域和关键环节,主要依托企业构建关键零部件、材料、设备等备份生产、应急储备、调运配送等体系,同时充实国家战略物资储备,提高产业抗干扰抗风险能力。

(三) 确保粮食、能源、资源和重要基础设施安全

确保粮食安全,做到谷物基本自给,口粮绝对安全,把饭碗牢牢端在自己手里。统筹衔接永久基本农田、生态保护红线、城镇开发边界,严守耕地保护红线,稳定粮食播种面积,压实"米袋子"省长负责制和"菜篮子"市长负责制。持续加大国内石油、天然气勘探开发投入,夯实国内产量基础,优化油气管网布局,提高油气储备能力。加强电力系统安全保障,提升网络安全管控水平,增强电力应急能力。推进矿产资源节约高效开发利用,加强地质勘探,建设绿色矿山,提高矿山资源综合利用水平。强化水资源监测预警和管理,优化江河流域水量分配,持续实施全国集中式饮用水水源地环境保护专项行动,提高水资源集约安全利用水平。对运行中断或遭到破坏时会危害国家安全和水利、能源交通、信息、金融等领域重要基础设施,进行安全风险评估,综合考虑风险发生可能性及其后果预判,采取有效措施加以防控、化解和应对,保障基础设施正常运行。

(四) 守住不发生系统性金融风险底线

坚持金融为实体经济服务方向,全面提升金融服务效率和水平,把更

多金融资源配置到经济社会发展的重点领域和薄弱环节，保证"三农"贷款较快增长，增加制造业贷款包括中长期贷款，支持中小微企业和个体工商户获得贷款，积极发展普惠金融，培育发展绿色金融、绿色信贷，推进产融合作。强化金融监管，提高金融监管透明度和法治化水平，健全金融机构法人治理结构，完善存款保险制度，构建金融风险预防、预警、处置、问责制度体系，加强宏观审慎管理制度建设，加强功能监管，更加重视行为监管，对违法行为零容忍，做到"管住人、看住钱、扎牢制度防火墙"。运用现代科技手段和支付结算机制，适时动态监管线上线下、国际国内的资金流向，完善金融运行、金融治理、金融监管、金融调控体系，规范金融运行发展。要保持货币、股票、债券、外汇和房地产市场稳定。坚持实施稳健的货币政策，保持流动性合理充裕，处理好稳增长、稳就业和防风险的关系，稳定宏观杠杆率，减少和消除风险隐患。完善多层次资本市场体系，健全股票发行、交易、退市等制度，规范资本市场秩序，打击危害市场平稳运行的违法行为。坚持房住不炒定位不动摇，因城施策搞好房地产市场调控。有针对性地做好债务处置工作，稳妥有序化解债券市场风险，保障财政金融安全。

（五）确保民生领域安全、新型领域安全和海外利益安全

防范民生领域存在的安全风险。控制价格总水平涨幅，防止食品价格过快上涨，做好重要商品市场保供稳价工作，认真执行社会救助和保障标准与物价上涨挂钩联动机制；突出抓好高校毕业生、农民工、退役军人等重点群体就业，支持灵活就业、新业态就业，加强就业培训，防止规模性、区域性失业现象发生；完善分配政策体系，健全与劳动力市场相适应、与企业效益和劳动生产率挂钩的工资决定和正常增长机制，保持价格、就业、居民收入等指标运行在合理区间，防止大起大落带来的风险。维护新型领域安全，保障食品药品、公共卫生和生物等安全。加强食品药品安全监管，加强检测能力建设，严把从农田到餐桌、从实验室到医药的每一道防线，提高安全保障水平，让人民群众吃饭用药安全放心；完善突

发公共卫生事件监测预警处置机制，健全应急救援、医疗救治、科技支撑、物质保障体系，提高应对突发公共卫生事件能力，努力减轻其对人民生命健康的威胁；强化生物安全保护，把生物安全纳入国家安全体系，健全完善国家生物安全风险防控和治理体系，推动生物安全立法。保护海外我国公民和法人安全，完善领事保护工作机制，健全促进和保障境外投资的法律、政策和服务体系，保护我国海外金融、石油、矿产、海运和其他商业利益。推进企业"走出去"安全保障体系建设，遵守法律法规，坚定维护中国企业海外合法权益，加强对进出口贸易重要运输线路、海外投资重要建设项目的安全保障。强化安全保障协调，落实工作责任制，开展安全风险评估，加强动态监测和预警，组织突发事件应急处置协调联动，推进风险预警预防、行动保障、信息化保障、政策保障、法律保障等能力建设，加强对外安全合作，把我国海外利益保护和风险防范落到实处。

七、坚持全面深化改革，完善高质量发展的制度保障

全面贯彻新发展理念是关系全局的一场深刻变革。新发展理念要落地生根、变成普遍实践，必须以高水平的社会主义市场经济体制作为保障条件。推动经济更高质量发展，必须将新发展理念作为管全局、管根本、管方向、管长远的基础性和支撑性要素嵌入社会主义市场经济体制中，使各方面形成合力，成为具有内在联系的集合体。进一步完善社会主义市场经济体制，关键在改革，核心在处理好政府和市场的关系。要坚持辩证法、两点论，既充分发挥市场的决定性作用，又更好发挥政府作用，努力增强"看不见的手"和"看得见的手"协调配合、互促共进的合力。

（一）确保"市场机制有效"

坚持社会主义市场经济改革方向，建设统一开放、竞争有序的市场体系，更加尊重市场经济一般规律，最大限度减少政府对市场资源的直接配置和对微观经济活动的直接干预，最大限度减少政府对价格形成的不当干预。充分发挥市场在资源配置中的决定性作用，让市场这只"看不见的

手"充分施展，推动资源配置实现效益最大化、效率最优化。在继续发展各类商品市场的基础上，以完善产权制度和要素市场化配置为重点，深化劳动力、土地、资金、知识、技术、管理、数据等要素市场化改革，加快建设高标准的市场体系。坚决破除制约发展活力和动力的体制机制障碍，实现产权有效激励、要素自由流动、价格反应灵活、竞争公平有序、企业优胜劣汰。全面实施市场准入负面清单制度，清理废除妨碍统一市场和公平竞争的各种规定和做法，打破行政性垄断，防止市场垄断，清除市场壁垒，提高资源配置效率和公平性。加快完善物权、合同、知识产权相关法律制度，进一步把民法总则、反垄断法、中小企业促进法及知识产权类法律落到实处，建设高水平的市场制度，形成统一开放、有序竞争的市场制度环境。建设更高水平开放型经济新体制，实施更大范围、更宽领域、更深层次的全面开放。加强和改善制度供给，全面对接国际高标准市场规则体系，加快国内制度规则与国际接轨，以更高水平开放促进深层次市场化改革，推动生产关系同生产力、上层建筑同经济基础相适应，实现更高质量、更有效率、更加公平、更可持续、更为安全的发展。

（二）确保"微观主体有活力"

坚持和完善中国社会主义基本经济制度和分配制度，毫不动摇巩固和发展公有制经济，毫不动摇鼓励支持引导非公有制经济发展，探索公有制多种实现形式，支持民营企业改革发展，培育更多充满活力的市场主体，激发各类市场主体活力。加快完善归属清晰、权责明确、保护严格、流转顺畅的现代产权制度，依法平等、有效保护各类产权，切实维护好公有制经济和非公有制经济的"所有制生态平衡"。进一步落实和完善各类国有资产管理体制，改革国有资本授权经营体制，发展混合所有制经济，加快国有经济布局优化、结构调整、战略性重组。要推动国有资本做强做优做大，完善国企国资改革方案，围绕管资本为主加快转变国有资产监管机构职能，改革国有资本授权经营体制。加强国有企业党的领导和党的建设，推动国有企业完善现代企业制度，健全公司法人治理结构。进一步完善保护产权制度,激发和保护企业家精神,依法甄别纠正社会反映强烈的产权纠纷案件,健全支持民营经济、外商投资企业发展的市场、政策、法治和社会环境,支持和引导民营经济发展,发挥民营经济在满足多样化市场需求的优势,进一步激发活力和创造力。积极发展混合所有制经济,推动产权多元化,以多途径、多方式实现国有资本和民营资本交叉持股、双向进入,重构和再造企业微观主体。加快完善公平竞争制度,强化竞争政策基础地位,以竞争政策为基础协调相关政策,依法保障各种所有制主体平等使用资源要素,推进公开竞争、公平竞争、公正竞争,实现资源有效配置和企业优胜劣汰。深化收入分配制度改革,健全体现效率、促进公平的收入分配制度,完善覆盖全民的社会保障体系,健全国家公共卫生应急管理体系,让改革发展成果更多、更公平惠及全体人民。

(三)确保"宏观调控有度"

坚持和加强党的全面领导,发挥党总揽全局、协调各方的领导核心作用,把党领导经济工作的制度优势转化为治理效能,强化改革落地见效,推动经济体制改革不断走深走实。更好发挥政府作用,完善政府经济调节、市场监管、社会管理、公共服务、生态环境保护等职能,创新和完善宏观调控,进一步提高宏观经济治理能力,提高宏观调控的科学性、有效性。深入推进简政放权、放管结合、优化服务,深化权力清单、责任清单管理,厘清政府和市场、政府和社会关系,加快构建亲清新型政商关系。深化行政体制改革,集中精力把"政府本分"做好、做到位。政府注重从宏观角度为企业创造健康运行的良性环境和合理机制,通过制度来引导企业的行为,发挥好政府的市场维护、市场引导、市场培育等方面的作用,真正降低制度性交易成本,破除生产要素合理流动与有效配置的障碍,向市场和社会放权,激发市场主体和社会主体发展与创新活力,持续打造市场化、法治化、国际化营商环境,营造公平竞争的市场环境,增强市场主体对未来发展的信心,稳定市场主体投资和创新的预期。健全国家调控体系,发挥国家发展规划战略性导向作用,推动形成财政、货币、产业、区域、消费、投资等经济政策协调机制,加快建立现代财政制度,深化金融体制改革,增强金融服务实体经济能力,进一步扭转金融脱实向虚、金融资源在体系内循环、金融资源错配和效率不高等现象。健全货币政策和宏观审慎政策双支柱调控框架,坚持稳中求进的工作总基调,努力做到宏观经济政策要稳、产业政策要准、微观政策要活、改革政策要实、社会政策要托底,稳定经济增长,推进高质量发展。

第三章 用制度体系保障人民当家作主

党的十九届四中全会提出:"坚持和完善人民当家作主的制度体系"。人民当家作主的制度体系,体现在党和国家始终表达人民意志,保障人民利益,激发人民在各领域中的积极性、创造性,保证人民依据法律并通过各种途径和形式,对国家经济和文化、社会等方面的事务进行相应管理。

第一节 全面建成小康社会要求人民当家作主

2015年,党的十八届五中全会通过的十三五发展规划建议明确提出:"实现全面建成小康社会奋斗目标,要坚持人民主体地位。"2020年,党的十九届五中全会提出,"十三五"规划目标任务即将完成,"全面建成小康社会胜利在望",同时提到2035年社会主义现代化远景目标——人民生活更加美好,人的全面发展、全体人民共同富裕取得更为明显的实质性进展。由此可见,全面小康正是人民的小康。党和国家充分肯定,人民群众在为全面建成小康社会不懈奋斗过程中所发挥出的重要作用,也体现出人民当家作主对于全面建成小康社会的重要价值。

一、人民当家作主是社会主义的生命

从专制统治,逐渐演变到民主以及法制相对充盈的社会形态,在这一历史发展轨迹中可管中窥豹:社会主义就如同一个生命体,其诞生、萌发及演化终归是一个日臻完善且愈加以修葺的过程。然而,在漫长岁月的河流之中,一些社会主义国家,亦如"浪花"拍岸,虽是"激流",却终于一霎。在这其中,不难发现,这些社会主义国家实践失败的根本原因,在

于过度地依赖高度集权的发展模式。换言之,正是专制化与家长制导致国家社会的民主精神弱化与消弭。一切对于人民民主的肆意践踏直接抵消了社会主义在其他方面的向心力与聚合能力,于政治上,终难摆脱一败涂地的结局,导致其在社会领域中出现了极为严重的民心背离问题。由此,我们要坚定人民当家作主这一社会主义的生命之源。

(一)人民当家作主是社会主义的本质要求

人民当家作主是中国特色社会主义民主,也是科学社会主义的基本原则。2017年,党的十九大报告明确指出:"人民当家作主是社会主义民主政治的本质特征"。人民民主是社会主义的生命,是我们中国共产党始终高扬的光辉旗帜,人民当家作主更是社会主义的生命之所在。

坚持人民的主体地位,保证人民群众在政治上的当家作主,这是社会主义的本质性要求,也是坚持中国特色社会主义的重要特征。国家的一切权力都属于人民,这正是我国人民当家作主的核心依据。一切权力皆来源于人民群众,亦用于人民。坚持和完善人民当家作主,其要旨就在于确保人民群众的根本利益要得到最为广泛、最为真实及最为有效的维护与实现。

作为社会主义民主的本质,人民当家作主的关键内涵表现在以下五个主要方面:一是国家一切权力均属于人民,这一点体现于我们国体——工人阶级领导、以工农联盟为基础、人民民主专政的社会主义国家,人民当家作主更表现在我国的政体——人民代表大会制度,人民依靠各级人民代表大会行使其国家权力;二是国家建立健全法律制度和体制机制,保证人民依照法律规定,通过各种途径和形式,管理国家事务,管理经济文化事业,管理社会事务;三是一切国家的机关及其内部工作人员一定要基于广大人民群众的支持,加强保持同人民群众的密切联系,积极倾听人民的意见和心声,接受群众监督,全心全意为人民服务;四是国家制定并实施的法律法规和方针政策,势必要基于人民的意志、尊重人民的意愿、获得人民的拥护,要维护最广大人民的根本利益;五是党和国家的各个方面事业和各个方面工作，必须坚持"以人民为中心"的发展思想，坚持不断满足人民日益增长的美好生活需要，从而大力促进并积极实现人民的全面发展。

（二）人民当家作主贯穿于中国特色社会主义

1921年，从中国共产党的创建之时起，我们党就以实现人民的当家作主，作为其重要的使命，从而带领全体中国人民，团结一心，众志成城，进行了一系列长期不懈的艰苦奋斗；中国共产党在领导新民主主义革命事业的过程之中，其要旨就在于反对和推翻帝国主义、封建主义以及官僚资本主义的腐朽统治，努力实现中华民族独立自主的奋斗目标，更是要全体人民的自由以及幸福亦得以实现，从而最终实现全体中国人民的当家作主；1949年，我国新民主主义革命取得了伟大胜利，建立了新中国，数千年来被压迫被剥削的人民第一次成为国家的主人；1978年，自党的十一届三中全会以后，人民当家作主越发体现出根本性、全局性、稳定性和长期性，在改革开放逐步推进的40余年间，历届中央领导集体都把民主的制度化、法律化作为社会主义民主政治建设的重要任务，可以看出，坚持和完善人民当家作主对于中国特色社会主义事业发展的重要性；党的十八大以来，以习近平同志为核心的党中央更加强调人民当家作主问题，始终把民主法治放在党和国家工作大局中，来考虑、来谋划、来推进，为坚持党的领导和人民当家作主提供了坚强的保障；2017年，在党的十九大报告中，习近平总书记更是明确指出：我国社会主义民主是维护人民根本利益的最广泛、最真实、最管用的民主。

总之，正是基于中国共产党领导的人民当家作主，贯穿于中国特色社会主义事业的逻辑主线。在不懈探索的过程中，坚持和完善人民当家作主，集思想和行动于一体，不断跋涉前进，形成了茁壮成长的生命力。

二、人民当家作主让小康社会更有活力

全面建成富有生命力和活力的小康社会，需要人民当家作主，这一点

要从人民当家作主与小康社会的相互关系来看。一方面，激发小康社会发展活力，推进小康社会的全面建成，为人民当家作主提供了坚实的物质基础和丰富的精神延伸空间；另一方面，人民当家作主对于全面建成小康社会的政治建设、经济建设与思想文化建设等方面具有重要的意义，也产生深远的影响。

（一）人民当家作主让政治建设更有活力

"小康社会"是一种较为理想的生活状况，本意是在经济学视角下提出的相对宽裕的生活；在政治领域中，是邓小平同志于上个世纪70年代末、80年代初，谋划我国经济社会发展大局之际，所提出的发展战略；1997年，在党的十五大报告中，江泽民同志明确提出"建设小康社会"这一重要任务；2002年，党的十六大则提出了"全面建设小康社会"这个奋斗目标，并为此进行战略规划；2007年，在党的十七大上提出"为夺取全面建设小康社会新胜利而奋斗"；2012年，党的十八大报告中第一次提出"全面建成小康社会"的奋斗目标；2017年，习近平总书记在十九大报告中指出："既要全面建成小康社会、实现第一个百年奋斗目标，又要乘势而上开启全面建设社会主义现代化国家新征程，向第二个百年奋斗目标进军。"其中，习近平总书记明确指出："从现在到2020年，是全面建成小康社会的决胜期。"在不断摸索与建设实践的过程中，党和国家对于"小康社会"的认识不断升华、日臻完善。

在政治方面，全面建成小康社会，要以人民当家作主，为其政治建设增进活力。小康社会的政治建设就在于，要坚持积极、稳妥地推进我国的人民当家作主，扩大社会主义民主，健全中国特色社会主义法制，积极建设社会主义法治，巩固和发展党和国家的整体战略大局。要使我国全面小康社会的政治建设更有活力，没有人民当家作主的基本保证是根本不可能实现的。人民当家作主在治理制度和执行程序方面的稳定性尤为凸显，进而确保国家政治环境的稳定性及持续性，从而使得全面小康社会的发展活力不局限于短期，更在于要坚持追求中国共产党和国家、社会未来多方面的可持续发展。在党的十六大报告中，江泽民同志明确指出："坚持中国共产党的领导，人民当家作主和依法治国有机统一起来"。基于我国的社会、经济发展速度的高涨、物质生产与文明发展水平发生了深刻的变化。总体来看，社会经济发展速度越快，物质文明发展水平越高，人民群众的政治诉求就越发强烈、迫切，对于国家民主政治的权威性、规范性的要求和标准就会上升。由此看来，我国人民当家作主从精神思想上提升了人民对小康社会的政治建设意识，从而使得全面小康社会建设的政治参与意识更为强烈，进一步强化了社会主义民主政治的权威性与规范性。

总之，人民当家作主在全面小康社会的政治建设中，显得尤其重要。只有坚持和发展人民当家作主，使得广大人民群众的民主政治意识在社会主义民主政治建设的发展过程中得到不断升华，才能在促进全面小康社会其政治方面，保持逐渐持续而愈发活跃的发展状态。

（二）人民当家作主让经济建设更有活力

从世界发展大势和我国现代化发展全局的高度来看，全面小康社会的经济建设在于完善社会主义市场经济体制，推动市场经济结构战略性调整，基本实现工业化布局，大力推进信息化发展，促进现代化建设，保持我国国民经济的持续、快速、健康发展。人民当家作主能够保证人民群众在经济建设过程中更好地发挥聪明才智，更好地参与经济建设全过程，更好地共享经济发展成果，从而让经济建设更有活力。

我国人民当家作主坚持的是一种开放、多元的经济发展模式。促进全面小康社会的经济建设更有活力，人民当家作主的保证作用就是要以发挥社会成员主体的保障作用为支撑点，提升社会生产与发展的积极性，从而使小康社会经济能够获得源源不断的发展动力。只有实现人民真正当家作主，才能有力地提升社会成员的生产积极性，这直接关系到社会经济的发展动力，决定社会经济发展的进程是否保持持久的活跃状态。在中国共产党的领导下，广大人民群众当家作主是全面建成小康社会的一大显著优势，人民当家作主可以最广泛地调动一切积极因素，从而把各个体、各方面的有益力量，有力地凝聚到全面小康社会经济建设的发展进程之中。此外，人民当家作主可以最为充分地发挥广大人民群众在中国特色社会主义市场经济建设中强有力的主动性和创造力。正是通过人民当家作主的努力和不断的实践，不断的创新发展，并以此推动多处体制创新、思想科技创新和应用技术创新，为全面建成小康社会的经济建设增添了强大活力，2020年，我国国内生产总值超过100万亿元，实现历史性突破。

（三）人民当家作主让思想文化建设更有活力

全面建设小康社会不仅要表现于政治以及经济方面，而且表现在思想文化方面，还要求推动整个国家、社会在文化、教育层面的不断完善，使得国家各民族人民的思想道德素质和科学文化素质得以不断地提高，从而有力地促进广大人民群众的全面发展。2020年，党的十九届五中全会就思想建设方面，提到了"人民思想道德素质、科学文化素质和身心健康素质明显提高，公共文化服务体系和文化产业体系更加健全，人民精神文化生活日益丰富"。重视思想文化建设是符合全面建成小康社会客观要求的重要表现。从根本上说，基于广大人民群众的宏伟力量，推进国家、社会的思想文化方面的建设更富有活力。

人民当家作主，使得人民群众能够拥有更为广阔和自由的思想与思考的空间。由此，有助于推进精神文明建设，助力发展教育、科学事业、文化事业和文化产业。人类在思想和艺术上的创新多是来源于带有个性化的创造劳动，创新热潮的形成并不在于一个个创新个体的状况，而是更在于创新环境的状况。无数政治现象证明，在各种政治模式中，民主制度和民主政治结构更有利于创新环境，并由此增强文明社会发展的持续活力。社会主义比人类历史上长期存续的专制制度要优越许多，社会主义可以通过民主政治的充分发展，形成比历史上任何社会形态都更为宽容的创新环境，赋予社会文明发展更大的活力。

三、人民当家作主让小康社会更加和谐

社会主义和谐社会是人类孜孜以求的一种美好社会。进入21世纪后，

党的十六大和十六届三中全会、四中全会，从全面建设小康社会、开创中国特色社会主义事业新局面的全局出发，明确提出构建和谐社会的战略任务，并将其作为加强党的执政能力建设的重要内容。人民当家作主在和谐社会构建中发挥着重要作用。

（一）人民当家作主让政治关系更为和谐

全面小康社会的和谐政治关系离不开人民当家作主。人民当家作主表现在：人民成为国家的主人，人民依法进行自我管理、自我服务、自我教育和自我监督，有效化解人民群众的内部矛盾，让社会各阶层的关系更为和谐。同时，人民当家作主与党的领导、依法治国是有机统一的关系，中国共产党的初心和使命就是为中国人民谋幸福，为中华民族谋复兴，这与人民当家作主的价值取向是一致的，依法治国是人民当家作主的基本实现形式，人民当家作主并不是人民群众一哄而上地管理国家事务，而是人民群众遵照规章制度、法律法规对国家事务依法进行管理。因此，人民当家作主是我国政治治理体系中极为重要的一个部分，能够有效打通党的领导与依法治国二者的关系，让我国的基本政治制度更加和谐、稳定、充满效率和活力。

（二）人民当家作主让经济关系更为和谐

从生产角度来看，正是人民当家作主，使得各领域的生产者、劳动者和经营者，同时处于国家经济发展的统一战线上，共同致力于中国特色社会主义市场经济发展战略，从这二者的关系来看，正是人民当家作主，让全面建成小康社会的市场经济关系更为和谐。从分配角度来看，按劳分配能够保证分配的公平性，让广大人民群众都能够劳有所得，多种方式参与分配能够保证分配的效率性，提高劳动者的积极性，而这样的分配方式是基于人民当家当家作主的制度安排，由全国人民代表大会通过的《中华人民共和国宪法》确定基本经济制度，在分配过程中，职工代表大会也有着很大发言权，发挥重要作用。

（三）人民当家作主让文化关系更为和谐

发展社会主义先进文化、广泛凝聚人民精神力量，是国家治理体系和治理能力现代化的深厚支撑。文化不只是生活方式，更是一种精神价值、一种意义体系，它的意义在于给心灵以启迪，给精神以力量，给社会以和谐。人民群众是中国特色社会主义的创造者和实践者，在文化建设中居于主体地位。人民大众的真实情感和真实生活是文化生产的源泉，脱离人民、脱离生活，文化将失去繁荣发展的现实土壤。坚持人民当家作主就能保证我国的文化事业始终坚持以人民为中心的价值取向，要能把满足人民精神文化需求作为文化事业的出发点和落脚点，就能尊重人民的创造力，激发全民族文化活力，就能在文化事业发展中坚守文化自信，积极汲取人类文明成果，妥善处理好传统文化与现代文化、农业文化与工业文化、本地文化与外来文化、物质文化与精神文化等众多文化形态之间的关系，确保小康社会在文化领域的和谐。

四、人民当家作主才能让发展成果由人民共享

发展成果由人民共享，需要人民当家作主。邓小平同志在南方谈话中提出"发展才是硬道理"，表明工作中心是以人的发展为要义；"三个代表"重要思想中，极为重要的一点就是中国共产党始终代表最广大人民的根本利益；胡锦涛同志在党的十七大报告中提出科学发展观第一要义是发展，核心是以人为本；习近平总书记反复强调"必须让人民群众共享发展成果"。2020年，党的十九届五中全会提出："要改善人民生活品质，坚持把实现好、维护好、发展好最广大人民根本利益作为发展的出发点和落脚点，不断增强人民群众获得感、幸福感、安全感，促进人的全面发展和社会全面进步。"人民共享发展成果是社会主义的本质要求，要求共享发展成果，更是与人民当家作主相一致。

（一）人民共享发展成果是社会主义的本质要求

社会主义的本质就是解放生产力、发展生产力，消灭剥削、消除两极分化，最终达到共同富裕。从中可以看出，共同富裕是社会主义本质的必然要求。发展是第一要务，在注重发展的同时，我们就要注重人民共享发

展成果,要让人民真真正正做到当家作主,使生活在我们伟大祖国和伟大时代的中国人民,共同享有人生出彩的机会,共同享有梦想成真的机会,共同享有同祖国和时代一起成长与进步的机会,也就是让"共享"理念贯穿发展的全过程。

遵循社会主义的本质要求更要坚持以人民为中心的发展导向。党的十八大以来,党中央一直强调人民立场是中国共产党的根本政治立场,习近平总书记指出:"人民对美好生活的向往就是我们的奋斗目标。"人民共享发展成果就是要坚持以人民为中心的发展思想。立足于新时代,人民群众对物质文化的需要正转变为对美好生活的需要,有更多的新期待。一切为了人民,一切依靠人民。步入新的发展阶段,我们要坚持"以人民为中心、发展成果由人民共享"的原则导向。

(二)共享发展成果与人民当家作主相一致

共享发展成果与人民当家作主的一致性体现在三个方面:第一,人民当家作主必然要求共享发展成果。人民当家作主的目的是为了保障人民群众在国家治理中的权利,其制度设计的初衷是为了防止统治阶级对被统治阶级的剥削和压迫,人民成为真正的主人,就能防止社会阶层贫富差距的悬殊和扩大化,就能让人民群众享有经济社会发展成果,就能防止发展成果被一小部分人所占有,因此,人民当家作主的制度设计能够保证人民共享发展成果。第二,人民当家作主和共享发展成果统一于中国特色社会主义制度。资本主义社会人民没有当家作主,而是由资产阶级掌握着国家政权,无产阶级同样也没有共享发展成果,而是受到资产阶级的剥削。由谁执政和发展成果由谁享有,是区别资本主义和社会主义的重要标志。社会主义制度的巨大优越性就在于人民当家作主和发展成果由人民共享。第三,共享发展成果是人民当家作主的重要表现形式。习近平总书记多次强调,要坚持以人民为中心的发展思想,坚持发展为了人民、发展依靠人民、发展成果由人民共享;为人民谋幸福、为民族谋复兴,这既是我们党领导现代化建设的出发点和落脚点,这也是新发展理念的"根"和"魂"。

对共享理念，要正确理解，就共享的覆盖面而言，这是一种全民共享，而不是少数人或一部分人的共享；就共享的内容而言，这是一种全面共享，包括经济、政治、文化、生态各方面建设成果，而不是只能共享某一个领域；就共享的实现途径而言，这是一种共建共享，需要人人参与、人人尽力，而不是某一个政党或某一部分人的努力；就共享的进展而言，这是一种渐进共享，共享发展必将有一个从低级到高级、从不均衡到均衡的过程，即使达到很高的水平也会有差别，不可能一蹴而就，必须立足国情，既要尽力而为，也要量力而行。

第二节　人民当家作主的制度体系不断完善

新中国成立70多年以来，特别是党的十六大以来，随着我国民主政治制度的不断完善、民主政治实践的不断深化，人民当家作主的制度体系也在不断完善和发展，形成了一套适合中国国情、保障人民权利、充满生机活力的制度体系。

一、人民代表大会制度越发成熟自信

人民代表大会制度是在中国共产党的领导下，实现我国人民民主专政的政治形式，是国家的根本政治制度。2014年9月，习近平总书记在庆祝全国人民代表大会成立60周年大会中指出："在中国实行人民代表大会制度，是中国人民在人类政治制度史上的伟大创造，是深刻总结近代以后中国政治生活惨痛教训得出的基本结论，是中国社会一百多年激越变革、激荡发展的历史结果，是中国人民翻身作主、掌握自己命运的必然选择。"[①]作为我国的根本政治制度，习近平总书记曾提到："中国特色社会主义政治制度之所以行得通、有生命力、有效率，就是因为它是从中国的社会土

[①] 中共中央文献研究室编：《十八大以来重要文献选编》（中），中央文献出版社2016年版，第53页。

壤中生长起来的。"在这片华夏大地上,人民代表大会制度在中国共产党人长期的实践与不断的探索中,逐渐形成、完善,越发成熟、自信。

(一)人民代表大会制度的发展历程

"人民代表大会"这一概念,最先由毛泽东同志提出。1940年1月,毛泽东同志提出了"国体""政体"理论,并指出"中国现在可以采取全国人民代表大会、省人民代表大会、县人民代表大会、区人民代表大会直到乡人民代表大会的系统,并由各级代表大会选举政府"。[①] 1954年,第一届全国人民代表大会第一次会议召开,标志着我国人民代表大会制度在全国范围内的确立,通过了新中国成立以来的首部宪法规定"全国人民代表大会是行使国家立法权的唯一机关"。1978年,党的十一届三中全会明确提出"发扬社会主义民主,健全社会主义法制",我国人民代表大会制度出现了新的发展生机。1982年,五届全国人大五次会议通过颁布了我国新宪法,在健全人民代表大会制度方面有了新发展。1997年,党的十五大指出"依法治国是党领导人民治理国家的基本方略"。党的十八大以来,关于人大工作,党中央相继出台了约20件重要的指导性文件,对人大立法、监督、代表、建设等工作提出了新的要求,推进人民代表大会制度的持续创新发展。人民代表大会制度是我国广大人民群众真正实现当家作主的根本保障。习近平总书记指出:"60年的实践充分证明,人民代表大会制度是符合中国国情和实际、体现社会主义国家性质、保证人民当家作主、保障实现中华民族伟大复兴的好制度。"[②]

(二)完善人民代表大会制度过程中取得的成就

人民代表大会制度,蕴涵着新中国成立之时先驱者们的思想结晶,更是中国共产党领导广大人民群众,推翻帝国主义、封建主义和官僚资本主

---

① 《毛泽东选集》(第2卷),人民出版社1991年版,第677页。
② 《长期坚持、不断完善人民代表大会制度——改革开放40年坚持和完善人民代表大会制度的成就和经验》,中国人大网,http://www.npc.gov.cn/npc/c30834/201811/61cb310cd61c4c0ea6802fb306d84184.shtml。

义，在取得新民主主义革命胜利后，建立社会主义新中国的重要制度性成果，并在长期实践探索中，推进人民代表大会制度的逐步完善与发展。经过几十年的发展，人民代表大会制度为保证人民当家作主、保障人民权益、提升国家治理效能、推进依法治国等方面发挥了重要作用。

在提升治理效能方面，中国共产党是总揽战略大局，协调多方力量的领导核心。人民代表大会制度是中国共产党对国家和社会开展领导工作的组织形式。基于这一制度载体，中国共产党的主张，只有通过法定程序，才能上升为国家意志，党组织所推荐的人选，只有经法定程序，才能任命为国家政权机关的领导人员。由此，中国共产党的路线方针政策和决策部署才得以全面有效地贯彻执行。

在推进依法治国方面，人民代表大会制度是推进全面依法治国的重要平台。通过这一平台，才能够有效实现科学立法、严格执法、公正司法、全民守法。只有根据人民代表大会及其常委会所制定的法律、法规，才能有力推进国家的各项事业和工作的法治化。到2018年底，我国现行有效的法律、行政法规分别为269件、750多件，此外，现行有效的地方性法规总共约12000件。[①] 显然，我国社会生活的多方面已实现了有法可依。2012年，自党的十八大以来，全国人大常委会作出设立国家宪法日、建立宪法宣誓制度的重大决定。我国已经构建起富有中国特色的法律体系，为推进人民当家作主、实现中华民族伟大复兴发挥着重要作用。

二、社会主义协商民主制度彰显优势

社会主义协商民主是在中国共产党的领导下，为了有效处理国家和社会的各方面事务，围绕改革、发展、稳定及有关广大人民群众根本利益的现实问题，在决策之前和执行的过程中，开展广泛的协商与讨论，从而形成一致共识的民主形式，是我国人民民主的重要形式。

[①] 习近平：《在庆祝全国人民代表大会成立六十周年大会上的讲话》，中华人民共和国中央人民政府网，http://www.gov.cn/xinwen/2019-09/15/content_5430007.htm。

(一) 社会主义协商民主制度的发展过程

早在新民主主义革命时期，在中国共产党与其他党派组织、党外人士开展合作的过程中，协商民主的思想就已经形成。尤其是在"三三制"民主政权的建设过程中，积极践行协商民主，这是我国协商民主的初步形态，也为之后协商民主制度的产生及发展奠定了坚实的基础。1949年，第一届全国人民政治协商全体会议举行，这表明中国共产党领导的多党合作和政治协商制度的正式确立。1979年，全国政协五届二次会议对新时期人民政协的工作任务加以明确。1987年，党的十三大明确提出"建立社会主义协商民主互相监督的机制"，将这一制度概括为"共产党领导下的多党合作和政治协商制度"，并基于原党的十二大报告中提到的"八字"方针，增加"肝胆相照，荣辱与共"从而变成"十六字"方针。1989年，中共中央颁布《关于坚持和完善中国共产党领导的多党合作和政治协商制度的意见》。1992年党的十四大把完善中国共产党领导的多党合作和政治协商制度，作为建设有中国特色社会主义理论的主要内容之一。1993年第八届全国人大一次会议通过的宪法修正案将"中国共产党领导的多党合作和政治协商制度将长期存在和发展"载入宪法，成为国家意志。1997年党的十五大把坚持和完善中国共产党领导的多党合作和政治协商制度，提升到建设有中国特色社会主义政治的高度，列入社会主义初级阶段基本纲领，并把坚持和完善这一制度作为社会主义民主政治建设和政治体制改革的重要内容之一。2002年，党的十六大将"坚持和完善中国共产党领导的多党合作和政治协商制度"与"全面建设小康社会""建设社会主义政治文明"联系起来。2005年，中共中央发布《关于进一步加强中国共产党领导的多党合作和政治协商制度建设的意见》。2006年，中共中央发布《中共中央关于加强人民政协工作的意见》。2012年，党的十八大报告指出"健全社会主义协商民主制度"。党的十八大报告中首次提到"社会主义协商民主是我国人民民主的重要形式"，并对"社会主义协商民主制度"这一概念加以确立。2015年，中共中央印发中国共产党历史上首份以"协商民主"

为主题的重要文件——《关于加强社会主义协商民主建设的意见》。2017年，习近平总书记在党的十九大报告中指出："发挥社会主义协商民主重要作用"。建国70周年来，特别是党的十六大以来，社会主义协商民主制度不断完善、丰富、发展。

（二）社会主义协商民主制度的显著成效

当今世界正位于"百年未有之大变局"这一时代坐标上。新时代，我国正处于实现中华民族伟大复兴和社会经济发展的关键阶段，需要多方力量积极参与到国家的政治、经济、文化、社会与生态文明等方面的建设发展中。社会主义协商民主制度符合社会主义民主政治的本质要求，符合广大人民群众的根本利益，能够有力汇聚各党派、各民族、各团体与各阶层的力量及智慧，从而取得显著成效。

人民当家作主是社会主义民主政治的本质与核心，协商民主是有力保证人民当家作主的重要制度。在中国社会主义制度下，有事好商量、众人的事情由众人商量，找到全社会意愿和要求的最大公约数，是人民民主的真谛。我国社会主义协商民主制度的完善与发展，有力促进参与协商主体多元化，促进拓宽协商渠道。2013年，党的十八届三中全会发布《中共中央关于全面深化改革若干重大问题的决定》，提出"拓宽国家政权机关、政协组织、党派团体、基层组织、社会组织的协商渠道。深入开展立法协商、行政协商、民主协商、参政协商、社会协商"。在政党协商、人大协商、政府协商、政协协商、基层协商等方面，硕果累累，社会主义协商民主体系日渐完善，从而促进公众积极参与，确保公共权力有序化、透明化运行，保证相关决策始终代表广大人民群众的根本利益，激发广大人民群众在各领域、各方面的生产积极性和创造性。此外，我国日益完善的社会主义协商民主制度，同人民对于充分而均衡发展的需要与时俱进。

三、民族区域自治制度不断完善发展

民族区域自治制度是基于中国共产党的统一领导，在各少数民族聚居

地区实施自治，设立民族自治机关，行使自治权的一种制度。民族区域自治颇具中国特色，是解决民族问题的正确道路，是国家坚持实行各民族平等、团结和共同繁荣原则的重要体现。截至2008年底，我国共有少数民族自治地方155个，包括5个自治区、30个自治州和120个自治县（旗）。

（一）对民族区域自治制度的认识不断深化

就其地位而言，民族区域自治制度是我国的一项基本政治制度。在我国，民族区域自治制度的地位以宪法的形式加以保障。《中华人民共和国宪法》第四条明确规定："各少数民族聚居的地方实行区域自治，设立自治机关，行使自治权。各民族自治地方都是中华人民共和国不可分离的部分"。《民族区域自治法》作为民族区域自治制度的基本法律，对落实民族区域自治制度作出了详尽具体的规定，是民族区域自治制度的专门法律。

从历史发展进程来看，1949年，《中国人民政治协商会议共同纲领》将"民族区域自治"作为一项重要的政治制度；1954年，《中华人民共和国宪法》出台，提出"各少数民族聚居的地方实行区域自治"；截至1958年，新增建了省级民族自治区，分别是内蒙古、新疆维吾尔、广西壮族和宁夏回族这四个自治区；1984年，《中华人民共和国民族区域自治法》颁布，实现了由民族政策到国家政治制度的升华；1997年，党的十五大报告把民族区域自治制度上升到基本政治制度的维度；2005年，《国务院实施〈中华人民共和国民族区域自治法〉若干规定》出台，推进民族区域自治的政策措施进一步细化；2014年，习近平总书记在中央民族工作会议上，深刻阐述了我国民族工作的大政方针；2017年，党的十九大对党章进行了修改，其中增写一条——"筑牢中华民族共同体意识"。经过几十年的发展，民族区域自治制度的地位越来越重要，政策越来越具体。

（二）在经济方面的支持不断完善

除了民族区域自治制度地位的不断完善，民族区域自治在经济方面的支持亦在不断完善发展：

第一，在经济成就上。新中国成立70年以来，民族地区经济社会发展水平不断提高，各族人民的生活水平及其生活质量也得到了显著提升。根据国家统计局发布2019年国民经济和社会发展统计公报显示，2019年我国民族八省区国内生产总值达到100452.1亿元，同比增速6.8%，高于全国国内生产总值增速的6.1%。同时，党的十八大以来，以习近平同志为核心的党中央特别关注少数民族地区的贫困问题，开展发达地区与少数民族地区的结对帮扶，投入大量资金和干部，帮助少数民族地区发展产业项目，开展异地搬迁，提升基本保障，到2020年底，国务院扶贫办确定的全国832个贫困县全部脱贫摘帽，全国脱贫攻坚目标任务已经完成。

第二，在财政支持上。1994年，在全国约150个民族自治地方中，大多数在财政上还存在较多问题，严重依赖于上级财政的补贴。因此，党和国家按照分税制财政管理体制对《中华人民共和国民族区域自治法》于2001年予以修订，提出："民族自治地方在全国统一的财政体制下，通过国家实行的规范的财政转移支付制度，享受上级财政的照顾。"随着国民经济的发展和财政收入的增长，上级财政逐步加大对民族自治地方财政转移支付力度。通过一般性财政转移支付、专项财政转移支付、民族优惠政策财政转移支付以及国家确定的其他方式，增加对民族自治地方的资金投入，用于加快民族自治地方经济发展和社会进步，逐步缩小与发达地区的差距。由此以来，党和国家对于民族自治的地方在财政方面给予了更多考量和实际优惠，从而推进其在财政上行使自治权，促进民族自治地区的经济发展。

第三，在投资支援上。《中华人民共和国民族区域自治法》第五十六条规定："国家根据统一规划和市场需求，优先在民族自治地方合理安排资源开发项目和基础设施建设项目。国家在重大基础设施投资项目中适当增加投资比重和政策性银行贷款比重。"国家在民族自治地方安排基础设施建设，需要民族自治地方配套资金的，根据不同情况给予减少或者免除配套资金的照顾。由此，为民族地区的基础建设发展，从资金和政策上提供了有力支持。在固定资产投资方面，2000—2010 年，在实施西部大开发战略时期，党和国家在农业、社保、科教、文卫等方面增加专项的补助资金，针对民族地区的固定资产投资数值逐年上升。在 2008 年底，西部大开发以来民族地区固定资产投资累计达到 77899 亿元。其中，2008 年达 18453 亿元，比 2000 年增长 5 倍，年均增长 23.7%。[①]

此外，自 2009—2017 年，民族地区固定资产总投资额和增长额整体呈现逐年递增趋势，增长幅度愈为增强。其中，各民族地区的固定资产投资数值都处于增长态势。（见表1）

表1 2009 年、2011 年、2013 年、2015 年、2017 年各
民族地区固定资产投资额、增长额汇总表

单位：亿元

地区＼年份	2009	2011	2013	2015	2017
内蒙古	7336.79	10365.17	14217.38	13702.22	14013.16
广西	5237.24	7990.66	11907.67	16227.78	20499.11
贵州	2412.02	4235.92	7373.60	10945.54	15503.86
云南	4526.37	6191.00	9968.30	13500.62	18935.99
西藏	378.28	516.31	876.00	1295.68	1975.60
青海	798.23	1435.58	2361.09	3210.63	3883.55
宁夏	1075.91	1644.74	2651.14	3505.45	3728.38
新疆	2725.45	4632.14	7732.30	10813.03	12089.12
总计	24490.29	37011.52	57087.48	73200.95	90628.72
增长额	——	12521.23	20075.96	16113.47	17427.77

数据来源：根据国家统计局网站相关数据整理核算

（三）在教育文化方面的支持不断完善

一是为民族自治地方提供相应的教育资源支持，例如成立民族中学、

[①]《西部大开发以来民族地区固定资产投资达 77899 亿元》手机凤凰网，https：//news.ifeng.com/mainland/200909/0927_17_1367408.shtml。

开设民族班等。《中华人民共和国民族区域自治法》规定："民族自治地方的自治机关为少数民族牧区和经济困难、居住分散的少数民族山区,设立以寄宿为主和助学金为主的公办民族小学和民族中学。"为补充民族自治地方级财政问题所导致的教育不足问题,本自治法补增:"办学经费和助学金由当地财政解决,当地财政困难的,上级财政应当给予补助。"同时,在高校的招生中,对少数民族考生适当放宽录取标准和条件,对人口特少的少数民族考生给予特殊照顾。除此之外,在民族自治地方的教育师资培养环节,国家帮助民族自治地方培养和培训各民族教师。国家组织和鼓励各民族教师和符合任职条件的各民族毕业生到民族自治地方从事教育教学工作,并给予他们相应的优惠待遇。

二是保护少数民族地区的文化。民族区域自治不仅体现在经济和政治领域,还体现在思想文化领域,尊重和保护少数民族地区的语言文化、风俗习惯是民族区域自治制度的重要内容。在少数民族地区的现代化进程中,一些少数民族地区的文化逐渐走向没落,一些非物质文化遗产甚至逐年消失。近年来,国家高度重视少数民族地区的文化保护工作,2018年,文化和旅游部颁布《国家级文化生态保护区管理办法》,加强对少数民族地区的文化保护。

四、基层群众自治制度更加充满活力

我国基层群众自治制度也在不断完善与发展。基层群众自治制度主要包括三个方面:第一,以村民委员会为组织形态的农村村民自治;第二,以社区居委会为组织支撑的城市居民自治;第三,以职工代表大会为组织形式的企事业单位的职工自治。我国基层群众自治制度是中国特色社会主义民主政治的重要组成部分,是中国人民真正实现当家作主的重要表现。

(一)农村村民自治更加充满活力

自1978年改革开放以来,我国农村开始推行家庭联产承包责任制,这不仅对于农村的集体经济产生了一定的影响,对于农村的权力结构改革也出现了新的要求。随着市场经济的快速发展，农村地区的经济结构出现了显著变化，以第一产业为主的传统一元结构向经济多元化结构发展。以"人民公社"为代表，以往将政权、经济、基层社会相连接的这种陈旧的"三位一体"形态不能与农村经济结构的新变化相适应。在实行"包产到户"后，农民的经济自主性逐渐增强，传统的"三位一体"不能满足村民们强烈的自我管理需求，难以维持农村的基层秩序。因此，为实现农村村民的当家作主，党和国家展开了相应的探索。1979年，广西壮族自治区的中共党员韦焕能等人率先大胆探索，进行民主选举，产生了我国首个村委会并开展村民自治，由此开启了我国农村基层民主的新篇章。1982年公布施行的《中华人民共和国宪法》规定"城市和农村按居民居住地区设立的居民委员会或者村民委员会是基层群众性自治组织"。1998年，《中华人民共和国村民委员会组织法》正式颁布实施。2007年，党的十七大报告明确将"基层群众自治制度"提至国家基本政治制度的高度。2012年，党的十八大报告强调指出："健全基层党组织领导的充满活力的基层群众自治机制，以扩大有序参与、推进信息公开、加强议事协商、强化权力监督为重点，拓宽范围和途径，丰富内容和形式，保障人民享有更多更切实的民主权利"。2017年，党的十九大报告把以村民自治为重要内容的基层群众自治实践，扩充概括为民主选举、民主协商、民主决策、民主管理、民主监督"五个民主"。党的十九届四中全会审议通过的《中共中央关于坚持和完善中国特色社会主义制度、推进国家治理体系和治理能力现代化若干重大问题的决定》指出："健全基层党组织领导的基层群众自治机制"。2020年，党的十九届五中全会通过的《中共中央关于制定国民经济和社会发展第十四个五年规划和二〇三五年远景目标的建议》指出："健全基层群众自治制度，增强群众自我管理、自我服务、自我教育、自我监督实效"，从而为村民自治制度不断深化指明方向。显然，党和国家对于农村村民自治的一系列探索实践，正是坚持人民当家作主制度的重要表现。坚持人民当家作主制度，实现农村村民的当家作主，推进村民自治制度在国家政治建设中的地位不断提升，不断巩固、扩大了党在农村的执政基础，使得村民的自治法律政策体系不断完善，让农村村民自治更加充满活力。

（二）城市居民自治更加充满活力

居委会是由城市居民组织，开展自我管理、教育以及服务等工作的基层群众性自治组织，是党和国家加强同广大人民群众紧密联系的重要节点。为了实现城市居民的当家作主，党和国家进行了长期的探索实践。1949年新中国成立后，以往的封建保甲制度被全面废除，由此在我国城市中确立了"居民委员会"的居民自治新形式，从而实现了城市居民对所居住地方公共事务的民主自治。1949年，作为我国历史上关于建立城市居委会的首份政令——《关于取消保甲制度建立居民委员会的工作指示》由杭州市政府颁布。1954年，第一届全国人大四次会议通过了《中华人民共和国城市居民委员会组织条例》，首次以法律形式，对"城市居民委员会"的名称、性质、地位和作用等加以确定，推动了我国城市居委会的建设发展。1982年公布施行的《中华人民共和国宪法》首次以根本法形式，明确了"居委会"的性质、任务和作用。2018年修订的《中华人民共和国宪法》还指出："居民委员会是基层群众性自治组织，办理本居住地区的公共事务和公益事业，调解民间纠纷，协助维护社会治安，并且向人民政府反映群众的意见、要求和提出建议。"1989年，第七届全国人大常委会第十一次会议制定并通过《中华人民共和国城市居民委员会组织法》，全面规范地确定了居民委员会的性质、地位和任务等，第一次把"开展便民利民的社区服务活动"作为居委会的主要职责之一。2002年，党的十六大报告提出"完善城市居民自治，建设管理有序、文明祥和的新型社区"。2007年，党的十七大报告进一步提出"健全基层党组织领导的充满活力的基层群众自治机制，扩大基层群众自治范围，完善民主管理制度，把城乡社区建设成为管理有序、服务完善、文明祥和的社会生活共同体。"党的十七大报告首次将基层群众自治制度纳入中国特色社会主义政治制度体系，标志着城市社区民主自治建设进入新高度。在党和国家不断探索的过程中，城市社区自治的制度建设日渐完善，城市社区基层民主的形式逐渐多元化，代表社区居民利益的业主群体积极开展的自治活动构成了社区民主自治的新图景。

(三) 职工自治更加充满活力

职工代表大会是我国职工群众实行民主管理的重要机构。为了实现我国职工群众的当家作主，党和国家开展了相应的探索。职工代表大会制度于1957年后在我国公有制企业中被广泛推行。1981年，中共中央与国务院转发《国营工业企业职工代表大会暂行条例》，强调企业"职代会"（职工代表大会的简称，下同）要行使民主管理和监督职权。由此，推行职工代表大会制度具备了法律保障。1982年公布施行的《中华人民共和国宪法》明确国营企业通过"职代会"等形式实行民主管理。1986年，中共中央、国务院颁布关于我国职代会制度的纲领性文件——《全民所有制工业企业职工代表大会条例》，这一文件确立了职代会的基本框架和主要内容。1988年，第七届全国人大一次会议通过《中华人民共和国全民所有制工业企业法》，并以法律形式明确"职代会"的性质、工会与"职代会"的关系等。1997年，党的十五大报告提出"坚持和完善以职工代表大会为基本形式的企事业民主管理制度，组织职工参与改革和管理，维护职工合法权益。"2002年，党的十六大报告提出"坚持和完善职工代表大会和其他形式的企事业民主管理制度，保障职工的合法权益。"2007年，党的十七大报告明确要"全心全意依靠工人阶级，完善以职工代表大会为基本形式的企事业单位民主管理制度，推进厂务公开，支持职工参与管理，维护职工合法权益。"党的十七大报告将包括职工代表大会在内的基层群众自治制度纳入我国基本政治制度体系，开启了推进职工代表大会制度新发展的序幕。

第三节　充分认识人民当家作主制度的巨大优越性

党的十九届四中全会指出"坚持人民当家作主，发展人民民主，密切联系群众，紧紧依靠人民推动国家发展"是我国国家制度和国家治理体系的十三个显著优势之一。人民当家作主的制度优势要通过与西方的民主制度进行对比中凸显出来，在国家治理效能的实践中展现出来。

一、西方民主制度正面临前所未有的困境

自西方资本主义登上世界历史的舞台，多党制、议会制、分权制等西方现代民主制度你方唱罢我登场，经过200多年的实践和发展，西方民主制度日益完善。然而，西方民主制度也存在其固有缺陷，即使经多年修补，至今仍非尽善尽美。尤其自从20世纪以来，西方国家的民主政治制度正面临着前所未有的巨大困境，愈发引人深思。

（一）"权与利"博弈背后的政治投票导致"黑天鹅"事件频出

近年来，西方政坛"黑天鹅"事件频出。2016年，英国展开"脱欧"公投并于2020年正式脱离欧盟；2020年美国总统大选，共和党总统候选人特朗普与民主党总统候选人拜登展开角逐，并由此引发大规模游行示威和社会骚乱，美国国会还受到攻击。英国"公投脱欧"和美国的"特朗普现象"等政治投票造成的"黑天鹅事件"究其本质，即西方国家政党之间"权与利"的相互博弈，导致其民主制度困境危机愈发加剧。在西方国家，利益集团政治不仅会导致决策进程的不透明及由政治交易带来的腐败问题，各个利益群体间的相互博弈还会导致议而不决、互相扯皮等难题出现，从而导致政治决策效率和质量的低下。"权与利"博弈看似是相互制衡、相互监督，但往往是以交换之名相互攻击，潜移默化耗损国家发展动能，阻碍民主发展，破坏社会稳定。

（二）经济金融危机导致政治失信

1987年，全球股灾爆发；由美国次贷危机引发的2008年国际金融危机是自1929年大萧条以来最为严重的金融危机，西方国家一片混乱。受金融危机波及，裁员加剧，失业率大幅上升，社会问题频出。西方民主制度的治理效能受到了极大挑战，大量的中产阶级对于西方民主政治制度持怀

疑之声大为高涨，西方社会频发的政治失信事件尤为突出，西方民众对国家和政府不信任，对政府的管理行为不加以配合，甚至开展了抗议、抵制活动。在经济金融危机频发的背景下，民众对于国家和政府的政治失信，为民粹主义思想的大量滋生提供了空间，一些政党为了迎合民粹思潮又不得不通过制定福利政策来收买人心，从而导致了对国家可持续发展缺乏长远规划。

（三）运行环境严重阻碍民主进程

探究西方国家的民主制度困境，很大程度上并非是单纯的体制之问。这种民主制度困境与其特定的社会经济运行环境之间存在直接的关联。在经济运行环境方面，西方国家的贫富差距日渐拉大，世界经济合作与发展组织（OECD）指出，税收和福利制度未能有效发挥调节作用。西方资本主义市场经济制度无法缓解其贫富矛盾，导致民主困境加剧。在社会运行环境方面，虽然西方国家的社会保障制度较为健全，但不能够有效缓和其内在的社会矛盾，如种族、阶层矛盾等。2020年美国警察暴力执法致黑人男子乔治·弗洛伊德死亡事件，引发了全国大范围的游行示威活动，甚至出现恶性事件。西方的社会保障本质上是一种救济体系，其运行环境无法有效缓解各方矛盾，并不能真正全面地实现人人平等，从而为民主制度的困境埋下伏笔。

二、人民当家作主制度符合中国国情

一个国家实行什么样的政治制度、走什么样的政治发展道路，是由这个国家的具体国情和历史文化条件决定的，必须与这个国家的国情和性质相适应。中国特色社会主义民主道路，不是中国传统政治的"再版"，也不是西式民主的"翻版"，而是经过反复比较、长期探索、实践验证的"原版"。各国都有自己的历史和文化背景，适合自己的才是最好的。人民当家作主制度根植于中国经济、社会、政治和文化背景，是符合中国国情，适合中国发展的政治制度。

（一）人民当家作主与党的领导有机统一

中国共产党的领导是中国特色社会主义最本质的特征。正是有了中国共产党的领导，才能够让中国摆脱近代以来的积贫积弱、饱受欺凌的状况，建立起一个独立自主的民主国家；才能够让中国从建国之初的一穷二白发展为世界第二大经济体，实现了从站起来到富起来，再到强起来的伟大飞跃；才能够让旧中国从四分五裂、一盘散沙的状态转变为团结统一的现代化国家。中国共产党的领导是人民的选择、历史的选择，党的领导在任何时候都只能加强，不能削弱。习近平总书记明确指出，我们强调坚持党的领导、人民当家作主、依法治国有机统一，最根本的是坚持党的领导。

人民当家作主是社会主义民主政治的本质特征，是坚持党的领导的坚实基础。习近平总书记指出，人民民主是中国共产党始终高举的旗帜。只有坚持人民当家作主，人民才会更加拥护和支持党的领导，才会更加自觉地在党的领导下开展社会主义建设，聚合起发展社会主义民主政治的磅礴伟力。人民是历史的创造者，是决定党和国家前途命运的根本力量。历史和实践证明，只要人民在国家和社会政治生活中真正享有当家作主的地位，能够切实行使当家作主的权利，人民就会真心拥护和支持党的领导。比如1978年安徽凤阳小岗村的18户农民冒着风险，秘密签下一份把集体土地承包到农户的契约，实行土地"包干到户"，这在当时看起来是违反党的政策的做法却带来了农业的大丰收，最终获得了党中央的高度肯定，从此拉开中国农村改革的序幕，农村经济社会的快速发展也进一步稳定了党的执政根基。

（二）人民当家作主是坚持依法治国的坚实基础

古往今来，以怎样的方式治国理政，是人类社会发展面临的共同课题。在浩瀚的历史长河中，人治、神治、德治、自治、法治等不同的治国思想都曾登上历史舞台，经过数千年的实践对比，人们逐渐发现，法治是最为稳定、最富公平正义的治国方式。亚里士多德曾有一句名言："法律就是秩序，有好的法律才有好的秩序。"历史反复证明，法治兴则国家兴，法治衰则国家乱。什么时候重视法治、法治昌明，什么时候就国泰民安；什么时候忽视法治、法治松弛，什么时候就国乱民怨。依法治国是中国共产党领导全国各族人民治理国家的基本方略，从新中国成立之日起，法治就成为中华人民共和国的鲜明特征。特别是党的十八大以来，以习近平同志为核心的党中央从坚持和发展中国特色社会主义的全局和战略高度定位法治、布局法治、厉行法治，明确提出全面依法治国并将其纳入"四个全面"战略布局予以有力推进，我国社会主义法治建设发生历史性变革、取得历史性成就。

人民是依法治国的主体和力量源泉。坚持以人民为中心，是中国特色社会主义法治的本质要求，是中国特色社会主义法治区别于资本主义法治的根本所在。人民当家作主保证人民在依法治国中的主体地位，做到法治建设要为了人民、依靠人民、造福人民、保护人民，实现依法治国体现人民利益、反映人民愿望、维护人民权益、增进人民福祉。保证人民在党的领导下通过各种途径和形式管理国家事务、管理经济文化事业、管理社会事务，保证人民依法享有广泛的权利和自由、承担应尽的义务。

(三) 人当家作主符合社会主义市场经济发展规律

同样实行市场经济，欧美是资本主义国家，而中国是社会主义国家，根本原因就在于中国是以人民为中心的政治经济秩序，而欧美国家是以资本为中心的政治经济秩序。人民当家作主是一套涵盖政治、经济、社会、文化的政治经济秩序。经济上以公有制为主体，有保障人民共同利益的公共资产，而非纯粹的私有制；政治上有为人民服务的政权，而非财阀政治；社会上有以人民为中心的社会组织形态，而不是简单推行市民社会；文化上保障劳动者主体尊严，而不是用金钱作为衡量社会价值的最高标尺。

从资本主义发展历程中周期性的经济危机可以看出，资本主义国家的市场经济有其天然缺陷，对经济利益的盲目追求，导致国家总供求与总供给的失衡、社会贫富差距的拉大、社会公共产品供给的不足和信息的不对称等等。将公有制与市场经济结合，是我国的一大创举，丰富了马克思主义政治经济学的内涵，这种制度设计既能充分发挥市场经济在有效调动资源、提高经济效益方面的积极作用，也能够有效避免市场经济的不足，防止市场失灵。

从经济维度来看，人民当家作主离不开社会主义生产资料公有制这一基本经济基础。马克思主义认为，在资本主义社会，生产资料私人占有制以及人和生产资料的分离是人丧失自主性和独立性的根源。马克思深刻指出作为人的类本质和生命活动的自由自觉的劳动，在资本主义生产关系下被扭曲为奴役和支配人的力量，不幸取代了幸福，强制取代了自由。异化劳动关系使劳动不再是人的自由自愿的行为，也不再是人的类本质体现。社会主义社会通过对生产资料的改造确立生产资料公有制，使劳动者与生产资料重新结合，为人的实质发展奠定坚实的经济基础。生产资料所有制改造，使人们成为经济与社会的主人；而社会主义基本经济制度的确立，使人民不仅成为经济与社会的主人，而且成为自己的主人。只有人们能够独立地掌握和支配属于自己的财富，能够充分利用这些资源和财富为自身的发展提供保障，并且对于财富的拥有权获得宪法和法律的保障，那么人民才可能真正地当家作主。

（四）人民当家作主根植于我国历史文化地理土壤

从历史文化来看，我国的民本思想源远流长，孔子就提出了"古之为政，爱人为大""大道之行，天下为公""民之所欲，天必从之""民为邦本，本固邦宁"等思想。孟子提出"民为贵，社稷次之，君为轻"等思想。汉武帝在君权天授原则基础上的民本思想，实行"罢黜百家，独尊儒术"，民本思想进入主流意识形态，奠定了君主集权制民的基石，也派生出天子与官僚都要"爱民如子"的政治蕴含。民本思想还体现于官员执政价值追求方面，北宋范仲淹"先天下之忧而忧，后天下之乐而乐"，南宋陆游"位卑未敢忘忧国"，清代黄宗羲"我之出而仕也，为天下，非为君也；为万民，非为一姓也"，晚清龚自珍"落红不是无情物，化作春泥更护花"，无不彰显了民本思想。鸦片战争以后，西方国家的民主思想逐渐传入我国，五四运动时期，民主思想得到广泛传播，中国共产党的主要创始人李大钊和陈独秀都是民主思想的积极传播者，他们早期的文章大都批判北洋军阀的独裁统治，反对封建专制，主张民主。

从我国的地理环境来看，我国幅员辽阔，拥有960万平方公里的超大国土面积，我国又是一个超大型人口规模的国家，拥有14亿多人口，和欧洲国家相比，一个欧洲中等国家的人口也就是1400万左右，所以中国的人口约等于100个欧洲中等国家之和。① 我国还是一个民族分布广泛的国家，共有56个民族，每个民族又有自己独特的风俗习惯。在中国这样一个幅员辽阔、人口众多、民族多样的国家，如何既能够实现国家的整合统一，形成强大的凝聚力，又充分激发各民族、各地区人民的创造性、主动性，考验着执政智慧。党的集中统一领导能够把国家各个方面的力量整合起来，而人民当家作主的制度安排则能够在整合的基础上，又能够充分调动各方面的积极性，让社会充满活力。

三、人民当家作主制度彰显强大治理效能

实践充分证明，人民当家作主的制度体系是马克思主义基本原理同中国具体实际相结合形成的科学制度，是与时俱进、不断完善、日益成熟的科学制度，显示出强大治理效能，为推动国家发展、改善人民生活、保持社会稳定发挥了巨大作用。人大监督制度不断健全，协商民主渠道不断扩展，社会长期保持和谐稳定，亿万人民筑梦力量不断凝聚……社会主义民主是维护人民根本利益的最广泛、最真实、最管用的民主。

（一）人民当家作主制度保证人民广泛参与国家和社会治理

在我国，保证和支持人民当家作主不是一句口号、一句空话，而是真

---

① 张维为：《中国震撼》上海人民出版社2016年版，第65页。

真切切落实到国家政治生活和社会生活之中，保障人民群众的参与权、管理权、监督权，人民群众依法通过各种途径和形式管理国家事务，管理经济文化事业，管理社会事务。通过不断健全民主制度、丰富民主形式、拓宽民主渠道，我国人民不仅享有民主选举的权利，还享有民主协商、民主决策、民主管理、民主监督的权利，在日常政治生活中享有广泛持续深入参与的权利。

改革开放以来，我们坚持走中国特色社会主义政治发展道路，坚持党的领导、人民当家作主、依法治国有机统一，各项民主政治制度不断健全，民主形式日益丰富。党的十八大以来，我们不断完善政务公开制度体系，健全依法决策机制，拓宽公众参与立法和重大行政决策渠道，有力保障了人民的知情权、参与权、表达权、监督权。党的十八届四中全会把公众参与、专家论证、风险评估、合法性审查、集体讨论决定确定为重大行政决策法定程序。2019年5月，修订后的《中华人民共和国政府信息公开条例》施行。2019年9月，《重大行政决策程序暂行条例》施行。这两个条例对人民参与重大行政决策的途径、程序、内容等作出具体规定。党的十九届四中全会审议通过的《中共中央关于坚持和完善中国特色社会主义制度、推进国家治理体系和治理能力现代化若干重大问题的决定》指出，完善党委领导、政府负责、民主协商、社会协同、公众参与、法治保障、科技支撑的社会治理体系，并强调完善群众参与基层社会治理的制度化渠道。这些政策法规的出台，都是人民当家作主的具体制度安排，将人民当家作主落实到治国理政的各个方面，使得广大人民群众能够更为广泛地参与国家和社会的治理过程。

（二）人民当家作主制度能够有效调节国家的政治关系

坚持和完善人民当家作主制度，能够有效地调节国家内部政治关系。政治关系与一个国家的政局稳定密不可分。政治关系对于经济、文化、社会等方面的关系，具有方向把控的作用，国家的政治关系体现在政党关系、宗教关系、民族关系、阶级关系等方面。

在政党关系方面，我国建立了中国共产党领导的多党合作和政治协商制度，这一政党制度的显著特征是"共产党领导、多党派合作，共产党执政、多党派参政"。在这一制度中，坚持共产党领导是基本前提和政治基础，各民主党派是与共产党共同致力于中国特色社会主义事业的亲密友党，是参政党，而不是反对党或在野党。各民主党派与中国共产党的关系是肝胆相照、荣辱与共的挚友、诤友关系，是参政党与执政党在国家政治生活中亲密团结、合作共事的关系，而不是多党竞争、互为对手。这种政党制度避免了西方国家政党互相攻击、轮流执政、互相内耗的局面，也避免了西方国家因政党竞争而导致国家的过度分化，阶级关系更加对立，能够通过各民主党派将社会各方面的力量和意见汇聚整合起来，保证国家制定的各项政策措施能够充分反映社会各方意见，实现利益最大公约数，充分发扬了社会主义民主。

在民族关系方面，民族区域自治制度使得各族人民在中国共产党的坚定领导下，共同当家，共同作主，从而实现我国民族地区的可持续发展，优化民族地区的发展结构，保证民族地区的建设发展与国家的现代化建设发展相一致。同时，和谐的民族关系为我国社会主义现代化强国奠定了稳定的社会基础。

在宗教关系方面，尊重和保护宗教信仰自由是中国共产党对宗教问题的长期基本政策，只有尊重公民的宗教信仰自由，才能使更多的人团结起来，共同致力于实现民族振兴的伟大目标。在尊重宗教信仰自由的同时，我国宗教坚持独立自主自办的原则，这是基于对全中国人民意愿的真诚尊重，基于中国曾经长期受过帝国主义侵略和掠夺的历史事实。宗教存在于社会之中，就必然与社会各个方面产生各种关系，这种关系包括党和政府与宗教、社会与宗教、国内不同宗教、我国宗教与外国宗教、信教群众与不信教群众的关系。我国各宗教继承多元通和的优良传统，形成了和平共处、和谐共生的良好局面。我国坚持"政治上团结合作、信仰上相互尊重"的原则，支持宗教界参政议政，宗教不干预行政、司法、教育等国家职能的实施，政府也不以行政力量扶持或压制某种宗教，促进了党和政府与宗教关系的融洽，引导宗教界人士和信教群众在政治上形成正向共识，画出了最大同心圆。

（三）人民当家作主制度能够集中力量办大事

党的十九届四中全会首次系统提出了中国特色社会主义制度和国家治理体系具有十三个方面的显著优势，其中就有"坚持全国一盘棋，调动各方面积极性，集中力量办大事的显著优势"。① 习近平总书记也指出："我们最大的优势是我国社会主义制度能够集中力量办大事。这是我们成就事业的重要法宝"。②

集中力量办大事是动员群众、组织群众，依靠群众力量攻坚克难的过程，因此集中力量办大事需要获得广大人民群众的拥护和支持，否则就会成为无源之水、无本之木。新中国成立后，我国建立了人民民主专政的社会主义国家，人民在中国历史上第一次成为国家的主人，这充分激发了人民群众参与国家建设的强大动力和蕴藏在人民群众中的磅礴力量。

在制度设计方面，通过人民代表大会制度、基层群众自治制度、民族区域自治制度、协商民主等政治制度保障人民当家作主，让人民群众全面参与国家治理的方方面面，保障了人民群众的知情权、表达权、参与权、监督权，确保人民群众在国家治理中的主体地位。在利益分配方面，我国始终坚持以人民为中心的发展思想，不断巩固和改善民生，兼顾效率与公平，防止收入差距过大。通过这种利益分配制度设计，能够保障人民群众共享发展成果，比如在中国很难看到西方国家成片式的贫民窟，个人利益与国家利益不是相互排斥、此消彼长的关系，而是相互融合、共同促进的关系，从而增进了人民群众的政党认同、国家认同、制度认同，提升了政党的执政权威。

---

① 《中共中央关于坚持和完善中国特色社会主义制度　推进国家治理体系和治理能力现代化若干重大问题的决定》，《人民日报》，2019 年 11 月 6 日。

② 习近平：《为建设世界科技强国而奋斗》，《人民日报》，2016 年 6 月 1 日。

在价值引导方面，社会主义倡导集体主义的价值取向，人民群众有着较强的集体意识和国家观念，能够正确看待集体利益和个人利益的关系，甚至在集中力量办大事的过程中，不惜牺牲个人利益来维护集体和国家利益。这与西方国家高扬个人利益至上完全不同。比如在应对新冠肺炎疫情中，全国人民举国同心，守望相助，把个人冷暖、集体荣辱、国家安危融为一体，积极响应国家号召参与疫情防控，涌现出了一大批无名英雄，打响了一场全民参与的人民战争，用非药物方法阻断了疫情传播链条。反观一些西方国家，人民群众各行其是，不听劝阻，甚至在疫情期间集会游行，最终导致疫情的泛滥。

（四）人民当家作主制度能够有效维护国家独立自主

党的十九大报告指出："坚持总体国家安全观。统筹发展和安全，增强忧患意识，做到居安思危，是我们党治国理政的一个重大原则。必须坚持国家利益至上，以人民安全为宗旨，以政治安全为根本，统筹外部安全和内部安全、国土安全和国民安全、传统安全和非传统安全、自身安全和共同安全，完善国家安全制度体系，加强国家安全能力建设，坚决维护国家主权、安全、发展利益。"在竞争激烈的世界舞台上，国家的安全发展总是受到来自不同方面的威胁和挑战，一个国家能否做到独立自主直接检验着国家的制度效能。从国内来看，人民当家作主制度体系保证了社会秩序和谐稳定，确保国家统一、法制统一、政令统一、市场统一，使各地区各部门各方面紧紧团结在一起的同时，激发广大人民群众的创造性。从外部来看，人民当家作主能够让每个人都能感受到自己是国家的主人，与国家命运戚戚相关、生死与共，在国家安全受到挑战时，每个人都能同仇敌忾，共同维护国家的独立自主。

第四章　推进文化大发展大繁荣

推进文化大发展大繁荣是全面建成小康社会不可或缺的重要内容。一个国家的文化建设不仅影响着国家的精神建设，还对国家其他各项事业的发展有着深刻影响。加强文化建设、促进文化创新、推动文化的大发展大繁荣一直都是党的一项重要工作。党的十八大以来，以习近平同志为核心的党中央把文化建设放在重要的位置，在继承和发扬我国丰厚文化建设成果的基础上，以坚定的文化自信、强烈的使命感和责任感，担负起文化强国的时代重任，不断推动我国社会主义先进文化的大发展大繁荣，打造文化兴国的辉煌前景。

第一节　文化大发展大繁荣是全面建成小康社会的客观要求

推进文化大发展大繁荣，既是全面建成小康社会的应有之义，也是实现全面建成小康社会的客观要求。全面建成小康社会，是一个综合的、覆盖我国经济社会发展各方面各领域的系统工程。推进文化大发展大繁荣，不仅有利于培育经济飞速发展的新增长点，有利于保障人民群众的文化权益，而且是我国综合国力增强的重要体现，是实现中华民族伟大复兴中国梦的内在要求。

一、文化大发展大繁荣孕育新的经济增长点

习近平总书记深刻阐释了实现中国梦的本质内涵。他指出，实现中华民族伟大复兴的中国梦，就是要实现国家富强、民族振兴、人民幸福。

随着中国经济发展进入新常态阶段，扩大内需、拉动消费、推进外贸

已成为题中应有之义，新的经济增长点在哪里，这是我们目前迫切需要找到的答案。中国共产党十分重视文化建设，这不仅要满足人民群众不断增长的精神文化需要，保障人民群众文化权益，而且能推动经济更高速、更全面、更长久的发展。随着人民群众文化需求的不断提高，文化产业发展速度急剧上升，文化产业已成为当代中国的"朝阳产业""黄金产业"。一个国家文化行业发展水平是衡量其发展动力与持久力的重要标准，文化，作为文化行业的基础，既是一个国家、一个民族的"根"和"魂"，又是深深融入政治、经济、军事、外交等各个方面的重要元素。当前，一个国家的文化行业发展水平已对国家发展产生重大影响，是经济发展、社会发展中的重要环节。加快文化产业的发展是当前我国发展的一项重要任务。

当今，社会发展的主要特征是经济发展与文化发展的融合。在经济飞速发展的同时，应弘扬具有中国特色、融聚中国元素的中国文化，发挥文化对经济发展的促进作用。经济与文化的一体化发展是当今世界发展的必然趋势，经济发展是文化发展的物质基础，文化发展是经济高速发展的内驱动力。

推进文化大发展大繁荣可以促进劳动力发展。文化行业对劳动力发展的直接效应是提供大量岗位，吸引剩余劳动力，保住或促进就业，显著增加劳动力数量。劳动力数量的增加提升消费总量，伴随着相关服务业的发展，带动关联产业，而这些行业的运营需要相应的资本与劳动力，又进一步增加了劳动力的增长和资本的投入，从而不断推动经济发展。

第一，推进文化大发展大繁荣可以带来劳动力质量的提升。文化行业因其本质上的智力属性，在生产与消费两个端口都集聚了不同领域的人才，这些人才彼此间进行隐性或显性知识的交流，促进新思想或新知识的溢出，激发创意、提高水平，因而提高劳动力质量。劳动力质量上升，促进企业生产效率提升，从而提高企业的盈利水平，增加人才收入。人才在收入增长后，因其不断增长的精神文化需要，又进一步加大在文化领域的消费，从而在劳动力质量提高的同时促进经济增长。劳动力收入的增加又将形成虹吸效应，不断吸引人才及劳动力的加入，进一步增加本行业劳动力数量，从而拉动消费，带来经济上的增长。生产效率是劳动力质量提升的重要表现，文化行业的发展能提高劳动力素质，从而提升劳动力的生产效率，推动科技革新，促进技术进步，从而推动经济增长。从行业内来看，文化行业因其在劳动力中广泛的接受性，使其准入门槛相对较低；而因其高度、精度发展的无限性，上升空间极其广阔，使劳动力发展所面对的行业天花板相对很高，由此带来激烈的竞争与人才的流动，劳动力市场因此能得到迅速、有效的合理配置。个体生产效率与行业生产效率大大提升，因而提高整个社会的生产效率。从行业外来看，文化行业所凝聚的精神、科技与智慧具有优异的传导性，通过对文化产品的使用，劳动者能得到精神上的升华、技术上的提高、智力上的充电、情绪上的鼓舞，从而促使劳动者本人具有更高的生产效率。

第二，推进文化大发展大繁荣可以降低资源消耗，最大限度压缩不必要的物质成本，因此具有资源集约的优势。与传统行业相比，文化行业以人力资本为生产主干，以智力资本为依托，不需要大量的、源源不断的原材料投入，不需要消耗大量自然资源，这对于社会生产发展的科学性、可持续性无疑是十分有益的。由于文化行业所蕴含的人文属性，历史沉淀、文化传承、民族风俗、艺术创造，各种优秀文化资源无穷无尽，应有尽有，可供源源不断地挖掘与开发。大量独特而丰富的文化元素，为文化行业从业者提供了取之不尽用之不竭的创作素材，而不必另外消耗过多的自然资源。相反，文化行业的发展对自然资源还有保护作用，天然而成的自然景观是文化行业的重要依托，是文化行业立足立身的保护对象，文化行业发展中对美、自然、生命力的天然需要，使保护自然、保护环境、维护生态平衡成为文化行业的天职与使命，文化行业在自身发展的同时就在努力保护自然，这样的先天本能是其他行业所不具备的。另外，文化行业热爱自然、维护生态平衡的属性具有观念上的放射作用，它将通过文化产品的创造有意识或无意识地融入文化产品之中，从而唤起文化产品使用者保护环境、节约资源的共识与共鸣。文化行业的发展节约了企业成本与社会成本,极大地降低了对不可再生资源的消耗,对于经济社会持久有序地长远发展无疑是十分有益的。

第三,推进文化大发展大繁荣可以提升社会的畅通性。文化行业的一大特点是它的无边界性,跨地域、跨行业、跨国界的发展在文化行业是畅通而易行的,这样的通畅性是文化行业的独特优势。由于文化行业的跨界融合特色,其规模可以不断增长,因此又可以带动上下游各端点产业链的发展,使其外部规模经济效应范围更广泛,前景更广阔,从而促进经济增长。

二、文化大发展大繁荣保障人民群众的文化权益

着眼于满足人民精神文化新需求,"十四五"规划建议提出"提升公共文化服务水平"的新要求。这是与我国经济社会发展跨入高质量发展阶段相适应的时代要求,是不断夯实文化强国坚实基础的重要任务。全面提升公共文化服务水平,要进一步完善文化基础设施网络,提升文化设施空间品质,创新实施文化惠民工程,激发人民群众自我创造自我表现热情,加大公共文化服务总量供给,实现公共文化服务城乡一体发展。

一方面,经济高速增长一定程度上满足了人民日益增长的物质文化需要。当物质文化需要的满足达到一定程度时,人民的需求将进入精神文化需要时期。推进文化大发展大繁荣,有利于满足人民群众日益增长的精神文化需求,有利于保障人民群众的文化权益,有利于提高人民群众的获得感和幸福感。经过40多年的改革开放,我国经济社会飞速发展,人民群众的思想不断解放,人民群众的文化需求极大迸发,文化需求内容、文化需求方式多样性、多元化,不同文化层次、不同社会群体、不同年龄段人群的文化需求都有各自的领域和特点。另一方面,人民群众的文化需求更趋理性。随着国力的不断提升,民族自信逐步增强,人民群众对文化需求转向具有更多中国特色、融入中国元素的文化形式,弘扬中

国精神与中国话语表达，文化需求更加自信、更加理性、更加健康。随着现代化进程的不断发展，人民群众的文化需求快速发展，从被动享受向主动参与发展。在物质文明极大丰富之后，人民群众对于文化的需求以极大热情释放出来，对文化产品的提供形式和参与形式都提出了更高的要求，不满足于被动接受，而是积极主动地参与和创作文化产品。在城市或农村的各个角落，草根文化异军突起，群众艺术创作者比比皆是，在社会文化潮流中发挥着潜移默化的作用。随着信息技术的飞跃，移动设备的应用为文化服务提供了更便捷的平台，只需一部手机，人们就可随时随地享受所需的文化产品。人民群众享受文化需求的目的也更加广泛，除了获得精神滋养与智力充电，娱乐休闲、放松体验也是使用文化产品的一大需求。文化需求是多方面的，从文化产品的提供方来看，有的是通过市场运转就能满足的，有的是需要通过政府公共服务才能得到满足的。从文化产品的接受效果来看，有长久的文化需求和即时的文化需求，长久的文化需求能凝聚人心、提升人格，推广教育、推动发展，为经济社会行稳致远的长久发展提供动力。即时的文化需求能放松心情、愉悦耳目、获得乐趣、休闲娱乐，在合理范围内的即时文化需求也是有益且必需的。

文化兴则国运兴，文化强则民族强。党的十九届四中全会审议通过的《中共中央关于坚持和完善中国特色社会主义制度、推进国家治理体系和治理能力现代化若干重大问题的决定》（以下简称《决定》）指出，要坚持和完善繁荣发展社会主义先进文化的制度，巩固全体人民团结奋斗的共同思想基础。要求健全人民文化权益保障制度，坚持以人民为中心的工作导向，完善文化产品创作生产传播的引导激励机制，推出更多群众喜欢的文化精品。完善城乡公共文化服务体系，优化城乡文化资源配置，推动基层文化惠民工程扩大覆盖面、增强实效性，健全支持开展群众性文化活动机制，鼓励社会力量参与公共文化服务体系建设。《决定》对保障人民群众文化权益问题高度重视，提出"发展社会主义先进文化、广泛凝聚人民精神力量，是国家治理体系和治理能力现代化的深厚支撑。必须坚定文化自信，牢牢把握社会主义先进文化前进方向，围绕举旗帜、聚民心、育新人、兴文化、展形象的使命任务，坚持为人民服务、为社会主义服务，坚持百花齐放、百家争鸣，坚持创造性转化、创新性发展，激发全民族文化创造活力，更好构筑中国精神、中国价值、中国力量"。《决定》中强调"健全人民文化权益保障制度"，作出任务部署和制度安排。健全人民文化权益保障制度是以人民为中心的发展思想在文化建设上的集中体现。人民是历史的创造者，为人民谋幸福是中国共产党人的初心，全心全意为人民服务是中国共产党的根本宗旨。中国特色社会主义进入新时代，人民对自身文化权益的重视越来越高，推进文化大发展大繁荣，保障人民群众文化权益，满足人民精神文化需求，让人民享受文化大发展大繁荣的丰硕成果，是我国社会主义文化建设的目标。

三、文化大发展大繁荣是综合国力增强的重要体现

国与国的竞争是综合国力的竞争。什么是综合国力呢？毛泽东同志在《论持久战》一文中比较分析中国与日本的国力时，考虑的"全部基本要素"这个全面性的、全局性的概念，就是综合国力。在改革开放时期，邓小平同志指出衡量一个国家的国力，要综合地看，全面地看，发展了毛泽东同志的思想。综合国力既包括经济、军事等"硬件"，也包括政治、文化等"软件"，其中文化是衡量一个国家综合国力的重要因素之一，而且其地位与作用在国际竞争中越来越重要。文化作为一种精神力量、一种软实力，直接关系着一国的竞争实力。"当前，世界百年未有之大变局加速演进，文化越来越成为国际竞争的重要影响因素，文化软实力在国家综合国力中的地位和作用越来越重要。这对我们把文化建设摆在更加突出位置、下更大气力推进文化强国建设提出了更为紧迫的要求。只有努力建成社会主义文化强国，我们才能在世界百年未有之大变局的时代背景下，把新时代中国特色社会主义伟大事业不断推向前进，继续向着实现中华民族

伟大复兴的目标进发。"①

推进文化大发展大繁荣，就是要以高度的文化自觉和文化自信，着力增强国家文化软实力，提升中国、中国文化在国际上的竞争力，并为人类文明的进步作出更大的贡献。党的十九届五中全会提出要繁荣发展文化事业和文化产业，提高国家文化软实力。"十四五"时期文化产业新发展，对推进社会主义文化强国建设具有重要作用。

文化软实力通过影响其他国力要素，如经济、军事等，支撑综合国力增强。第一，文化促进经济发展。文化通过提供劳动力质量、社会科技发展、社会观念进步等支持，促进国家经济发展质量的提高和经济竞争力的增强。第二，文化发展促进经济结构优化。近年来，我国文化产业实现飞速发展，为建设资源集约型经济结构、促进经济更快速平稳可持续发展、优化经济要素配置提供了有力支撑。第三，文化消费有利于拉动内需，促进经济增长。

毛泽东同志指出"没有文化的军队是愚蠢的军队，而愚蠢的军队是不能战胜敌人的"。邓小平同志提出，社会主义物质文明和精神文明要"两手抓、两手都要硬"。文化不仅能促进经济发展，还与政治、社会、军事、外交等国力要素相互促进。推进文化大发展大繁荣，可以提高全民族思想道德素质、加强民族凝聚力和创造力，增强综合国力。民族的凝聚力和创造力，从来都是衡量一个国家综合国力的重要方面，加强民族凝聚力和创造力，需要确立主流价值观，需要对共同文化的认同。社会主义核心价值体系，作为社会主义先进文化的精髓，引领全党全军全国各族人民形成统一思想、坚定共同信念、构筑强大精神力量、提高思想道德素质。

文化软实力是中华民族的精神支柱。文化关系国运、凝聚国魂，这主要来自社会主义核心价值观的培养和人民对社会主义核心价值观的认同。核心价值体系必须与经济基础、政治制度配套，我国人口众多，民族众

---

① 沈壮海、段立国：《坚定文化自信　建设文化强国》，《人民日报》，2020年11月19日。

多，必须靠统一的指导思想、共同的理想信念、强大的精神支柱来凝聚全社会，这就是社会主义核心价值观。我们必须把建设社会主义核心价值观摆在建设文化软实力的中心位置，把社会主义核心价值观融入社会各个层面，不断增强人们对中国共产党领导、社会主义制度、改革开放事业、全面建设小康社会目标的信念和信心，用社会主义核心价值观引领社会思潮。

推进文化大发展大繁荣是全面建设小康社会取得伟大胜利的文化保证。习近平总书记在教育文化卫生体育领域专家代表座谈会上的重要讲话中强调："统筹推进'五位一体'总体布局、协调推进'四个全面'战略布局，文化是重要内容；推动高质量发展，文化是重要支点；满足人民日益增长的美好生活需要，文化是重要因素；战胜前进道路上各种风险挑战，文化是重要力量源泉。'十四五'时期，我们要把文化建设放在全局工作的突出位置，切实抓紧抓好。"这一重要讲话，从顶层设计的高度将文化建设摆在更加突出位置，为在新征程中推动建成文化强国提出了新课题和新要求，吹响了努力建成社会主义文化强国的冲锋号。全面建设小康社会的目标包括经济又好又快发展、民主政治建设、文化大发展大繁荣、社会事业发展和建设生态文明。这里面既有物质文明建设，也有精神文明、政治文明和生态文明建设，其中精神文明建设是全面建设小康社会取得伟大胜利的文化保证。推动社会主义文化大发展大繁荣，建设社会主义文化强国，需要在不断推进经济建设、政治建设、社会建设、生态文明建设的同时，不断推进社会主义文化建设，为实现中华民族伟大复兴的中国梦贡献力量。

四、文化大发展大繁荣是实现民族伟大复兴中国梦的内在要求

党的十九届五中全会提出，要繁荣发展文化事业和文化产业，提高国家文化软实力。"软实力"作为综合国力的重要组成部分，受到越来越多

国家和地区的重视。中国文化软实力,从中华优秀传统文化、社会主义先进文化及人类文明优秀成果中孕育而生,对内凝聚合力,形成中华民族共同体。对外向世界展示了中国独特的大国形象,推动构建新型国际关系和人类命运共同体,关系"两个一百年"奋斗目标和中华民族伟大复兴中国梦的实现。习近平总书记深刻阐释了实现中国梦的本质内涵,他指出,实现中华民族伟大复兴的中国梦,就是要实现国家富强、民族振兴、人民幸福。这表明,伟大中国梦"三位一体",是国家富强、民族振兴、人民幸福的中国梦。习近平总书记在党的十九大报告中指出,文化是一个国家、一个民族的灵魂。文化兴国运兴,文化强民族强。文化对民族的发展至关重要,是人民的精神家园。推进文化大发展大繁荣是实现中华民族伟大复兴中国梦的必然选择和必经之路,文化强国是实现中国梦的精神力量、坚实基础和内驱力量。

推进文化大发展大繁荣是实现国家富强的必然选择。国家富强是实现中国梦的题中之义。习近平总书记2020年9月17日在湖南考察时强调,文化产业是一个朝阳产业。现在文化和技术深入结合,文化产业快速发展,从业人员也在不断增长,这既是一个迅速发展的产业,也是一个巨大的人才"蓄水池"。在"十四五"规划中,要重视这项产业。文化产业,是21世纪的朝阳产业,将成为推动中国摆脱"中等收入国家陷阱"的重要力量,将推动我国经济建立发展新的增长模式,从中国制造转变成中国智造。随着时代的发展,文化对促进经济增长所起的作用越来越重要,因此,推进文化大发展大繁荣建设是实现国家富强的必然选择。

"十四五"规划建议提出"健全现代文化产业体系",并将其作为文化强国建设的三大重点任务之一,这是新发展格局下推进文化产业高质量发展的必然之路,对推动文化产业现代化和系统性发展提出更高要求。推进现代化,是健全现代文化产业体系的明确指向。一方面,要突出价值引领,坚守以人民为中心的创作要求,把最好的精神食粮奉献给人民。另一方面,要彰显文化创新发展要义,以市场为导向推动供给侧结构性改革,把握数字经济新引擎,释放文化产业的生机与活力。提升系统性,是健全现代文化产业体系的关键要求。要促进文化产业各门类协调发展,加快推进传统文化产业转型升级,支持新兴文化产业有序发展;加快文化和旅游、金融、科技等多方面的深入融合发展,为文化产业加快发展和经济提升提供新动能、创造新的增长点;着力推动城乡和区域协同发展,依托乡村振兴与新型城镇化建设优化乡村文化供给,依托城市群和区域文化带建设充分释放文化产业与空间集聚共生的积极效应,彰显区域文化产业魅力和特色。

推进文化大发展大繁荣是实现民族振兴的力量之源。民族振兴是中华民族大家庭每个成员的梦想,事关民族前途命运。归根结底,民族振兴必须紧紧依靠每一个中华儿女来实现。文化体现着国家软实力,展现其国际影响力、竞争力,民族振兴是每一个中华儿女的梦想,既有中华儿女对幸福美好生活的追求,更有对中华民族兴旺发达、屹立于世界民族之林的憧憬。讲好"中国故事"、打造"中国名片"、推广"中国形象"是提升中华民族国家影响力、竞争力的重大举措。因此,实现民族振兴必须大力推进文化大发展大繁荣。

推进文化大发展大繁荣是实现人民幸福的精神之基。在党的十九大报告中,习近平总书记指出,中国特色社会主义进入新时代,我国社会主要矛盾已经转化为人民日益增长的美好生活需要和不平衡不充分的发展之间的矛盾。随着生产力的不断发展,人民群众的生活水平、收入水平不断提高,对美好生活的需求也日益广泛。这不仅需要高度发达的物质文明,而且需要高度发达的精神文明。伟大正确的精神导向、坚实有力的精神支撑、丰富多彩的精神产品,是人民群众在文化领域的不懈诉求。随着人民生活水平迈进全面小康,精神生活、文化生活的充实饱满越来越成为人们热切的愿望。

全面推进文化大发展大繁荣对于实现中华民族伟大复兴中国梦的重要性不言而喻。那么,如何通过全面推进文化大发展大繁荣来助推实现中国梦呢？第一，要弘扬中华民族优秀文化。习近平总书记强调，要讲清楚中华优秀传统文化的历史渊源、发展脉络、基本走向，讲清楚中华文化的独特创造、价值理念、鲜明特色，增强文化自信和价值观自信。中华民族优秀文化是汇聚中华民族古往今来悠久历史文明智慧、反映中华民族特质和中华民族风貌的文化，是我们坚持文化自信力的历史来源。革命文化是中国共产党领导和带领中国人民在革命、建设和改革开放中所形成的精神、品格与文化。中华民族优秀传统文化与革命文化分别立足于历史与当代，革命文化既吸收与传承了中华优秀传统文化，又引领和发展了社会主义先进文化，是中华民族优秀文化最璀璨、最重要的文化成果。中华民族优秀文化是中华民族独特而永恒的精神标识。第二，要培育和践行社会主义核心价值观。社会主义核心价值观是社会主义核心价值体系的总纲领，是社会主义文化建设的核心，具有伟大的感召力、凝聚力和引导力。社会主义核心价值观融会贯通国家、社会、个人这三个层面的价值理念。党的十九大报告指出，社会主义核心价值观是当代中国精神的集中体现，凝结着全体人民共同的价值追求。这种凝聚的作用有利于让中国梦深入人心，国家富强、民族振兴、人民幸福离不开社会主义核心价值观的支撑伟力。第三，要在党的领导下全面提升全民综合素质。广大的人民群众是历史的真正创造者，中国梦归根结底要靠人民来实现，民众的综合素质决定着一个国家长久发展的潜力，反映着一个民族文明发展的程度，是综合国力的重要体现。在新的历史条件下，推进文化大发展大繁荣是实现中国梦的关键举措。中国梦具有深厚的文化基源，实现中华民族伟大复兴的中国梦，必须不断提升文化内驱力，推进文化大发展大繁荣。

第二节　文化大发展大繁荣迈出坚实步伐

习近平总书记指出，一个国家，一个民族的强盛，总是以文化兴盛为支撑的，中华民族伟大复兴需要以中华文化发展繁荣为条件。党的十八大以来，我国文化建设取得历史性成就、发生历史性变革，为新时代坚持和发展中国特色社会主义、开创党和国家事业全新局面提供了强大正能量。党的十九届五中全会进一步提出到2035年建成文化强国的战略目标，并对如何实现这样的战略目标作出了新的谋划和部署。

一、现代公共文化服务体系建设步入快车道

2013年，党的十八届三中全会提出"构建现代公共文化服务体系"战略任务，自此，我国公共文化服务体系建设步入快车道。2015年，中共中央办公厅、国务院办公厅印发《关于加快构建现代公共文化服务体系的意见》，指明现代公共文化服务体系建设的总体要求、原则和目标以及如何实施。党的十八大以来，在以习近平同志为核心的党中央的带领下，对现代公共文化服务体系建设作出了一系列重要部署。2020年党的十九届五中全会提出了提升文化软实力的目标要求，让社会主义核心价值观深入人心，人民思想道德素质、科学文化素质和身心健康素质明显提高，公共文化服务体系和文化产业体系更加健全，人民精神文化生活日益丰富，中华文化影响力进一步提升，中华民族凝聚力进一步增强。

第一，从基本标准公共文化服务到优质标准公共文化服务。"标准化"是公共服务管理领域的重要概念。全面建成小康社会，就是要把我国的公共文化服务提供从文化的"温饱线"提高到文化的"小康线"。2015年1月，中共中央办公厅、国务院办公厅印发《国家基本公共文化服务指导标准（2015—2020年）》，本标准是国家颁布的指导性标准，各省、自治区、直辖市和新疆生产建设兵团根据国家指导标准，结合当地群众需求、政府财政能力和文化特色，制定适合本地区的实施标准，建立国家指导标准与地方实施标准相衔接的标准体系，为我国公共文化服务体系指明了建设方法与检验标准。

2016年12月25日，中华人民共和国第十二届全国人民代表大会常务委员会第二十五次会议审议通过《中华人民共和国公共文化服务保障法》，

该法律自 2017 年 3 月 1 日起施行。这是我国文化立法的一个重大突破。完善了我国文化法律体系，提高了公共文化建设法治化水平，维护了人民群众的基本文化权益、为人民群众日益增长的精神文化需求提供了法律保障。进入新时代以来，我国公共文化服务体系坚持以人民为中心的工作导向，强调要满足公民的基本文化需求，丰富人民群众的精神文化生活，促进广大人民群众享受到公共文化服务，以更高的标准和更好的创新能力增进人民群众在享受公共文化服务中的获得感和满足感，提升人民群众在公共文化服务中的体验感。在党中央的领导下，各地方积极出台公共文化服务标准化规范，着力推进公共文化服务标准化、均等化工作，取得了良好的效果。2015 年，国内第一个《社区公共文化服务动态评估规范》、《公共文化服务第三方评价规范》和《公共文化服务需求调查规范》在杭州市下城区发布实施。"促使当地公共文化服务由文化主管部门唱'独角戏'向区、街道、社区、居民'大合唱'转变；由不了解群众需求向以群众需求为导向、量身定制菜单式公共文化服务产品转变；由文化主管部门既当'运动员'又当'裁判员'，体制内自娱自乐，向服务绩效由第三方评估转变。"① 全国第一个镇级公共文化服务评估标准 2015 年在杭州市萧山区出台："以萧山区公共文化服务绩效评估系统为基础，同时依据国家相关法律法规和政策规定，围绕公共文化建设实践，科学设定了乡镇（街道）公共文化服务评估指标、数据采集、数据复核、评估计算方法、评估结果公布等要素……该评估指标体系设置了公共文化投入、公共文化设施、公共文化队伍、公共文化活动等五大类 26 项指标和加分项，全方位地对各镇街文化事业投入、文化设施建设及利用、文化从业人员结构比例、各类文化活动开展等工作进行综合考量和评价。"②

基层公共文化服务评估科学体系的建立，保证了基层公共文化服务评

---

① 王仙桃：《推动公共文化服务标准化建设》，《中国文化报》，2015 年 11 月 24 日。
② 《浙江萧山发布全国首个镇级公共文化服务评估标准》，人民网，http：//culture. people. com. cn/n/2015/1113/c172318 - 27811344. html。

估工作的科学有效，为基层公共文化服务工作的动态调整提供了依据，通过公共文化资源调配、公共文化服务政策指导、公共文化服务效果信息反馈，基层公共文化服务质量得到了更充分的保障，人民群众真真切切地感受到了公共文化服务的周到细致、贴心暖心，真正成为公共文化服务的受益者和主人翁。

第二，推进公共文化服务建设的广泛性和均等性。进入新时代以来，我国致力于公共文化服务体系均等化，缩小城乡、区域、群体之间享受公共文化服务的差距，使人民群众能享受到相对均等的公共文化服务，最大限度保障人民群众文化权益。我国的公共文化服务体系均等化建设不是低水平的均等，而是考虑到各方面特点、各方面需要、各种发展状态的灵活动态的公共文化服务均等化建设。在公共文化服务享受方面，各民族、各地区人民既得到了公共文化服务质量的均等性提高，又获得了适合自己特色的个性化满足。中共中央办公厅、国务院办公厅印发的《关于加快构建现代公共文化服务体系的意见》提出，要推动革命老区、民族地区、边疆地区、贫困地区公共文化建设实现跨越式发展。由于地区发展水平限制，老少边穷地区文化设施相对落后，公共文化服务供应相对不足，资源配置不够，打通公共文化服务建设的"最后一公里"，重点在基层，难点在老少边穷地区。当前，文化服务环境已经被数字化包围，建立数字图书馆，便是便捷少数民族地区百姓享受公共文化服务的一个好办法。如甘肃甘南州，是一个以藏族为主的少数民族地区，素有甘肃"小西藏"之称。近年来，甘南州充分发挥民族文化资源优势，在"互联网+"的时代背景下，抢抓机遇和发展期，在第四批国家公共文化服务体系示范项目"民族特色数字图书馆"创建工作中，充分发挥公共数字文化服务主阵地的作用，在公共文化数字平台建设、数字资源产品优化、新媒体网络传播、边疆数字文化服务等方面取得新进展、新成效……该项目自 2019 年 7 月初实施以来，通过一年半的推广与实践，已有数字图书 15 大类 110.2 万册，实现了文献资料统一采购、统一编目、统一配送、通借通还和人才的统一调配等服务功能。工作人员可以在 1 秒内为读者办完借阅和归还等手续，让馆藏图书发挥其应有的作用，极大地方便了读者。①

《中华人民共和国公共文化服务保障法》指出，要加强民族语言文字文化产品的供给，加强优秀公共文化产品的民族语言文字译制及其在民族地区的传播，鼓励和扶助民族文化产品的创作生产，支持开展具有民族特色的群众性文化体育活动。浙江景宁县作为华东地区唯一的少数民族自治县，在少数民族地区公共文化服务方面积极进取，以"文化引领"为理念，创新工作机制取得了宝贵的"景宁经验"。"经验一，民族文化资源转换为公共文化产品……景宁通过创作和演绎《畲山风》《畲家谣》《千年山哈》等民族特色节目，不仅促进了戏曲繁荣发展，还丰富了人民群众精神文化生活，更弘扬了少数民族的优秀传统文化。""经验二，制定单行条例保障文化权益……景宁在 2013 年底组建了课题组，把标准化和地方立法的研究工作结合在一起。不仅从公共文化服务设施、机构、服务提供、公共文化产品、社会力量参与、保障与激励六个方面做出'硬约束'，而且将各地成熟和推广的制度设计吸纳到文本条款。""经验三，'五权圆梦'让群众成为主体。景宁的'五权圆梦'通过机制创新，保证了群众的知情权、参与权、话语权、决策权和监督权，真正做到了以人民为中心，充分对接群众需求。"② 提升少数民族地区公共文化服务水平，优化少数民族地区公共文化服务质量，不仅有利于丰富中华文化的表现力、增强中华文化的感染力，更有利于增强中华民族的向心力与凝聚力。

第三，切实增强人民群众在公共文化服务享受中的满足感和获得感。党的十九大报告指出，要"保证全体人民在共建共享发展中有更多获得感"，"不断满足人民日益增长的美好生活需要……使人民获得感、幸福

---

① 嘎旦加、房玉梅、刘晓东：《甘肃甘南州：公共文化数字化增强藏区文化供给能效》，《中国文化报》，2020 年 11 月 3 日。

② 阮可：《少数民族地区公共文化服务的"景宁经验"》，《中国文化报》，2015 年 10 月 14 日。

感、安全感更加充实、更有保障、更可持续"。增强人民群众在公共文化服务享受中的满足感与获得感，不仅要保障人民群众文化权益，提供优质足量的公共文化服务，而且要增进人民群众在享受公共文化服务时的体验感，让良好的体验成为优质现代公共文化服务体系的一部分。进入新时代以来，公共文化服务体系建设速度加快、建设力度加强，为人民群众提供了更广泛、更丰富、更公平的文化服务获取机会，拓宽了人民群众在公共文化服务中的获取渠道，为人民群众提供了更高效、更优质、更好吸收的公共文化服务。为了增进民生福祉，让人民群众享有更多文化发展成果，既要做到"送文化"，又要做到"种文化"。送文化下基层，丰富人民群众的文化生活，提升人民群众的文化生活质量，保障人民群众文化权益，这是"送文化"；"授人以鱼，不如授人以渔"，激发人民群众爱文化的热情、学文化的兴趣、用文化的知识水平，在"送文化"里"种文化"，才能真正实现文化雨露滋润基层，惠及群众，形成上下联动、点面结合的长效联动文化机制。

二、文化事业全面繁荣，文化产业快速发展

满足人民过上美好生活的新期待，必须提供丰富的精神食粮。发展文化事业和文化产业，是满足人民精神文化需求的必然选择。中华人民共和国成立以来，在《中华人民共和国公共文化服务保障法》《中华人民共和国公共图书馆法》《中华人民共和国电影产业促进法》等法律法规保障下，国家支持各省市努力提高公共文化服务水平，促进文学艺术创作和新闻出版繁荣进步，增强文化产业实力，保障公民文化权利，极大丰富了各族人民的精神文化生活。

党的十九届五中全会高度重视文化建设，全会指出，要通过提高社会文明程度，提升公共文化服务水平，健全现代文化产业体系等举措，实现繁荣发展文化事业和文化产业，提高国家文化软实力。聚焦文化事业全面繁荣与文化产业快速发展，是我国进入新时代以来孜孜不倦构建社会主义文化强国的伟大举措，是我国迈进小康社会的文化表现。

第一,全面繁荣文化事业。在以习近平同志为核心的党中央的带领下,我国文化事业始终坚持运用马克思主义的立场、方法与观点,始终坚持以人民为中心的立场,始终牢牢把握社会主义先进文化的前进方向,攻坚克难,不断创新,百花齐放,全面繁荣,在社会主义核心价值观的引领下,讲好中国故事,弘扬红色精神,传承中华优秀传统文化,弘扬社会正能量,创作了一大批振奋精神、凝聚人心的优秀文化作品,为中华民族伟大复兴提供了内在动力,为人类文明进步贡献了优秀成果,唱出了时代强音,传播了时代价值,构筑了中国精神、中国价值、中国力量,提高了中国文化软实力和中华文明影响力。党的十九大报告提出,满足人民过上美好生活的新期待,必须提供丰富的精神食粮。坚持以人民为中心的立场,增进文化事业体系给人民群众的获得感与幸福感。建设好公共文化服务体系,既是我国文化建设的重要部分,也是我国社会发展的重要任务。只有把公共文化服务体系建设好,才能真正实现人民群众安居乐业中对美好生活的精神需求,才能更好地实现文化建设引领社会良好风尚、推动社会健康发展的重要作用。

文化事业全面繁荣,需要搭上科技进步的时代快车。2017年,文化部印发了《"十三五"时期公共数字文化建设规划》,该规划提出,鼓励社会力量参与提供公共数字文化服务。积极鼓励各类社会文化机构、文化企业和个人依托公共数字文化服务平台提供公共文化服务,开展健康有益的文化活动。并提到"十三五"时期是基本建成现代公共文化服务体系的冲刺阶段,是落实国家"互联网+"行动计划、大数据战略和推进公共数字文化发展的重要战略机遇期。在过去5年里,建设数字文化设施,健全市场制度,满足数字文化的新需求是我们进行文化建设创造与创新中的重要命题。如今,安全、开放、高速、便捷、丰富、精确的公共数字文化服务体系已基本建成。如基层公共文化服务中心、图书馆、文化馆、科技馆等,都已基本实现无线网络覆盖,全国县级以上公共图书馆均具备数字图书馆服务能力,全国50%以上的文化馆具备数字文化馆服务能力。通过网络游览，各大博物馆、文化馆、展览馆的丰富文化资源尽收眼底，人民群众的数字文化生活登上一个新的高峰，眺望到更广阔、更辽远、更美好的盛世图景。

第二，快速发展文化产业。着力健全现代文化产业体系，这是满足人民多样化、高品位文化需求的重要基础，也是激发文化创造活力、推进文化强国建设的必然要求。一是优化文化产业资源配置，推动文化产业供给侧改革。我国文化产业有着丰富的文化资源和鲜明的品牌优势，是我国国民经济发展中的新兴产业和战略性支柱型产业。通过推动文化产业供给侧改革，带来文化资源使用效率的提高，文化产业创新力的增强，从而使文化精品源源不断地涌出，文化产业发展更加生机蓬勃。二是强化政策引导，凸显政策红利。通过有力、有效、及时并富有前瞻性的政策指导，文化产业政策在文化产业成长的过程中起到了强烈的引导作用。进入新时代以来，通过政策引导，我国文化产业在提高市场投资，保障消费需求，拓宽销售渠道，畅通流转机制方面获得巨大的政策红利，优质高效的文化政策驱动文化产业飞速发展。三是打造个性鲜明的区域特色文化产业品牌。文化产业的迅速发展既需要丰厚的特色文化资源，优良的资源配置，有力、有效、及时的政策保障，也需要个性鲜明的品牌面貌。个性是文化产业的灵魂，差异性是确保区域文化产业长久发展、常用常新的诀窍。进入新时代以来，我国大力发掘源自民间、植根于中华沃土、经历了漫漫岁月、具有区域特色的文化资源，既保证了文化产业发展的可持续性，又以丰富多彩的文化产品满足了人民群众日益增长的精神文化需求。四是拥抱数字科技的创新进步。进入21世纪以来，网络技术飞速发展，数字科技的快速更迭，在以习近平同志为核心的党中央的领导下，文化产业搭上科技快车，由数字科技与文化产业融合而来的数字文化产业（digital cultural industry）应运而生，满足了数字经济时代人们对文化产业的新需求，给人民群众带来了前所未有的、健康清新的新体验。

云上文化产业带来精神盛宴。从线下到线上，从"面对面"到"屏对屏",新技术带来文化享受新体验,新平台开启文化交流新模式,新业态体现产业发展新亮点。据《人民日报(海外版)》,2020年11月25日报道,2020年11月16日到20日,第十六届中国(深圳)国际文化产业博览交易会(以下简称文博会)首次以"云上文博会"的形式在线上举办。"3243家参展单位、21572件展品、近万名海外采购商","共有1416万人次在云端享受了这场文化盛宴","境外总访问量累计达29716人次,达成多项中国文化产品出口协议","共策划投融资推介、项目签约等各类活动238项"。① 更好、更快、更远、更新已成为云上文化产业的必然追求。

湖南省在发挥园区平台作用,推进科技文化产业发展方面作出积极示范。据《中国财经报》2020年4月16日报道,近年来,湖南省财政充分发挥"岳麓山国家大学科技城"和"马栏山视频文创产业园"两大平台作用,建立健全政策扶持体系,切实加大财政投入力度,着力培育各类市场主体,全力推进科技、文化产业发展。"湖南省财政克服财力紧张的困难,多渠道统筹整合各类相关资金,累计投入资金近90亿元,支持园区一系列重大项目建设。"

如何建设好文化产业园区,湖南省综合施策,总结出一整套可复制的"湖南经验",第一,优化发展环境。结合落实中央减税降费政策,湖南省财政进一步清理规范文化行政性收费和政府性基金,特别是经国务院授权,从2019年7月1日起至2024年底,对地方企事业单位和个人减征50%的文化事业建设费,服务企业降本增效,激发市场主体活力。第二,鼓励创新发展。积极推动文化+科技融合发展,全面对接"互联网+"战略,鼓励企业开展前沿数字视频原创技术、文化项目原创版权成果转化和产业化,对符合条件的企业开发新技术、新工艺、新产品的研发费用给予补助。第三,构建金融服务体系。对向企业特别是中小微企业提供贷款、担保、保险服务的金融机构给予风险补偿和奖励;支持银行、担保、保险

---

① 吕绍刚:《云上文博会 不一样的精彩》,《人民日报(海外版)》,2020年11月25日。

等金融机构设立分支机构，提供多元化的金融产品，全方位支持科技文化创意产业发展；注资省文化旅游担保投资有限公司，增强其资本实力。同时，建立园区企业基础数据信息库，按企业规模、发展前景等实施分类扶持，对处于孵化期、种子期和初创期的高成长性视频文创企业，配套实施贷款贴息、担保费用补贴、融资租赁补贴等扶持政策。第四，研究制定科技、文化与金融对接相关办法。引导产业基金服务实体经济。按照"资金"改"基金"的思路，湖南省财政从相关产业专项资金中切块一定比例，用于支持设立或参股科技文化产业投资基金。积极支持马栏山园区管委会对接省新兴产业投资基金，设立规模为20亿元的马栏山股权投资基金，首期规模为6亿元，采取市场化运作方式，对园区发展前景好、有市场潜力的文化企业或项目给予支持。①

近几年，我国文化产业持续健康发展，2018年全国文化及相关产业增加值4万多亿元，占国内生产总值的4.48%。在文化产业引领中，我国坚持把社会效益放在首位、社会效益和经济效益相统一，深化文化体制改革，完善文化产业规划和政策，加强文化市场体系建设，不断扩大优质文化产品供给，加快发展新型文化企业、文化业态、文化消费模式，改造提升传统文化业态，推动文化产业全面转型升级，提高质量效益和核心竞争力。

三、文化遗产保护传承深入开展

文化遗产保护工作是中国共产党一向高度重视、深入推进的一项重要工作。2020年9月28日，中共中央政治局就我国考古最新发现及其意义为题举行第二十三次集体学习。习近平总书记在主持学习时指出，历史文化遗产不仅生动述说着过去，也深刻影响着当下和未来；不仅属于我们，也属于子孙后代。保护好、传承好历史文化遗产是对历史负责、对人民负

---

① 参见湖南省财政厅：《湖南：发挥园区平台作用推进科技文化产业发展》，《中国财经报》，2020年4月16日。

责。我们要加强考古工作和历史研究，让收藏在博物馆里的文物、陈列在广阔大地上的遗产、书写在古籍里的文字都活起来，丰富全社会历史文化滋养。

2020年12月1日出版的第23期《求是》杂志发表了中共中央总书记、国家主席、中央军委主席习近平的重要文章《建设中国特色中国风格中国气派的考古学　更好认识源远流长博大精深的中华文明》。文章强调，当今中国正经历广泛而深刻的社会变革，也正进行着坚持和发展中国特色社会主义的伟大实践创新。我们的实践创新必须建立在历史发展规律之上，必须行进在历史正确方向之上。文章指出，考古工作是展示和构建中华民族历史、中华文明瑰宝的重要工作。认识历史离不开考古学。……必须高度重视考古工作……为弘扬中华优秀传统文化、增强文化自信提供坚强支撑。文章进一步指出，在历史长河中，中华民族形成了伟大民族精神和优秀传统文化，这是中华民族生生不息、长盛不衰的文化基因，也是实现中华民族伟大复兴的精神力量，要结合新的实际发扬光大。

文化遗产是历史的活化石，深入开展文化遗产保护传承，有利于坚定文化自信、有利于民族凝聚力的增强，有利于文化的发展和创新，有利于文化生态的合理规划和有效建设。进入新时代以来，文化遗产的保护传承工作在以习近平同志为核心的党中央的带领下，取得了丰硕的成果，对我国经济社会文化建设起到了重要的推动作用。政府为文化遗产保护传承工作提供了强有力的政策支持和经济支持，对于各项、各地、各类文化遗产科学指导、规范管理、合理规划、积极资助。全国各地积极举办各类丰富多彩、异彩纷呈的文化遗产保护传承活动，通过对文化遗产的大力宣传，利用各种渠道向国内外展示我国的非物质文化遗产魅力，利用各种大型文化庆祝活动、小型民间文化舞台宣扬文化遗产之美。我国对文化遗产的保护传承工作是不断深入推进的，早在1997年，我国就出台了第一个有关古民居保护管理的单项文物法规，表现了对文化遗产保护传承工作的高度重视，其后陆续出台的一系列文化遗产保护法规条例，为我国文化遗产规范化、科学化保护提供了制度保障。

云冈石窟的修缮保护就是我国文化遗产保护传承工作中的一项优秀范例。据《中国民族报》2020年5月19日报道，云冈石窟矗立于"三代京华，两朝重镇"塞北古镇大同千年之久，是北魏开凿保存至今集考古、历史、佛教、艺术等方面价值为一体的珍贵历史文化遗产。云冈石窟在1500多年的漫长历史中由于风雨侵蚀、岩石风化、自然坍塌和人为破坏，时有损毁与破坏现象，为此北魏以降历代政府与民间力量对此多有修缮保护，但直到中华人民共和国成立之后才作为文化遗产被高度重视和保护起来。2020年5月11日，习近平总书记在云冈石窟考察时指出，云冈石窟是世界文化遗产，保护好云冈石窟，不仅具有中国意义，而且具有世界意义。历史文化遗产是不可再生、不可替代的宝贵资源，要始终把保护放在第一位。发展旅游要以保护为前提，不能过度商业化，让旅游成为人们感悟中华文化、增强文化自信的过程。① 如今，利用考古、地质、环境、数字化等相关专业技术，云冈石窟保护工作走上了更加科学、利于保护的道路。

在保护传承文化遗产的同时积极开发其中的时代价值，让千年国粹承担起新的文化使命，岳麓书院的文化遗产保护传承工作是这方面的一个优秀范例。岳麓书院是中国传统文化与湖湘文化的一张亮丽名片。在历史上，创建于北宋初年的岳麓书院一直是中国传统学术的重镇。

20世纪80年代以来，岳麓书院在修复的过程中逐渐恢复其国学研究与国学教育的功能。如今，岳麓书院已经纳入现代的教育体系、学术体系中来，拥有一批专职教研人员，从事本科、硕士、博士三级学位教学，承担了一批国家重大、重点研究课题，成立了岳麓书院国学研究与传播中心，建立一个面向全国与世界的国学研究与传播的公共平台。在《岳麓书院要成为公共学术平台》一文中，院长朱汉民深情地写道，今天的岳麓书院，是湖南大学下属的国学院，共有正副教授近30人，兼职教师、客座教

---

① 参见王志芳：《云冈石窟的修缮保护》，《中国民族报》，2020年5月19日。

授40多人,本学科藏书100多万册,拥有国内外期刊500多种,学术研究深入经学、诸子学、古代典章制度、宋明理学、湖湘文化、书院文化、出土文物与文献研究、宗教文化等各个领域,跨历史、哲学两个学科门类,拥有历史学博士后流动站、中国史一级学科博士点和硕士点、中国哲学博士点和硕士点,招收历史学专业本科生。书院拥有省级重点研究基地"湖湘文化研究基地"、省级重点学科"专门史"学科,是清华大学"出土文献与中国古代文明研究协同创新中心"的主要协同单位之一。岳麓书院教授现在主持国家社科基金重大项目3项、国家社科基金重点项目3项,教育部重大项目1项,其他国家社科基金项目、教育部项目等20多项。同时,书院还主办"千年论坛""明伦堂讲会"等学术论坛活动,邀请一些海内外著名专家、学者登坛讲学,在学术文化界产生了较大影响。岳麓书院承袭朱张之绪,续千年学术传统,在现代教育发展的牵引下,这座古老学府焕发出勃勃生机,续写新的历史篇章。①

文化遗产保护重在见实效。文化遗产凝聚着民族的奋斗精神,展现了民族的爱国情怀,它所蕴含的哲学思想、人文精神、价值理念、道德规范等是文化事业和文化产业创新发展的源头活水。要健全文物法规制度体系,提升文物保护科技化、数字化水平,深入推进物质文化遗产的系统性保护。要统筹推进非物质文化遗产的抢救性保护和生产性保护工作,加大对非遗传承人的扶持力度,促进非遗与旅游深度融合发展,提高非物质文化遗产保护传承利用水平。要充分发挥文化遗产在传承中华优秀传统文化、增强民族凝聚力、提高人民思想道德素质和科学文化素质方面的重要作用。

四、中华文化国际影响力不断提升

人类发展史说明文化对于一个国家和民族是不可或缺的精神纽带。随

---

① 朱汉民:《岳麓书院要成为公共学术平台》,《光明日报》,2013年9月23日。

着中国国力增强、国际竞争力不断提升,中国文化的影响力越来越大。习近平总书记多次就文化建设作出一系列重要论断。"文化是一个国家、一个民族的灵魂。文化兴国运兴,文化强民族强。没有高度的文化自信,没有文化的繁荣兴盛,就没有中华民族伟大复兴。""提高国家文化软实力,关系'两个一百年'奋斗目标和中华民族伟大复兴中国梦的实现。"党的十九大报告指出,要推进国际传播能力建设,讲好中国故事,展现真实、立体、全面的中国,提高国家文化软实力。文化是提升一个国家核心竞争力的动力,推动文化大发展大繁荣、坚定文化自信、传播中国价值,是新时代文化建设工作的重中之重。

进入新时代以来,我们聚焦对外宣介习近平新时代中国特色社会主义思想,拓展传播主体、传播渠道,运用多种媒介不同传播手段,唱响中国声音,讲好中国故事,传播中国价值,弘扬中国精神,显著提升了中华文化的国际影响力。习近平新时代中国特色社会主义思想得到国际社会广泛认同。习近平新时代中国特色社会主义思想是中国精神的时代精华,凝聚中国当代核心价值理念,是人类精神文明财富的重要成果。通过宣介总书记重要讲话精神,有效传播了中国话语、中国智慧、中国方案,展现出中华民族深层次的价值观念、人文情怀和文化积淀;中华优秀传统文化在国际舞台上散发光辉。中华优秀传统文化凝聚了中华民族历经五千年悠久历史的宝贵智慧,蕴含着中华民族最根本的文化基因,具有深厚的岁月积淀与永不褪色的时代价值。英国波特兰公关公司(Portland)发布的最新《全球软实力30强报告:2019年全球软实力排名》显示,中国的文化指标连续4年位列全球前十,以其深厚的历史底蕴和鲜明的中国特色屹立于世界民族文化之林;中外文化交流日益广泛,中国文化"走出去",中国声音"响起来"。欢乐春节、感知中国、中国文化节等文化交流活动不断涌现,中国图书中心、海外中国文化中心、孔子学院等文化平台不断完善,文化的因素在提升中国国际影响力中起着越来越重要的作用。信息技术推动中华文化传遍全球。数字技术、互联网技术助推中华文化产品的创作、生产、传播、消费，为中国文化"走出去"提供了新的科技力量，丰富了中国文化的传播形式，提升了中国文化的传播效率，加大了中国文化的传播力度。

中国声音，唱响全球。据新华网2020年6月30日报道，《习近平谈治国理政》（第3卷）中英文版出版发行。《习近平谈治国理政》（第3卷）生动记录了党的十九大以来以习近平同志为核心的党中央，着眼中华民族伟大复兴的战略全局和世界百年未有之大变局，不忘初心、牢记使命，统揽伟大斗争、伟大工程、伟大事业、伟大梦想，团结带领全党全国各族人民推动党和国家各项事业取得新的重大进展的伟大实践，集中展示了马克思主义中国化的最新成果，充分体现了我们党为推动构建人类命运共同体贡献的智慧方案，是全面系统反映习近平新时代中国特色社会主义思想的权威著作。《习近平谈治国理政》（第3卷）自出版以来，在国内外产生了强烈反响。对于帮助国际社会更好了解习近平新时代中国特色社会主义思想的主要内容，增进对中国共产党为什么能、马克思主义为什么行、中国特色社会主义为什么好的认识和理解，具有重要意义。

党的十九届五中全会胜利闭幕以来，中国还以多种形式向世界各国介绍全会各项议题。"刚刚闭幕的党的十九届五中全会，对中国'十四五'时期发展作出全面规划。中国决胜全面建成小康社会、决战脱贫攻坚的目标即将实现，从明年起将开启全面建设社会主义现代化国家新征程，中国将进入一个新发展阶段。"2020年11月4日，习近平主席在第三届中国国际进口博览会开幕式上的主旨演讲中，向各国嘉宾这样介绍中共十九届五中全会。2020年11月9日和12日，中共中央对外联络部举办了两场中共十九届五中全会精神吹风会，吹风会的对象分别是外国驻华使节、外国商会和跨国企业代表，全面介绍了"十三五"规划实施以来中国取得的全方位发展成就，特别是"十四五"规划和2035年远景目标建议的主要内容和深远影响，强调在以习近平同志为核心的党中央领导下，中国将继续扩大对外开放，加强共建"一带一路"等国际合作，与世界分享发展机遇。

吹风会通过播放专题短片、权威解读和现场互动等方式,全面生动地介绍党的十九届五中全会的历史意义、主要内容和世界影响。吹风会以联合国六种官方语言同步向全球直播,世界各国好评如潮。

第三节　全面小康社会文化建设的经验与启示

中国特色社会主义进入新时代以来,以习近平同志为核心的党中央对文化建设高瞻远瞩、深刻把握,形成了具有新时代中国特色社会主义理论创新的文化理论和实践成果,不仅为我国的文化建设提供了重要的理论根据,更为我国下一步如何推进社会主义文化建设指明了发展方向。深入总结、全面推广这些宝贵经验,对我国更快更好地进行文化建设、对加快实现中华民族伟大复兴的中国梦有着重要意义。

一、坚持党对文化工作的正确领导

坚持中国共产党的全面领导、坚持中国共产党在文化建设中的领导地位,关系着我国文化事业的根本,关系着国家的未来和人民的幸福。党政军民学,东西南北中,党是领导一切的。进入新时代以来,在中国共产党的坚强领导下,各项事业都取得了伟大的成就,作为"五位一体"总体布局的重要部分,文化建设是决胜全面建成小康社会的重要工作。文化大发展大繁荣离不开党的坚强领导,必须始终坚持中国共产党的领导,不断加强党在文化建设上的权威领导,让我国文化事业在党的伟大领导下取得百花齐放的辉煌成就。

第一,要强化党对文化建设的领导权。自觉维护党在文化领域的权威作用,就是要坚持"党管"原则,党媒姓党,自觉维护以习近平同志为核心的党中央对我国文化建设的集中统一领导。在文化事业推进的过程中,所有从业者都必须保持高度的思想认同,自觉在意识形态领域向党中央看齐,与党中央保持高度一致,始终把党中央视为领路人,坚定不移跟党走。在指导思想上、实践道路上，必须保持与党中央的高度一致，不断加强政治意识、大局意识、核心意识、看齐意识，严明纪律，牢守规矩，充分发挥党在我国文化事业与文化工作中的领导作用。

文化是一个民族的魂，是一个国家的根，中国共产党代表着我国先进文化的前进方向，只有牢牢树立党中央在文化建设上的领导权威，才能保证我国社会主义文化事业始终沿着正确的方向行进。

第二，要自觉贯彻党在文化领域作出的一切路线方针政策。这是强化党对文化建设的领导权的具体表现，是对党忠诚、听党的话的具体行动。以习近平同志为核心的党中央，在马克思主义的指导下，从全局出发，从中华民族伟大复兴的大局出发，立足当代，放眼未来，高瞻远瞩，深谋远虑，对我国文化建设事业作出了全面系统的规划与部署。

坚持党对文化建设的权威领导，就必须自觉落实党对文化建设的战略部署，自觉贯彻党对文化事业和文化工作的一切指示，全力以赴完成好党交给的每一项工作任务，及时向党委汇报工作情况、反映工作问题，坚决与文化领域中存在的某些弱化党的领导的错误行为作斗争，确保文化建设的一切工作都集中统一于党的领导，不断强化党对文化建设的领导权。每一个文化工作者都必须坚持向党的核心领导看齐，听党指挥，为实现新时代文化进一步的大发展大繁荣、建设社会主义文化强国增添力量。

二、坚持以人民为中心的价值取向

人民立场是马克思主义政党的根本立场。必须坚持以人民为中心的价值取向，这是由我国社会主义文化建设的本质属性所决定的。进入新时代以来，随着人民群众的知识文化水平不断提升，人民使用文化产品、创造文化产品的愿望不断加强，人民对美好生活中精神文化享受的需求不断提高。在推进我国社会主义文化建设大发展大繁荣的过程中，更应该牢牢树立以人民为中心的发展观念，尊重人民的主体地位。我们要尊重人民的首创精神，从群众中来，到群众中去，牢牢记住"依靠谁"和"为了谁"，让文化建设的丰硕成果惠及人民群众中的每一员，与人民群众一起，进一步促进社会主义文化大发展大繁荣，为建设社会主义文化强国贡献力量。

必须坚持人民在文化建设中的中心位置，尊重人民在历史中的主体性，紧紧依靠人民，积极为我国社会主义文化建设的大发展大繁荣融合智慧、凝聚力量。文化作为社会意识形态的一部分，它的一切内容都来源于人民群众生产生活的具体实践，来源于人民群众的具体创造与丰富体验，人民群众的生产生活不仅为文化建设提供了基石与砖瓦，使一切文化生产成为可能，而且是人类一切文明产生的源泉与动力。一切文化创造，一旦离开了人民，闭门造车，就必然丧失它的前途与生命力。

精神文明不是自生的，不是凭空产生、从天而降的，不仅文化建设的源泉、基石与材料来自人民，而且作为一种精神产品，它必须依靠人民群众这一伟大的创造主体，通过不懈劳动才能产生。党是文化建设的领导者，人民群众是文化建设的参与者，没有人民群众，文化建设的推进与发展不可能完成。正是因为人民群众在文化创造中的伟大劳动，我国精神文明日趋丰富、文化建设成绩更加辉煌、文化文明之光更加璀璨。要尊重人民群众在文化创造中的主体性，激发他们的创造创新热情，让人民群众在文化建设中的创造活力蓬勃生长，让我国社会主义文化建设成果更加丰富，迎来文化建设在新时代进一步的大发展大繁荣。

文化不能自我传播、自我消费。文化的传播与消费都要依靠人民。不受人民群众欢迎的文化产品是不可能广泛传播、长久流传的。一种文化产品的传播需要被人民群众接受、认同与喜爱。紧紧依靠人民，就是要用人民的话语，讲述人民的生活，描绘人民的愿景，发出人民的心声。这需要我国文化工作者自觉增进对人民群众的感情，自觉走到人民群众中去，想人民所想，爱人民所爱，坚持创造广大人民群众喜闻乐见的文化产品，坚持建设与发展文化事业必须服务于人民。保证文化大发展大繁荣的丰硕成果给人民享受、为人民造福，才能实现文化创造的价值与意义。社会主义文化繁荣兴盛，必须以服务人民为目的，这不仅是由我国的社会主义性质所决定的，也是由人民群众在文化生活中的主体地位所决定的。

三、坚持走中国特色社会主义文化发展道路

文化大发展大繁荣能够得以实现，最核心的原因在于对中国特色社会主义文化发展道路的坚持。中国特色社会主义文化发展道路是由我国社会性质、社会制度、政党本质、国家需要等决定的，无论当前还是未来，为了建设社会主义文化强国、为了实现"两个一百年"的奋斗目标，文化建设必须坚持走这条中国特色社会主义文化发展道路不能变。

坚持走中国特色社会主义文化发展道路，必须坚持马克思主义的科学指导。长期以来，我国文化建设的建设内容与发展方向，都是以马克思主义为依据与指导的。坚持走中国特色社会主义文化发展道路就是在坚持马克思主义的指导作用下，坚持党对文化建设的领导，坚持我国的社会主义性质，立足当前，心怀长远，以文化建设为人民服务，推进中华民族伟大复兴的中国梦早日实现。

在任何时候，马克思主义在我国的指导地位不会变，人民民主专政的社会主义国家性质不会变。进入新时代，要推动我国社会主义文化强国建设取得更多伟大成就、推动文化建设进一步的大发展大繁荣，就必须牢牢坚持马克思主义的指导地位。第一，要提升全党的马克思主义理论水平，做到对马克思主义的"真懂真信"，加强党性修养，全面深入推进马克思主义在全党的学习教育，推进马克思主义入脑入心；第二，要牢牢坚持马克思主义在意识形态领域的指导地位，确定社会主义文化建设的正确方向，守住社会主义文化阵地，坚持社会主义文化建设发展方向不动摇；第三，要将马克思主义理论的立场、方法和观点贯彻落实到社会主义文化建设的方方面面，真正将马克思主义落到文化建设的实处，运用到文化建设的实践中，结合新的时代特色和实践经验，进一步形成符合社会发展需要的文化建设理论成果。

四、坚定文化自信

立足当代,展望未来,我们有足够的底气坚定文化自信。实现文化大发展大繁荣,坚定文化自信是基础,我们要坚定不移地走中国特色社会主义文化建设道路,就必须保持对中国特色社会主义文化的强大自信心、强烈自豪感,精神奋发,斗争昂扬,勇往直前地走下去。

坚定文化自信,正是让我们坚守内心对社会主义的理想信念、向着中华民族伟大复兴的宏伟目标不断前行的精神动力。文化自信是对自身文化价值、文化建设道路充满自信。它是一种强大的精神力量,是保障文化安全,推动文化建设,健全文化机制的基本保证。文化兴则国运兴,以习近平同志为核心的党中央把"三个自信"提升为"四个自信",凸显了文化在中国特色社会主义事业全局中的重要地位,体现了中华民族在中国共产党的领导下对民族复兴伟大事业所怀有的坚定信心。

第一,要弘扬中华优秀传统文化。中华民族有着优秀的传统文化,它是中华民族经历了漫长的历史后所沉淀下来的精华与智慧,体现着中华民族坚强不屈的生命力、不屈不挠的战斗力,是中华民族屹立于世界民族之林的独特标识。

第二,要传承中国革命文化。中国革命文化是中国共产党领导人民群众在新民主主义革命实践中,以马克思主义为精神指导,以救亡图存、民族独立为奋斗目标,以凝聚人民军队和人民大众为主要旋律,所创造和发展起来的民族的、科学的、大众的文化。要充分发挥红色革命文化在社会建设、文化建设中不可替代的重要作用,补足精神之"钙",不忘使命初心,牢守理想信念,激发信仰力量。

第三,要建设社会主义先进文化。社会主义先进文化是在社会主义革命、建设和改革中创立和发展起来的反映先进生产力发展要求、反映社会主义经济基础和政治制度本质要求、反映最广大人民群众根本利益、反映社会生活本质和时代发展特征的文化。社会主义先进文化是推进中国社会主义文化建设、推动文化大发展大繁荣的重中之重，是我们当前文化建设的主干与支撑。

在新时代的历史背景下，在党带领全国各族人民不断前进的过程中，我们登上了文化建设一座又一座的高峰，这些伟大成就，是对中国特色社会主义文化事业的继承、发展和创新。在新的历史阶段，我国社会主义文化事业踏上新的征程，根据时代和实践的发展，不断推进着一次又一次的创新，推动了社会主义文化大发展大繁荣，为改革开放的伟大事业注入强大的动力与活力。

新的时代呼唤新的思想，促进新的实践，创造文化大发展大繁荣的伟大成就。马克思主义在意识形态领域的主体地位进一步加强，党的领导核心更加坚强有力，中国梦的伟大理想更加深入人心，中国特色的文化传统与价值导向得到了更好的传承与弘扬，文化事业、文化产业的发展更加生机蓬勃，国家文化软实力不断提升，中国在国际上的文化影响力和话语权不断加强，这些辉煌成就彰显了我国社会主义文化建设大发展大繁荣的伟大成果，推动着我国社会主义建设的不断进步。

第五章 提高保障和改善民生水平

人民对美好生活的向往，就是我们的奋斗目标。在全面建设和建成小康社会的道路上，中国共产党始终坚持以人民为中心的发展理念，始终坚持立党为公、执政为民的本质要求，始终坚持民生优先，谋民生之利，解民生之忧，不断增进民生福祉，不断改善民生水平，不断满足人民对美好生活的向往。

第一节 全面小康社会要坚持民生优先

悠悠万事，民生为大。保障和改善民生是社会稳定的压舱石，是社会发展的助推器。在全面建设、建成小康社会的过程中，民生建设始终处于重要位置。从某种意义上而言，全面建设小康社会到全面建成小康社会，是一部为民谋幸福的奋斗史，是中国共产党对人民兑现承诺的过程。

一、民生建设是全面建设小康社会的重要内容

(一) 民生领域是"全面"中的重要"一面"

全面建设小康社会涉及方方面面，是一个复杂的系统工程。所谓全面，是指各个领域、各个方面覆盖人口要全面、覆盖区域要全面。而民生建设只是"全面"中的"一面"，但这"一面"的地位很重要。到建党100年时建成经济更加发展、民主更加健全、科教更加进步、文化更加繁荣、社会更加和谐、人民生活更加殷实的小康社会。全面建成小康社会是实现中华民族伟大复兴的重要基础、关键一步。没有全面小康的实现，民族复兴就无从谈起。全面建成小康社会，标志着我们向着实现中华民族伟

大复兴迈出了至关重要的一步。全面建成小康社会,更重要、更难做到的是"全面"。"小康"讲的是发展水平,"全面"讲的是发展的平衡性、协调性、可持续性。覆盖的领域要全面,是"五位一体"全面进步的小康。千钧将一羽,轻重在平衡。人民生活水平全面提高,任何一个方面发展滞后,都会影响全面建成小康社会目标的实现。没有全民小康,就没有全面小康。全面建成小康社会,一个都不能少;共同富裕的路上,一个都不能掉队。不能一边宣布全面建成小康社会,另一边还有几千万人口的生活水平处在扶贫标准线以下。当前,影响实现全面建成小康社会目标的突出因素主要集中在民生领域,发展不全面的问题很大程度上也表现在不同社会群体的民生保障方面。全面小康,覆盖的区域要全面,是城乡区域共同发展的小康。小康不小康,关键看老乡。随着经济社会的发展,人民的民生诉求越来越高,关于民生的议题在政府工作报告中出现的频率越来越高,民生建设的重要性日益凸显。

（二）民生建设是社会建设的关键一环

民生改善是全面建成小康社会的关键一环,从"五有"拓展到"七有"。党的十七大提出的从改善民生为重点,社会建设的"五有"目标是:努力使全体人民学有所教、劳有所得、病有所医、老有所养、住有所居,推动建设和谐社会。党的十九大报告提出了民生建设"七有",即在幼有所育、学有所教、劳有所得、病有所医、老有所养、住有所居、弱有所扶上不断取得新进展。党中央高度重视,广大人民群众热切期待。

民生改善是全面建成小康社会的关键一环,民生问题改善与否直接关系着全面建成小康社会能否顺利实现。民生改善不仅可以为全面建成小康社会创造良好的社会氛围,还能为其提供持久的发展动力。首先,一个社会的发展肯定离不开和谐稳定的社会环境。通过不断改善民生,提高人民生活水平,使人民在就业、收入、医疗、养老、住房等方面得到基本保障,这不仅可以消除广大人民生活上的后顾之忧,解决他们生活上的难题，还能缩小社会阶层差距，维护社会公平。有效避免了社会不稳定因素的滋生，增进了社会和谐，营造的良好社会氛围也有助于全面建成小康社会的实现。其次，民生改善，社会稳定，多余的闲置资源就可以被充分调动起来，人力、物力、财力也可以被有效地运用到全面建成小康社会中来。广大人民群众不遗余力，积极参与，为全面建成小康社会建设提供力量保证，社会资源充分有效配置，为经济持续增长提供不竭动力，进而使全面建成小康社会具有持久的发展动力。

2012年11月15日发布的《全面贯彻落实党的十八大精神要突出抓好六个方面工作》指出："多谋民生之利，多解民生之忧，在学有所教、劳有所得、病有所医、老有所养、住有所居上持续取得新进展。"社会建设的核心内容是民生建设和社会治理。民生建设就是为了推动社会进步，追求社会的现代性。民生建设内容的关键词——幸福、公平、公正、质量、美好等，均属于现代性范畴，是人类社会永恒追求的生活目标，而且他们总处于变动的动态过程。"更高质量""更加美好""更加"彰显了民生建设的动态性。随着社会的发展和时代的推移，人们的需求也会产生新的变化，因此，民生建设永远在路上。

（三）民生建设是全面小康社会的落脚点

全面建成小康社会，不是一个"数字游戏"，也不是一个"速度游戏"，而是一个个具体实在的目标，是一件件让老百姓感到暖心、温馨的项目。全面建设、建成小康社会最终的落脚点是让改革开放成果全民共享，让人民生活过得更美好。在全面建成小康社会进程中，要落实以人民为中心的发展理念，想群众之所想，急群众之所急，解群众之所困，在幼有所育、学有所教、劳有所得、病有所医、老有所养、住有所居、弱有所扶上持续取得新进展。人民群众关心的问题是与自身相关的利益问题，即民生问题。相对于经济增长速度高一点还是低一点，民生问题更受老百姓关注和期待。只有解决好了人民群众普遍关心的突出问题，全面小康社会才是真正建成，人民群众才会真正认同。

二、改善民生是全面建成小康社会的应有之义

(一) 全面建成小康社会目标中承载满满的民生幸福

全面小康绝不是一时一地的小康,而是可持续、全区域的小康。这是我们乘势而上开启全面建设社会主义现代化国家新征程的必然要求。如期全面建成小康社会,既要坚持一定标准,又要防止好高骛远;既要考虑到2020年这个时间节点,又要立足于打基础、谋长远、见成效。风物长宜放眼量。只有建成高质量的小康社会,才能为实现第二个百年奋斗目标奠定更为牢靠的基础,才能开启全面建设社会主义现代化国家新征程,才能一步一个脚印,向2035年远景目标进军,从而实现中华民族伟大复兴。

党的十八大以来,以习近平同志为核心的党中央提出了全面建成小康社会新的目标要求,赋予了小康更高的标准、更丰富的内涵。全面建成小康社会,意味着经济高质量发展、人民生活水平和质量普遍提高、国民素质和社会文明程度显著提高、生态环境质量总体改善、各方面制度更加成熟更加定型。党的十八大报告提出全面建成小康社会的具体目标。在经济建设上,在优化结构和提高效益的基础上,国内生产总值到2020年力争比2000年翻两番,综合国力和国际竞争力明显增强。基本实现工业化,建成完善的社会主义市场经济体制和更具活力、更加开放的经济体系。城镇人口的比重较大幅度提高,工农差别、城乡差别和地区差别扩大的趋势逐步扭转。在社会建设上,社会保障体系比较健全,社会就业比较充分,家庭财产普遍增加,人民过上更加富足的生活。在政治建设上,社会主义民主更加完善,社会主义法制更加完备,依法治国基本方略得到全面落实,人民的政治、经济和文化权益得到切实尊重和保障。基层民主更加健全,社会秩序良好,人民安居乐业。在文化建设上,全民族的思想道德素质、科学文化素质和健康素质明显提高,形成比较完善的现代国民教育体系、科技和文化创新体系、全民健身和医疗卫生体系。人民享有接受良好教育的机会,基本普及高中阶段教育,消除文盲。形成全民学习、终身学习的学

习型社会，促进人的全面发展。在生态文明建设上，可持续发展能力不断增强，生态环境得到改善，资源利用效率显著提高，促进人与自然的和谐，推动整个社会走上生产发展、生活富裕、生态良好的文明发展道路。

深入分析全面建成小康社会的具体目标，结果发现，里面承载着满满民生幸福。经济建设、政治建设为民生建设提供了基础和保障，文化建设和生态文明建设本身就蕴含了民生内容。

（二）"改善"与"建成"充分体现结果和过程导向

从提出小康社会到全面建设小康社会，再到全面建成小康社会，体现了结果和过程导向。民生从基本保障到更高水平，也体现了结果和过程导向。由"建设"到"建成"，是党中央向全国人民作出的庄严承诺。党的十六大以来，我国经济建设、政治建设、文化建设、社会建设、生态文明建设全面推进，我们成功地迈上了三个大的台阶，即社会生产力、经济实力、科技实力迈上一个大台阶，人民生活水平、居民收入水平、社会保障水平迈上一个大台阶，综合国力、国际竞争力、国际影响力迈上一个大台阶，全面建成小康社会的目标已经基本实现。全面建成小康社会具体包含了五个方面的目标，一是经济发展方式得到根本转变，建成世界经济强国；二是社会建设取得显著进展，建成社会主义和谐社会；三是政治文明建设取得重要进展，建成社会主义民主国家；四是文化建设大发展大繁荣，建成社会主义文化强国；五是生态文明建设进入新阶段，初步建成绿色中国。

三、小康社会从"建设"到"建成"是民生水平不断改善的过程

（一）全面建成小康社会与民生建设在动态上高度契合

小康社会从"总体"到"全面"，从"建设"到"建成"，这是一个动态渐进过程。同样，民生建设也是一个动态渐进过程，而且，两者高度契合。社会的发展是一个持续的过程，民生问题也是一个动态的概念。在

不同的历史阶段，人们对民生需求不一样。

不同时期，民生领域的重点和难点可能会发生变化。保障和改善民生，是推动经济发展的根本出发点。就业、社保、扶贫、医疗、住房等是民生领域工作的难点、重点，关乎老百姓生活的方方面面。受2020年新冠肺炎疫情的影响，民生领域值得到更多重视。就业是最大的民生。稳定就业总量，改善就业结构，提升就业质量，突出抓好重点群体就业工作，确保零就业家庭动态清零。在养老和社会保障方面，要兜住基本生活底线，确保养老金按时、足额发放，加快推进养老保险全国统筹。2020年，脱贫攻坚已到了决战决胜、全面收官的关键阶段。要确保脱贫攻坚任务如期全面完成，集中兵力打好深度贫困歼灭战，政策、资金重点向"三区三州"等深度贫困地区倾斜，落实产业扶贫、易地搬迁扶贫等措施，严把贫困人口退出关，巩固脱贫成果。

(二) 全面建成小康社会与民生建设在功能上相辅相成

全面建成小康社会是解决民生诉求的重要途径。"五位一体"从本质上就是满足人民在经济、政治、文化、社会、生态的需求。全面建成小康社会中的"五位一体"实际上代表了民生诉求的五个维度：经济——物质维度，政治——政治维度，文化——精神维度，社会——社会维度，生态——生态维度。随着社会的发展，水涨船高，人民期盼更好的教育、更稳的工作、更满意的收入、更可靠的社会保障、更好的医疗服务、更舒适的居住条件、更优美的生态环境等。一言以蔽之，人民向往更好的生活。从广义上而言，这些诉求都是民生需求，但这些需求不仅需要民生建设，更需要经济建设、政治建设、文化建设和生态建设。因此，全面建成小康社会的过程，就是逐步解决民生诉求；全面建成小康社会目标，就是实现民生目标。

改善民生助力全面建成小康社会，为全面建成小康社会提供强大动力。历史唯物主义认为，生产力水平的提高有两条途径：生产工具的改进和生产关系的调整。通过民生建设的推进，让广大群众的生活有了基本保障，使其生活免除后顾之忧。因此，通过有效引导广大群众合理利用闲置资金，使社会资本充分流动起来，凝聚了用于社会发展和社会建设的资金，使社会发展的活力充分展现，经济生活的多样性充分彰显，人们创造财富的智慧源泉充分迸发，进而为全面建成小康社会提供强大的发展动力。

民生建设为全面建成小康社会营造良好的社会环境。全面建成小康社会的推进，需要和谐稳定的社会环境，经济社会的发展也需要一个良好的社会环境和社会基础。因此，全面建成小康社会，需要以良好的社会环境为基础，也需要以良好的社会环境为保障。通过民生建设的推进，特别是与广大人民群众利益密切相关的教育、医疗、就业、养老等民生难题的解决，使得广大人民群众的生活有了更加坚强有力的保障，免除了他们生活的后顾之忧，解决了他们生活中遇到的切实困难，缩小了社会阶层差距、身份差距，维护了社会公平，为全面建成小康社会营造了良好的社会环境，进而有效推动了全面建成小康社会的进程。

民生建设为全面建成小康社会提供可靠力量保证。全面建成小康社会是一个"共同建设、共同享有"的社会，需要最广大人民群众的积极参与，才能够集聚最广大人民群众的智慧，凝聚社会发展的合力，使得社会发展具有充分的群众基础和可靠的力量保证。只有根植人民、造福人民，党才能始终立于不败之地。民生问题关乎广大人民群众的切身利益，如果民生问题解决得不好，就会挫伤广大人民群众参与社会主义建设事业的积极性，弱化广大人民群众对党和政府的信任度，影响党执政的群众基础和社会基础。反之，如果民生问题解决得好，改革开放的成果、全面建成小康社会的成果与广大人民群众实现了共享，那么广大人民群众对党和政府的信任度就高，这也有助于调动广大人民群众参与全面建成小康社会历史进程的积极性和主动性，为全面建成小康社会提供可靠的力量保证。

第二节　民生建设的发展历程和历史性成就

治国之道，民为重，社稷次之。自古以来，中国就非常重视民生问题，将民生作为治国安邦的根本要点。中国改革开放40余年社会发展的历程告诉我们，中国的民生建设是基于中国现实国情、借鉴人类文明成果开辟的社会发展道路，是经过长期探索、经验积累、不断发展的正确选择。中国共产党的执政史和民生建设史一脉相承。民生建设在发展过程中节节高，特别是党的十八以来，取得了历史性成就。

一、民生建设诠释了为民初心

（一）一幅波澜壮阔的民生画卷

民生建设，是一幅幅"解温饱、提质量、促高端"的画卷。在岁月的更迭中，在中国共产党的正确领导下，在全国人民的共同奋斗下，一幅幅生机盎然的民生画卷映入眼帘。

"解温饱"构轮廓。新中国成立前，展现的是旧中国的千疮百孔场景："生产萎缩，交通梗阻，民生困苦，失业众多"。[①] 新中国成立初期，经济停滞不前，很多地方连温饱都成为问题。如在工业上，根据相关数据统计，由于帝国主义和国民党反动派的封锁，1949年全国农作物的歉收，原材料供应的不足，使得全国工业的开工率仅一半左右。[②] 为了解决这些民生问题，让饱受战争创伤的中华大地迅速恢复生机，以毛泽东同志为代表的第一代党和国家领导人开启绘制属于新中国新轮廓的征程。毛泽东同志曾说："世界上什么问题最大？吃饭问题最大。"中国共产党人秉持着"让

[①] 中共中央党史研究室：《中国共产党历史第二卷（1949—1978）》（上册），中共党史出版社2011年版，第19页。

[②] 李德彬编：《中华人民共和国经济史简编（1949—1985）》，湖南人民出版社1987年版，第53页。

绝大多数人有饭吃"的执政理念，制定了一系列解决人民大众温饱问题的策略。1952年，地主阶级彻底被消灭，千百年来农民耕者有其田的梦想实现了，人民大众最基本的温饱问题得到了初步的落实。

"提质量"绘底色。伴随着改革开放的炮声打响，提高生产力的发展越来越成为前进的重要方向，人民大众的基本生活需求逐渐得到保障。人民生活水平不断提高，农村贫困人口大幅减少，国家综合国力不断增强，中国已步入世界经济发展的快车道。

"促高端"调整体。习近平总书记在重要会议讲话中明确道明了当下人民大众的所期所盼：我们的人民热爱生活，期盼有更好的教育、更稳定的工作、更满意的收入、更可靠的社会保障、更高水平的医疗卫生服务、更舒适的居住条件、更优美的环境，期盼孩子们能成长得更好、工作得更好、生活得更好。习近平总书记指出："让老百姓过上好日子是我们一切工作的出发点和落脚点"。[①] 随着习近平新时代中国特色社会主义思想的发展，我国将民生建设与"两个一百年目标"有机结合起来，人民大众的生活从简单提高生活质量到从整体出发，面向高质量发展。根据党的十九届五中全会报告显示：目前脱贫攻坚成果举世瞩目，5575万农村贫困人口实现脱贫；粮食年产量连续五年稳定在13000亿斤以上；人民生活水平显著提高，高等教育进入普及化阶段，城镇新增就业超过六千万人，建成世界上规模最大的社会保障体系，基本医疗保险覆盖超过十三亿人，基本养老保险覆盖近十亿人。这是一幅人民越来越健康安详的民生画卷，在中国共产党的带领下，一届接着一届干，今天中国的民生画卷越来越美，越来越绚丽多彩。

（二）一颗永恒不变的为民初心

国家的稳固靠什么？当然是靠民心了！没有人民支撑的国家，是不能长期屹立不倒的。得民心者得天下，是千百年来不可抗拒的真理。以史为

---

① 中共中央宣传部编：《习近平总书记系列重要讲话读本》，学习出版社、人民出版社2014年版，第109页。

鉴，可以知兴替。追溯历史，唐太宗、明太祖能久安天下，创造一代盛世太平的繁荣景象，正是因为他们反对暴政，施行亲民、爱民政策。中国共产党一直践行"为民服务""以民为中心"，一直拥有永恒不变的为民初心，正是基于此，全面小康社会得以建成，全面社会主义现代化得以开启。

在中国革命和建设时期，毛泽东同志始终坚持从群众中来，到群众中去的群众路线。中国共产党彻底地为人民的利益而工作。改革开放后，邓小平同志把重心放在经济建设上，着力解放生产力，发展生产力，消灭剥削，消除两极分化。江泽民同志指出："始终保持同人民群众的血肉联系，是我们党战胜各种困难和风险、不断取得事业成功的根本保证。在任何时候任何情况下，与人民群众同呼吸共命运的立场不能变，全心全意为人民服务的宗旨不能忘，坚信群众是真正英雄的历史唯物主义观点不能丢。"[①] 习近平总书记在党的十九大报告中指出，中国共产党人的初心和使命，就是为中国人民谋幸福，为中华民族谋复兴。这个初心和使命是激励中国共产党人不断前进的根本动力。"守住初心，继往开来"，更是希望每一位共产党员能对自身灵魂进行叩问：我们最初的动力是什么？近百年来中国共产党付出的一切努力、进行的一切斗争、作出的一切牺牲，都是为了人民幸福和民族复兴。党的根基在人民、血脉在人民、力量在人民。透过党的历史长河，我们发现了不变的"影子"。无论当今世界局势如何变化，中国式的发展如何变革，不变的永远是：急群众之所急，想群众之所想，忧群众之所忧。这些不变是党在发展壮大中永恒不变的"初心"。

二、民生建设时间与路线图

中国共产党自成立以来，就一直秉持着全心全意为人民服务的宗旨，以实现中华民族伟大复兴为最终目标。随着时代的更迭，我国的国情、党情、民情也在不断发生着变化，我国的民生建设经历了从无意识到有意

[①] 江泽民：《在庆祝中国共产党成立八十周年大会上的讲话》，人民出版社2001年版，第11页。

识，再到科学规划的过程。党的十八大以来，以习近平同志为核心的党中央更加注重民生，提出了许多新的举措，从宏观到微观，从经济民生到法治民生，涵盖的内容十分广泛。民生建设更是与中华民族伟大复兴血脉相连。一部中国共产党的历史，就是一部不断推进的民生建设史。

(一) 党的文件中民生建设时间表与路线图

新中国成立初，毛泽东同志提出为人民服务的宗旨，创立依靠群众并回归群众的工作方法。尽管当时社会经济发展的起点低、基础差，但在教育、就业、医疗、住房、养老等民生领域的建设方面，远远走在发展中国家的前列。改革开放后，邓小平同志提出了小康社会的设想，主张实行社会主义市场经济，将党和国家工作重点转移到经济建设上来，开启了我国民生事业的新征程。党的十三大制定"三步走"战略，第一步目标就是要解决人民的温饱问题。20世纪80年代末，在我们党的领导下，中国人民基本上解决了温饱问题。中国共产党的民生建设开始慢慢步入使人们富起来的阶段。2002年，党的十六大提出到2020年全面建设小康社会的奋斗目标，首次将"民生"一词写入党的报告，正式提出了经济、政治、文化建设"三位一体"的民生建设方案。2003年，党中央提出"权为民所用，情为民所系，利为民所谋"的执政理念。2007年，党的十七大可以说是一场民生的盛宴，在报告中明确提出了加强以改善民生为重点的社会建设，首次对民生问题进行了系统且全面的正式阐述，把"社会建设"与"经济建设、政治建设、文化建设"并列，将"三位一体"的民生建设方案发展为"四位一体"，提出了改善和保障民生的"五有"目标。不仅为我国社会建设指明了发展方向，更是我们党的宗旨在新形势下的生动体现，也是贯穿科学发展观的必然要求。

在党和国家建设小康社会的进程中，人民群众逐渐富起来。经过五年的努力，党在实现"五有"目标方面取得了显著进展。党的十九大把保障和改善民生放在了更突出的位置，更是把扶贫工作纳入"五位一体"总体布局和"四个全面"战略布局，全面打响了脱贫攻坚战。全面脱贫作为社会民生建设最重要的一部分,大会中提出了"精准扶贫"战略,将保障式扶贫与开发式扶贫相结合,为贫困人口提供一个最基本的生存空间,提高他们的生存安全感。同时,报告中"生态文明建设"单独列为一部分,可见它已经成为党保障和改善民生的新领域。习近平总书记指出:"良好生态环境是最公平的公共产品,是最普惠的民生福祉"。① 党和政府推出一系列改善民生和创新社会管理的重大措施。这些措施并不是空洞的,都是从人民的利益出发,从现实国情出发。也表明我们党的工作重心已经慢慢从经济建设到经济和民生并重的转变。我们社会主义现代化建设再好,再漂亮,最终也要体现在民生建设上。

2012年,党的十八届一中全会明确强调要正确认识和把握以保障和改善民生为重点的社会建设要求。党的十七大报告指出,我们党要努力在使全体人民学有所教、劳有所得、病有所医、老有所养、住有所居方面不断取得新进展。2013年,党的十八届二中全会提出行政改革路径,致力于助推构建服务型社会,强调要进一步做好服务保障和改善民生工作,时刻把群众安危冷暖放在心上,落实好各项惠民政策。重申我们党需要不断在实现全体人民学有所教、劳有所得、病有所医、老有所养、住有所居目标上取得实实在在的进展。制度的稳定性对民生建设极为关键。2013年,党的十八届三中全会开启了我国改革开放新的历史阶段,全会通过了《中共中央关于全面深化改革若干重大问题的决定》,通过全面深化改革的决策,重新确立制度和体制,从而更好地保障社会的公平正义。在部署的60项改革中,有18项是关乎民生的,包括教育、就业、收入、社保和医药等创新改革,逐步形成合理有序的收入分配格局。2014年,属于民生领域立法的一年。党的十八届四中全会通过全面推行依法治国,加强社会组织立法来保障民生建设的公平性和透明性。如在社会建设领域,通过最低生活保障制度、重特大疾病救助制度、全国养老金统筹改革等规定来保障人民最基本的

---

① 中共中央宣传部编:《习近平总书记系列重要讲话读本》,学习出版社、人民出版社2014年版,第123页。

权益，维护社会的公平正义，完善民生建设。

根据人民需求的多样化，民生建设踏上了新的征程。在党的十八大报告中，"人民"二字重千钧，关于民生的论述贯穿于多个部分、渗透在字里行间。党的十九大报告开宗明义，指出大会的主题是：不忘初心，牢记使命。要求全党牢记人民群众的利益和需要。对民生事业的发展作出了明确的论述："我国社会主要矛盾已经转化为人民日益增长的美好生活需要和不平衡不充分的发展之间的矛盾。"[1] 主要矛盾的变化意味着人民群众的需求已经不仅仅局限于提高物质生活水平，他们期待有更好的衣食住行，期待更高层次的小康社会，他们期望拥有高质量的美好生活。因此，习近平总书记指出围绕加强社会主义社会建设，要始终注重落实以民为本、以人为本的执政理念，以保障和改善民生为重点，彰显着一个政党以人民为中心的执政追求，更表明改善民生不仅需要在思想上高度重视，而且在实践中也需要提供充足的动力支持，始终在实践中做好普惠性、基础性、兜底性民生建设，不断提高人民群众的生活水平。

2020年，新冠肺炎疫情突如其来，我国发展面临的风险挑战前所未有，目前，全面建成小康社会胜利在望，习近平在新时代治国理政的实践中，第一步走战略"到2020年实现国内生产总值和城乡居民人均收入比2010年翻一番，全面建成小康社会"的目标即将实现。这里的小康是指惠及全民生活质量提高的小康。中华民族伟大复兴向前迈出了新的一大步，民生建设更突出地放在推动人民大众生活高质量的发展上。党的十九届五中全会针对收入、就业、教育、养老等百姓高度关注的民生课题系统性部署。大会更是突出强调改善人民生活品质，提高社会建设水平。

（二）政府工作报告中民生建设清单与红包

改革开放以来，政府工作报告以一系列务实的举措，勾勒出民生建设的繁荣走向。民生为政之要，必须时刻放在心头，每一份政府工作报告背

---

[1] 习近平：《决胜全面建成小康社会 夺取新时代中国特色社会主义伟大胜利——在中国共产党第十九次全国代表大会上的报告》，人民出版社2017年版，第11页。

后都是浓浓的为民情怀。

  2013年的两会,是在党的十八大后召开的第一次两会。在此次会议中,"三农"问题和就业教育问题成为民生热点。政府通过采取一系列的措施进行改善,如通过保障农村土地制度,鼓励农业发展以及注重农村基层设施的建设来解决"三农"问题。通过以就业优先,加大财政投入和政策支持,完善就业服务体系,合理促进就业等。2014年被称为中国全面深化改革的"元年",历时11天的两会更是备受国内外舆论关注。两会上,"三个'最严'""保'舌尖上的安全'""向污染宣战""养老并轨"等十个民生热词,更彰显了政府浓浓的为民情怀。李克强总理提出"地方要优化整合扶贫资源,实行精准扶贫,确保扶贫到村到户"。[①] 这是政府在民生领域对扶贫发出的一个强烈信号。在2015年政府工作报告中再次提出"持续打好扶贫攻坚战,深入推进集中连片特困地区扶贫开发,实施精准扶贫、精准脱贫"。件件实事,充分体现了政府对于民生问题的关怀,让全国人民切实享受改革发展带来的种种实惠。李克强总理在2015年政府报告中提出要"织密织牢民生保障网,增进人民福祉",表明了党和政府对于民生保障的新思路。委员们、代表们围绕国计民生的一系列问题畅所欲言、建言献策。在2015年的两会上,委员、代表围绕"四个全面"战略布局进行了热烈讨论,使"四个全面"从"规划"走向"施工"有了广泛的民意基础。"养老服务""未成年人保护""医疗改革""孤儿寄养""教育公平"等一系列最现实的民生话题,成为提案议案,委员们、代表们建真言、献良策。2016年全国两会也不负众望,在这一年的政府工作报告中有对上一年工作的回顾、"十三五"时期的规划和2016年的工作部署,其中用较大的篇幅来阐述保障和改善民生。特别针对全面开放"二孩"后的生育指导提出一系列措施,给看不见的地下网铺一张安全网等。2017年是实施"十三五"规划的重要一年,也是全面建成小康社会的攻坚

---

① 中共中央文献研究室编:《十八大以来重要文献选编》(上),中央文献出版社2014年版,第846页。

之年。2017年两会报告，从减少农村贫困人口1000万以上到全部取消药品加成，从开展养老院质量的专项行动到实现中央环保督察全覆盖，推进新型城镇化，实现进城落户1300万人以上，再到取消手机国内长途和漫游费，更多地惠及民生热点。① 2018年全国两会是党和国家非常重要的一次会议，是改革开放40周年的一次会议，更是全面建设小康社会、走向社会主义现代化的蓝本。2019年习近平总书记反复强调民生保障。李克强总理对社会关注的、民众关注的一系列问题提出诸多新策略，着重强调加大民生保障兜底力度。在2020年的政府工作报告中，更是给出了一组针对民生热点难点的新政策"加减法"，强调"面对困难，基本民生的底线要坚决兜牢，群众关切的事情要努力办好"，要分别落实好加强公共卫生体系建设、提高基本医疗服务水平、推动教育公平发展和质量提升、加大基本民生保障力度、丰富群众精神文化生活、加强创新社会治理、强化安全生产责任等七项民生任务②。2020年5月22日，由于新冠肺炎疫情，十三届全国人大三次会议"姗姗来迟"，但民生议题和民生建设没有滞后。强调人民至上，加强困难群众基本生活保障，部署织密公共卫生防护网。越是特殊时期，越要加强民生兜底工作，保障每一位居民的就业和生活。

民之所好好之，民之所恶恶之。时代是出卷人，人民是阅卷人。保障民生，发展民生是中国砥砺奋进过程中的一份答卷，随着一项项民生政策的落实，一笔笔财政的支出，相信民生这份答卷会越来越好。

三、民生工作落地落实

(一) 民生政策持续给力

近年来，我国坚持以人为本，注重民生的建设，民生改革扎实推进，

---

① 《2017年政府工作报告》，中国政府网，http://www.gov.cn/zhuanti/2019qglh/2019zfgzbgdzs/2019zfzgbgdzs.html。

② 《2019年政府工作报告》，中国政府网，http://www.gov.cn/zhuanti/2019qglh/2019zfgbgdzs/2019zfzgbgdzs.html。

政府财政支出不断向民生建设领域倾斜。纵观中国这几年的发展历程，数百项惠民政策、民生项目持续推进。时至今日，全国各地的人民群众，从幼有所育、学有所教、劳有所得、病有所医、老有所养、住有所居、弱有所扶等方方面面，切实感受到了民生建设给生活带来的巨大变化，提升了其获得感、幸福感、安全感。

各地区各部门认真落实党中央、国务院部署，大幅压减政府支出，加大基本民生保障，2020年前三季度养老金和离退休金人均同比增长8.7%，社会救济和补助人均增长12.9%。2020年以来，我国养老保险覆盖人数已超过9.25亿人，基本医疗保险覆盖人数已超过13.5亿人，基本实现全面参保。企业退休人员基本养老金自2005年至2018年连续14年上调，待遇稳步提高。全国城乡基本养老保险参保率、职工基本养老保险待遇均有提高。全国城乡基本养老保险参保率由2015年的74.73%上升到2017年的77.97%，全国城乡养老保险覆盖率由2015年的77.59%扩大到2017年的82.02%，全国城镇职工月人均养老金支出由2015年的2354.09元提高到2017年的2873.98元。①

民生投入持续加大。在教育投资上，我国力求巩固完善城乡统一，重在农村的义务教育经费保障机制，提高中西部生均公用经费基准定额。我国针对基础教育相关转移支付资金高达2392.76亿元，比2019年增加144.22亿元，增长6.4%。落实完善学生资助政策。下达学生资助补助经费537.68亿元，比上年增长6.6%，预计惠及普通高中学生691.8万人次、中等职业教育学生1494万人次、高等教育学生848.6万人次。在养老、就医和教育等最为基础的民生问题逐渐改善的同时，2020年作为特殊的一年，就业形势异常严峻，我国将稳就业、保就业当作2020年民生建设的重点领域。2020年全国各级财政共安排就业补助资金为1074亿元，其中中央财政安排547亿元，支持社会保险补贴、公益性岗位补贴、就业见习补

---

① 《国家统计局新闻发言人就2020年前三季度国民经济运行情况答记者问》，国家统计局，http://www.stats.gov.cn/tjsj/sjjd/202010/t20201019_1794729.html。

贴，以及求职创业补贴等各项就业创业扶持政策。数据显示，2016—2019年全国各级财政安排的就业补助资金，年均增长4.2%。其中中央财政居主导地位，年均增长7%。通过一系列惠民和就业政策，2020年上半年，全国居民人均可支配收入15666元，比上年同期名义增长2.4%。其中，城镇居民人均可支配收入21655元，增长1.5%；农村居民人均可支配收入8069元，增长3.7%。2020年，中央财政发放扶贫资金1461亿元，连续5年保持每年200亿元增量。[①] 资金分配时，逐渐从重点向"三区三州"和"三区三州"之外贫困人口多、贫困发生率高、脱贫难度大的深度贫困地区以及挂牌督战地区倾斜。

（二）民生项目遍地开花

忽如一夜春风来，千树万树梨花开。乘着党的十八大的东风，一批涉及水、电、路基础设施建设、产业发展等民生项目完工，又有一批大项目新开工。2019年9月11日，国务院常务会议再次强调，要以民生需求为导向培育经济新增长点，加大政府支持带动社会力量投入，增加普惠优质的教育、医疗、养老、托幼等服务供给项目，尊重居民意愿，加大城镇老旧小区改造力度，持续推进棚户区改造，研究支持建设一批惠及面广、补短板的民生重大工程。

1. 养老建设未来可期

各省市正集体致力于实现养老保险全国统筹。如湖南省，2014年以来先后出台养老服务政策文件40多件，将65%以上福彩公益金用于养老服务体系建设。养老服务业作为全省10项重点服务产业和6个重点消费热点培育发展，连续14年将农村特困人员供养服务机构建设纳入重点民生项目，连续3年将"新增养老院、新增床位2万张"纳入重点民生项目，连续5年将基本养老补贴覆盖率、连续两年将每千名老人拥有养老床位数纳入全面建成小康社会监测考评指标，将农村养老服务体系建设纳入湖南省

---

① 财政部调研小组：《2020年上半年中国财政政策执行情况报告》，中华人民共和国财政部，http://www.mof.gov.cn/zhengwuxinxi/caizhengxinwen/202008/t20200806_3563343.htm。

乡村治理三年行动计划。南京推动医养深度融合。新增老年人日间照料中心14个，为5000名失能、半失能老人提供家庭适老化改造；新增10家养老机构内设医疗机构，新增2400张护理型床位等。

2. 看病难开始不"难"

党的十八大以来，实行60多年的药品加成政策已经取消，居民个人卫生支持占卫生总费用的比重下降到30%以下。与此同时，不断推进医疗"硬件"和"软件"供给侧改革，提高供给的量和质，不断满足人民群众的医疗服务需求，让看病难不再"难"。比如，山东省致力于完善医疗保障。2019年，将苯丙酮尿酸症患者治疗必需的特医食品纳入医疗救助和慈善救助范围，将唇腭裂患者治疗费用和脑瘫等残疾儿童、孤独症儿童必需的医疗康复项目纳入了医保基金支付范围。将重度精神障碍患者纳入医保门诊慢性病保障范围，取消门诊慢性病起付线。扩大异地就医定点医疗机构和异地联网结算覆盖范围，山东省开通跨省联网定点医疗机构达2609家，对认定标准一致的门诊慢性病试行省内联网结算，切实为群众异地就医结算提供便利。在2019年12月全国医疗保障系统行风建设专项评估中，山东省医疗保障经办服务综合得分位列全国第1名。

3. 住房保障全面提速

坚持践行"房子是用来住的，不是用来炒的"定位原则，各地都在加快建立多主题供给、多渠道保障、租购并举的住房制度。如山东省，2019年底前，省财政安排老旧小区改造补助资金2.3亿元，带动市县财政、水气暖专营公司投入13亿元，吸引社会资本投入，改造全省老旧小区项目881个。贵州省重点推动和支持老年人口较多、符合改造条件的老旧住宅小区施行加装电梯项目，有条件的地方积极引导城乡老年人家庭进行适老化改造。2019年，安徽省加快保障性住房建设，全省新开工保障性安居工程23.11万套。

4. 城乡建设日趋完善

城乡各项公共设施在不断完善。如广东省新建和提升改造一批农村厕所、中小学厕所和城市厕所。完成农村户用厕所无害化改造7万户，支持1700所以上中小学改造厕所，新建和提升改造旅游厕所800座以上、城市公厕450座以上。贵州省改造15万户农村户用卫生厕所，建设3100个农村公共厕所、285个旅游厕所、350个城镇社区公共卫生厕所。截至2019年12月底，河南省已经完成无害化卫生厕所改造305万户。在农村交通建设方面，四川省建成农村公路10573.3公里，占目标任务的176.2%；在国省干线公路养护管理方面，国省干线公路路面使用性能指数达到83，占目标任务的101.2%；在农村安全饮水巩固提升方面，解决16万建档立卡贫困人口饮水问题，占目标任务的100%。①

5. 落实教育改革

党的十八大以来，党中央进一步落实一系列教育改革措施，着力建设学习型社会。我国新增劳动力平均受教育年限已超过13.3年，相当于大学一年级水平。如广东省，增加学前教育公办学位供给。2019年新增公办幼儿园学位100万个，实现公办幼儿园在园幼儿占比达50%、公办幼儿园和普惠性民办幼儿园在园幼儿占比达80%以上的目标。健全学前至普通高中各学段生均经费保障制度。全省学前教育生均公用经费最低标准由每生每年300元提高到400元，义务教育生均公用经费拨款标准继续保持在全国前列，全省公办普通高中生均公用经费最低标准由每生每年500元提高到1000元。湖北省，2019年新建改扩建公办幼儿园177所，改善办园条件488所，新建75所义务教育学校并投入使用，新建改扩建49所高中学校。筹集高职专项资金5.6亿元，加快改善职业院校办学条件。实现全省农村教学点数字资源全覆盖。全省1529名失学辍学的建档立卡贫困家庭学生已全部销号。

6. 社会救助工程

农村"三留守"群体和残疾人群一直是社会关注的焦点问题。各省市

---

① 《2018年全省十项民生工程及20件民生实事完成情况》，四川省人民政府，http://www.sc.gov.cn/10462/10464/10797/2019/1/11/e75da7c2231848d783a4f94fd166678e.shtml。

着力健全弱势群体关爱服务体系，确保他们基本生活得到照料、公共服务得到保障。如河南省，截至2019年基本实现0到6岁残疾儿童康复救助的应救尽救。21215名0—6岁各类残疾儿童得到康复服务，完成年度目标任务的117.86%。全省17个省辖市和济源示范区均已完成或超额完成年度目标任务。四川省已为102万名重度残疾人发放护理补贴，占目标任务的121.4%。为1.2万户贫困重度残疾人家庭提供家庭无障碍改造，占目标任务的120%。

一个个数字、一项项举措的背后，是看得见摸得着的成就，是群众实实在在的获得感、幸福感、安全感。这些项目的扎实落地，最根本的是以习近平同志为核心的党中央坚强领导的结果，是习近平新时代中国特色社会主义思想正确指引的结果。

（三）民生短板日益补齐

民生项目在一次次更新时，重点领域关键环节改革任务仍然艰巨，如创新能力不适应高质量发展要求，农业基础还不稳固，城乡区域发展和收入分配差距较大，生态环保任重道远，民生保障存在短板。党和政府坚持不懈补齐短板，坚持以人民为中心的发展理念，从破解民生热点、难点、痛点入手，加快补齐各项民生领域短板，在发展中保障和改善民生，使得我国民生短板日益补齐。

以习近平同志为核心的党中央不忘初心、牢记使命，团结带领全党全国人民砥砺前行、开拓创新，奋发有为推进各项民生短板事业。党的十七大报告提出"努力使全体人民学有所教、劳有所得、病友所医、老有所养、住有所居"，党的十八大报告提出"在学有所教、劳有所得、病有所医、老有所养、住有所居"上持续取得新进展，党的十九大报告将"幼有所育、弱有所扶"加入其中，这一具体而突出的变化，更精准、更全面地补齐民生短板。

我国走中国特色社会主义民生发展道路，坚持以人民为中心的发展思想，坚持"守住底线、突出重点、完善制度、引导预期"的工作总原则，把"幼有所育、学有所教、劳有所得、病有所医、老有所养、住有所居、弱有所扶"作为民生工作重点，持续加大民生投入，精准补齐民生短板。当前，我国已建成世界上规模最大的社会保障体系，基本医疗保险覆盖超过十三亿人，基本养老保险覆盖近十亿人，民生保障短板正在缩小。在过去的五年里，我国不断增强自身的机遇意识和风险意识，立足社会主义初级阶段基本国情，保持战略定力，认识和把握发展规律，不断补齐民生短板。当然，补齐民生短板不可能一蹴而就，今后要继续贯彻落实习近平新时代中国特色社会主义思想，加强普惠性、基础性、兜底性民生建设，持续补齐民生短板。

四、民生答卷越来越精彩

习近平总书记指出："时代是出卷人，我们是答卷人，人民是阅卷人"。在党的领导下，在全面建设、建成小康社会进程中，民生答卷越来越精彩，人民群众的民生满意度越来越高。民生建设只有进行时，没有完成时。我们要立足于国情、民情，持续推进民生项目和民生工程，不断回应人民群众对美好生活的新期待和新要求。

（一）群众说好才是真正的好

立足民生关切点，做好民生工作。根据城乡居民的民生需求变化和民生诉求，开展民生项目和民生工作。只有让群众说好，才是真正好的民生工作。民生工作的初心就是满足人民群众对美好生活的向往。

让群众觉得好，要站在民众立场上规划民生项目。有些大肆鼓吹的"好事"，群众不一定认可；有些听着不错的"好事"，群众不一定接受；有些阵势很大的"好事"，群众不一定感兴趣。在为民办实事上，可能立场不同、角度不同，所能接收的反映不同，效果亦不同。不该办的实事办了，应该办的实事未办，这是真正的"得不偿失"。因此，民生工作的出发点和落脚点要站在人民群众的角度，想人民所想，急人民所急。习近平总书记曾说，多做雪中送炭的重点民生工作。2020年，新冠肺炎疫情让群众增添了更多操心、烦心、堵心的事,保障和改善民生任务繁重。要坚持"六稳"和"六保"工作,保障疫情影响下经济受损的群众的基本生活,要坚持保居民就业、保市场主体、保基层运转、保产业链供应链,解决好人民群众反映强烈的问题。

群众在哪里,民生实事就延伸到哪里。让群众获得感增强,让群众发自内心的点赞,关键在聚焦群众关切,采取务实行动。民生无小事,事事皆重要。每一个地方,无论是城市还是乡村都是群众安居乐业的空间,中国日益走近国际舞台,各级干部更要养成聆听群众呼声、及时采取措施回应群众渴求的"自觉"。我们要推进"社会自治化",更要走进群众"闲聊",用群众的第一感受来检验民生项目的成效。

人民群众的民生满意度不断提高。根据国务院发展研究中心"中国民生调查"课题组2013—2017年度的调查数据,城乡居民对于生活整体满意情况表示"非常满意""满意"的比例始终保持在50%左右,表示"一般"的比例在40%左右,仅有不足10%的居民表示"比较不满"和"非常不满";对未来的信心也始终维持在高位水平,2017年对未来"很有信心""比较有信心"的比例达到71.5%,"一般"的比例为18.5%,仅有8.6%的居民表示"比较没信心"和"很没信心"。[①] 同时,城乡居民对社会治安、食品安全、生态环境、就业、社会保障、政府服务等领域的民生满意度总体保持增长趋势。

(二)人民生活发生了巨大变化

从1978年党的十一届三中全会到2020年,改革开放已经走过42年的历程。42年间既有筚路蓝缕、一山放过一山拦的艰辛,也有柳暗花明、堂堂溪水出前村的欣喜。正因经历了风暴才见到了今天的彩虹。中国经济的腾飞,综合国力的提升,人民生活越来越好,都在告诉着我们中华民族已经迎来了从站起来、富起来到强起来的伟大历史性飞跃。改革开放以来的

---

① 国务院发展研究中心课题组:《中国民生调查2018》,中国发展出版社2018年版,第23页。

42年，是中国走向富强的42年，也是人民生活发生翻天覆地变化的42年。

党的十八大以来，社会生产力发展水平大幅度提升，以习近平同志为核心的党中央提出了一系列具有开创意义的新理念新思想新战略，形成了习近平新时代中国特色社会主义思想。中国的目标不再是实现总体小康，而是实现全面小康。中国社会主要矛盾不再是"人民日益增长的物质文化需要同落后的社会生产之间的矛盾"，而是已经转化为"人民日益增长的美好生活需要和不平衡不充分的发展之间的矛盾"。在今天，人民群众不再仅仅满足于物质文化生活的获得感，而是对民主、法治、公平、正义、安全、环境等方面也提出了新的要求。

全面建成小康社会路上，基本民生越来越有保障。1978年末，我国农村贫困发生率为97.5%，2019年，农村贫困发生率降至0.6%。中国的贫困人口在减少，中等收入人口在大幅度增加，就业局势总体稳定，实现了比较充分的就业。1952年，全国就业人员2亿人，到2019年，全国就业人员达到8亿人，大量农村富余劳动力向城镇转移；社会保障不断完善，人民生活安全感不断提升。全国城乡基本养老保险参保率由2015年的74.73%上升到2017年77.97%，全国城乡养老保险覆盖率由2015年的77.59%扩大到2017年的82.02%，如今，我国基本养老保险覆盖超过9.25亿人。①

全面建成小康社会路上，民生质量越来越高。居民收入持续增加，消费水平不断提升。1952年，全国居民人均可支配收入为98元，人均消费支出为88元，到2020年上半年全国人均可支配收入达15666元，人均消费支出9718元。② 从追求耐用消费品到追求时髦、讲名牌的消费品。从

---

① 《中华人民共和国2019年国民经济和社会发展统计公报》，国家统计局，http：//www.yunfu.gov.cn/yftjj/gkmlpt/content/1/1299/post_1299760.html。

② 《国家统计局新闻发言人就2020年前三季度国民经济运行情况答记者问》，国家统计局，http：//www.stats.gov.cn/tjsj/sjjd/202010/t20201019_1794729.html。

"票证"年代到社会主义市场经济时代,从步行出门到飞机、高铁多样化的出行工具时代,从"谈人色变"的年代到民主法治的快速推进等,经济发展,社会进步,人民生活改善,中华民族走上了伟大复兴之路。时代的脚步继续前进,与百姓生活息息相关的衣食住行依然在不断地进步中,影响着人们的生活观念和生活方式。大家都在感受着新中国带给我们的文明、富裕,享受着新中国带来的幸福安康的生活。

(三)人民有了更多获得感、幸福感、安全感

党的一切工作,必须以最广大人民根本利益为最高标准。人民对美好生活的向往,就是我们的奋斗目标。民生建设,归根结底,就是不断提高人民群众的获得感、幸福感和安全感。

让人民拥有更多获得感、幸福感和安全感,这是党和政府一切工作的根本出发点和落脚点。改革开放以来,特别是党的十八大以来,我国在发展经济的同时,致力于改善民生,一项项民生举措不断出台,一个个政策红包不断输出,一批批惠民工程不断实施,以最广大人民根本利益为最高标准,真正做到全心全意为人民服务。党的十八大以来,民生领域改革持续推进,一系列惠民政策正在不断增强人民群众的获得感、幸福感和安全感。让人民群众有完备的医疗保障体系,受到更好的教育、拥有更稳定的工作和更满意的收入、获得更可靠的社会保障、居住于更舒适的社区环境,享受更丰富的精神文化生活,是党一切工作的出发点和落脚点,旨在为人民谋利益、谋幸福。

"生活越来越好",这是人民群众的共同心声。中国秉持"不忘初心、牢记使命",立足长远,统筹规划,为中国人民谋幸福,着力实现全面建成小康社会的宏伟蓝图,让人民群众共享改革发展成果。今天,在新时代新征程中,党在民生领域取得了新进展新成效:实施区域协调发展战略,将加快中西部地区发展,缩小区域发展差距,使越来越多的人生活富裕起来;人民生活持续改善,脱贫攻坚战略得到扎实推进,基本实现全民脱贫;百姓消费价格年均上涨1.0%,新增就业近年超过六千万,百姓的钱

袋越来越鼓，大部分不再为柴米油盐酱醋茶发愁；社保体系构建社会安全网在不断完善，社会养老保险覆盖9亿多人。基本医疗保险覆盖13亿多人，他们应对生活的风险力不断提升，让大部分深处困境的百姓都能得到社会的关爱和温暖；基本公共服务均等化水平逐步提升；城乡教育一体化正在推进，更高层次的教育需求不断被满足，每个孩子都享有公平而且有质量的教育，都有机会通过教育改变自身命运；注重生态环境治理，绿色生产和绿色生活方式得以普及。

以政府过"紧日子"换来老百姓过"好日子"。突如其来的新冠肺炎疫情加大了经济下行压力，在减税降费力度空前的背景下，湖南省财政保民生的力度只增不减，以政府过"紧日子"换来老百姓过"好日子"。2019年，全省的民生支出在财政总支出的占比达到70.3%。办人民满意教育，湖南省推出一系列务实举措，力保每个孩子都能享受到公平、优质的教育。2017年至2019年，"消除义务教育大班额"连续被列为全省重点民生实事项目，九年义务教育巩固率稳定在98%以上。实施健康湖南行动，着力提升医疗卫生服务水平。湖南人均预期寿命从2015年的75.9岁提高到2019年的77.1岁，全省婴儿死亡率由2015年的3.92‰下降至2019年的3.03‰，优于全国"十三五"目标值。"钱袋子"越来越鼓，老百姓追求美好生活的底气越来越足。2015年至2019年，全省居民人均工资性收入从9827元上升到13918元，增长41.6%。2019年，全省全体居民人均可支配收入达到27680元，提前超额完成"比2010年翻一番"的目标。①

党和政府始终坚持兜牢底线编密织牢民生基本网络，狠抓民生工程，持续加力补齐民生短板，以提质增效，优化和改善人民群众的生存和生活环境，提升人民生活品质，让人民群众的获得感、幸福感和安全感不断攀升。今天，从城市到农村、从街道到小区，可以看到一幅绚丽多彩的民生画卷，可以感受到全面建成小康社会带来的欢乐、幸福和红利。

---

① 《奋力建设富饶美丽幸福新湖南——写在省委十一届十二次全会召开之际》，湖南省人民政府门户网站，http://www.hunan.gov.cn/topic/sjjwzqh/hnxd/202012/t20201201_13972387.html。

第三节 全面建成小康社会进程中民生建设的经验与启示

在全面建成小康社会进程中，我国民生建设取得了决定性成就和关键性突破。党领导的民生建设，走的是一条不断满足人民的需求、解决民生问题和增进民生福祉的道路，经历了一个由被动到主动、由自发到自觉、由局部到全局的发展历程。回顾全面建成小康社会进程中民生建设的历史过程，可以从中总结出许多宝贵经验和深刻启示。

一、坚持把人民对美好生活的向往作为奋斗目标

随着社会发展和社会主要矛盾的转变，人们的民生关切和诉求呈现新的特点，总体而言，人们希望生活越来越好。党的十九大报告指出：中国特色社会主义进入新时代，我国社会主要矛盾已经转化为人民日益增长的美好生活需要和不平衡不充分的发展之间的矛盾。社会主要矛盾的转变，意味着一个时代议题的历史性转变。在民生建设中，我们始终紧紧扭住这个奋斗目标，一茬接着一茬干，一棒接着一棒跑，干得越来越有劲，跑得越来越长远，全面建成小康社会宏伟蓝图如期展现在世界眼前。

（一）一个好社会就是让人民生活越来越美好

党的十八大报告指出的这种历史性的转变，意味着新时代下，党的工作要不断向民生福祉、民生社会等方向靠拢和贴近，要求党在构建美好社会、满足人民需要、促进人民福祉等方面要不断做出更多的努力和尝试。2017年10月18日，习近平总书记在党的十九大报告中，多次提及"民生"一词，充分表明了党和政府对于满足人民日益增长的美好生活需要、构建满足人民美好生活需要社会的高度重视和工作决心。

一个社会，是现代人用以生存和生活的环境总和。一个好的社会，就是要让人民的生活越来越美好。如何建设一个好的社会，让人民的生活越

来越美好？要解决的首要问题就是脱贫攻坚。脱贫攻坚战是一项需要长期坚持而又意义重大的任务，脱贫攻坚战的胜利与否，标志着我们能否在2020年如期实现全面建成小康社会的重大目标，也是我们党能否建设一个美好社会的重要基石。

2019年，农村贫困人口减少1109万，贫困发生率降至0.6%，脱贫攻坚取得决定性成就。① 2020年10月29日，中国共产党第十九届中央委员会第五次全体会议通过的《中共中央关于制定国民经济和社会发展第十四个五年规划和二〇三五年远景目标的建议》中指出，预计二〇二〇年五千五百七十五万农村贫困人口实现脱贫。② 习近平总书记在党的十九大报告中指出：党的一切工作必须以最广大人民根本利益为最高标准。要坚持把人民群众的小事当作自己的大事，从人民群众关心的事情做起，从让人民群众满意的事情做起，带领人民不断创造美好生活。

一个好的社会，就是让人民的生活越来越美好。贫困是一个社会不稳定的主要因素之一，是影响构建和谐美好社会的最大绊脚石。2020年是我国迈向全面小康社会、取得脱贫攻坚战胜利的收官之年、决胜之年。取得脱贫攻坚战的胜利，能够有效缓解城乡和区域之间的经济差异，进一步控制和解决收入分配不平等所带来的问题，削减贫富差距过大的不利影响；为促进社会和谐稳定、民族团结友爱、国家富强繁荣，构建满足人民美好生活需要的社会，实现让人民生活越来越美好的愿景奠定了稳固基石。

（二）领导干部用辛苦指数换取人民幸福指数

古语有云：治国有常，而利民为本。中国共产党是为中国人民谋幸福的政党。中国共产党的领导干部，要用自己的辛苦指数换取人民幸福指数；要用人民满意指数衡量工作绩效指数；要用人民支持指数提高执政牢

---

① 《2020年政府工作报告》，中国政府网，http://www.gov.cn/zhuanti/2020qglh/2020zfgzbg.htm。
② 《中共中央关于制定国民经济和社会发展第十四个五年规划和二〇三五年远景目标的建议》，中华人民共和国中央人民政府网，http://www.gov.cn/zhengce/2020-11/03/content_5556991.html。

固性指数。

始终坚持党的群众路线,深入基层体察民情。在工作作风方面,党员领导干部要深入基层、真抓实干,确保工作务实、内容真实,做到双脚站在田野里、汗水洒在土地上;在政策制定方面,要做到民生政策有温度,政策目标有远度,目标实现有力度;在与群众打交道方面,要做到腰可弯、脸可笑、腿可跑,做到润物细无声。群众路线是党的根本路线,作为党的领导干部,要始终坚持党的群众路线,深入基层体察民情,要用自己的辛苦指数换取人民幸福指数。

始终坚持不忘初心,牢记使命。领导干部要做到敢拼、敢想、敢闯、敢干。积极去解决人民群众最急、最忧、最盼的问题。想人民之所想,急人民之所急,盼人民之所盼。要增强"四个意识"、坚定"四个自信"、做到"两个维护"。加强理论武装,坚定理想信念。作为党的领导干部,要始终坚持不忘初心、牢记使命,将人民的切身利益内化成自己的终生目标而为之不懈奋斗。要用人民满意指数衡量工作绩效指数。

始终坚持全心全意为人民服务的根本宗旨。古人有曰:民为邦本,本固邦宁。只有将人民之福祉、百姓之安康、群众之所想始终放在心上,将人民群众的利益始终放在首位、把为人民谋幸福始终作为首要任务,一个社会、一个民族、一个国家,才能福祉昌延、兴盛不衰。回顾我们党100年来的奋斗历程,就是党为人民利益不懈奋斗、抛头颅、洒热血的伟大悲壮历史。党始终把人民群众放在心中,始终坚持为人民服务的根本宗旨,始终将人民作为自己的执政基础。作为党的领导干部,要始终坚持全心全意为人民服务的宗旨,要用人民支持指数提高执政牢固性指数。

二、坚持以习近平关于民生建设重要论述为指导

习近平关于民生建设重要论述,回答了什么是新时代中国民生建设,怎么建设新时代中国民生。习近平关于民生建设重要论述,揭示了新时代中国社会运行与发展规律,指明了新时代民生建设的总方向,开辟了新时

代中国特色社会主义民生建设道路。在全面建成小康社会进程中，坚持以习近平关于民生建设重要论述为指导，民生建设有了正确的方向，取得了显著成效。

（一）坚持以人民为中心的发展思想

"人民"二字，重于千钧。"人民"二字深刻镌刻在新中国的国名中，鲜明亮出了人民是中华人民共和国的主人这一根本政治立场。无论是在全面建成小康社会道路上，还是在未来中国特色社会主义现代化新征程上，我们党始终坚持以人民为中心的发展思想，始终彰显中国共产党的初心和本色。在全面建成小康社会道路上，我们始终把人民利益摆在至高无上的地位，让改革发展成果更多、更公平惠及全体人民，朝着实现全体人民共同富裕的方向不断迈进。在2020年新冠肺炎疫情防控中，习近平总书记指出，疫情防控要始终把人民群众的生命安全和身体健康放在第一位。这是疫情防控的根本遵循。坚持以人民为中心，体现了党的初心和使命，塑造了人民政府的责任政府形象。在疫情防控中，全国各地以生命为重，救治为先，集中力量救治，做到应收尽收和应治尽治，提高收治率和治愈率、降低感染率和病亡率。危急时刻，初心可鉴。在疫情防控中，湖南省紧紧抓住"始终把人民群众的生命安全和身体健康放在第一位"这一根本遵循。面对突发疫情，遵循"先救治、后收费"原则，切切实实把人民生命安全和身体健康放在首位。随着疫情防控形势持续向好，不失时机按下发展"重启键"，以保障民生为根本目标，在民生经济中发掘新的消费热点，深掘新的增长点，挖掘新的发展潜力，实现扩大就业与满足需求双效果。推进两个统筹高协同，最关键的是，让为民造福落实落细落地。"54天清零""治愈率99.6%"，见证了湖南战"疫"中的生死时速；复工电力指数基本恢复常态，见证了复工复产的湖南速度。湖南省是全国首个确诊病例1000例以上清零的省份，是全国复工复产最早、效果最好的省份之一。

坚持以人民为中心，就要始终把人民对美好生活的向往作为我们的奋斗目标。中国特色社会主义进入新时代，我国社会主要矛盾已经转化为人民日益增长的美好生活需要和不平衡不充分的发展之间的矛盾。我国社会主要矛盾的变化决定了发展必须更加重视全面与共享，更加重视高质量发展，必须坚持以人民为中心，永远把人民对美好生活的向往作为奋斗目标，不断推进全体人民共同富裕。坚持以人民为中心，就要顺应民心、尊重民意、关注民情、致力民生。民生连着民心，民心连着党心，我们的各级干部一定要增强服务意识，深入基层，狠抓落实，打通"最后一公里"，补短板，强弱项，兜底线，出实招。

（二）民生建设地位论

抓民生也是抓发展。从时间上，中国已经进入新时代的历史方位，民生建设亦将步入以人民为中心、质量更高的新的历史时期。从空间上，社会建设在"五位一体"总体布局中处于什么位置？社会建设是一个动力平台，能够更好地激发经济发展的活力，能够更好地推动民主政治的进步，能够更好地促进文化的繁荣发展，能够更好地推进生态文明治理。"五位一体"总体布局中的"一体"既是一个整体，又是一个相互联系、相互支持和相互促进的联合体。党的十九大报告明确指出，在发展中保障和改善民生。由此可见，以民生为重点的社会建设，要以经济发展为驱动力。因为只有经济建设的持续进步，才能带动社会建设进程，才能提高社会福利水平。经济发展是社会建设的基础，这继承了马克思主义的人类历史发展规律。社会建设是其他四个建设的动力平台。社会力量培育不足，社会机制运行不畅，会成为经济发展的阻力。

（三）保障和改善民生的目标论

保障和改善民生，就是不断满足人民对美好生活的向往，就是不断提高人民的获得感、幸福感和安全感。习近平关于民生建设的重要论述直面发展不平衡不充分社会主要矛盾，回答了政府与社会、民生与发展的关系等重大理论问题，把中国特色社会主义民生建设理论提升到一个新境界。以民生为重点的社会建设是指社会主体根据社会需要，有目的、有计划、有组织进行的改善民生和推进社会进步的社会行为与过程,是社会主体为营造良好的社会秩序和进步的社会环境而进行的对社会功能、社会体制、社会资源、社会保障等方面的完善与建设。在全面建设、建成小康社会过程中,以民生为重点的社会建设事业在全党逐步从自发走向自觉,理论与实践逐渐走向统一。党的十六大提出要让社会更加和谐;党的十六届四中全会提出构建社会主义和谐社会的目标和任务;党的十六届六中全会发布《中共中央关于构建社会主义和谐社会若干重大问题的决定》,成为指导和谐社会建设的纲领性文件。党的十八大以来,国家进一步加大社会建设投入,进一步提高社会保障水平,更加注重社会公平,更加注重动员各种社会力量参与社会建设。党的十八大对我国社会主义现代化进程新的战略安排,可分两个阶段确立新时代中国社会建设的合理目标,即到2035年,基本实现社会主义现代化,到21世纪中叶,把我国建成富强民主文明和谐美好的社会主义现代化强国。

(四) 保障和改善民生的关键点

民生建设强调以人为本,其根本出发点和落脚点是最广大人民的根本利益。保障和改善民生是社会建设的重要内容,社会建设最直接的作用就是保障和改善民生。保障和改善民生的关键点要促进公共资源向基层延伸、向农村覆盖、向弱势群体倾斜。具体而言,要抓住以下四个关键点:第一,要抓重点,抓住人民最关心最直接最现实的利益问题,多做雪中送炭的事情。第二,要抓实在,既尽力而为,又量力而行,民生工作要让人民群众看得见、摸得着,切实让他们增强获得感、幸福感和安全感。第三,抓持久,把保障和改善民生作为长期任务来抓,一件事情接着一件事情办、一年接着一年干。第四,抓组织,各级干部要带领群众一起干,充分调动群众的力量。

(五) 保障和改善民生的工作原则

保障和改善民生要遵循一定原则和规律,不能任性。总体而言,保障和改善民生,要按照守住底线、突出重点、完善制度、引导预期的思路,统筹民生各领域,切实做好改善民生各项工作。

坚持尽力而为、量力而行。这是保障和改善民生的重大原则。习近平总书记指出,加快推进民生领域体制机制改革,尽力而为、量力而行,着力提高保障和改善民生水平。尽力而为,强调党和政府的责任担当和主动作为。量力而行,强调实事求是和一切从实际出发。必须立足基本国情和发展的阶段性特征,在做大"蛋糕"的基础上努力分好"蛋糕"。从现实条件下可以做到的事情做起,不作过度承诺,不做超越发展阶段和财力水平的事情,坚持全覆盖、突出保基本,集中精力加强普惠性、基础性、兜底性民生建设,以钉钉子精神,一件事情接着一件事情办、一年接着一年干,锲而不舍推进民生保障事业持续发展。

守住底线原则。保障和改善民生是建立在经济发展基础之上的,民生工作不能搞"空想主义",要看看"钱袋子"。根据经济发展和财力状况逐步改善和提高人民生活水平。政府不是,也不能包打天下,政府主要是保基本民生,做好兜底工作,守住公平公正底线,做好普惠性、基础性和兜底性民生建设,不要作过多过高的承诺,多做一些雪中送炭的重点民生工作,引导和鼓励广大人民群众通过奋斗改善民生。

突出重点原则。民生工作要跟上群众需求变化,针对群众最关切的就业、教育、医疗、住房、养老、脱贫等问题发力。制订民生政策,出台民生举措,打造民生项目,要深入调查研究,摸清底数,抓住重点和难点,切实解决群众当前所急所盼。各级政府要花大力气,合理配置公共资源,向民生重点领域倾斜。努力实现更充分和更高质量就业。就业是最大的民生。在我国这样一个14亿人口和9亿劳动力的发展中大国,不断扩大就业、创造更多岗位始终是一个重大战略问题。完善覆盖全民的社会保障体系。社会保障是民生安全网、社会稳定器。按照兜底线、织密网、建机制的要求,全面建成覆盖全民、城乡统筹、权责清晰、保障适度、可持续的多层次社会保障体系。深化养老保险制度改革,实施养老保险基金中央调剂制度,在完善省级统筹基础上积极推进全国统筹。坚决打赢打好人社扶贫攻坚战。坚持目标导向、问题导向、效果导向，聚焦52个挂牌督战贫困县、"三区三州"等深度贫困地区，在政策精准实施、优化政策供给、长效机制建设等方面持续发力。

三、坚持中国共产党对民生建设的领导

党政军民学，东南西北中，党是领导一切的。中国共产党的领导，是中国特色社会主义最本质的特征，是中国特色社会主义的最大优势，是全面建成小康社会的根本保证，也是民生建设取得巨大成就的关键力量。在全面建成小康社会进程中，民生建设是一项艰巨复杂的系统工程，必须发挥党的"指挥棒"作用，总揽全局、协调各方。

（一）民生建设搞得好不好，关键在党的领导

民生建设搞得好不好，关键在党的领导。党的领导是中国特色社会主义最本质的特征，是党和国家的根本所在、命脉所在，是全国各族人民的利益所在、幸福所在。坚持党的领导，能够集中力量办大事，总揽全局、协调各方。保障和改善民生要办出实效、办得更加牢靠，必须切实加强党的领导，充分发挥体制优势制度优势，主动与党中央重大决策部署对标对表，紧密结合实际，做到贴得紧、跟得上、给上力，切实把党的意志不折不扣落实到民生工作中。补齐民生短板，解决民生问题，满足民生诉求，不断满足人民对美好生活的向往，这是中国共产党坚持的。党的领导是保障和改善民生水平的政治保障。在全面建设和建成小康社会进程中，社会主要矛盾集中体现在民生领域，人民对美好生活的需求与民生发展不平衡不充分的矛盾。解决民生发展不平衡不充分问题，必须坚持全国一盘棋，统筹协调、循序渐进，牵住民生领域的"牛鼻子"，抓住民生关切点，这需要党的集中统一领导，需要统筹安排，需要公平公正配置资源。

搞好民生建设关键在党的领导，关键在于强化党的执政理念。实现中国梦，即实现国家富强、民族振兴和人民幸福，关键在党的领导。要把中

国的事情办好，关键在于党的领导，这是党在领导人民进行革命、建设和改革的长期实践的宝贵经验。推进民生建设，解决老百姓最关心最直接最现实的利益问题，这是中国共产党的职责，是中国共产党的执政使命，这也决定了搞好民生建设关键在党。只有坚持党的领导，才能科学制定符合社会发展和符合人民利益的民生政策，才能保证民生建设的正确方向，才能不断改善民生水平。

保障和改善民生水平是党肩负的神圣使命。党在民生建设中具有领导核心地位，在于党自身领导民生建设的使命感。中国共产党的性质、宗旨、任务和地位决定了党是中国特色社会主义事业的领导核心，党的领导是民生建设取得决定性胜利的根本保证。历史和现实、理论和实践都证明，只有中国共产党才能发展中国，只有中国共产党才能把中国的事情办好。全面建成小康社会，提高保障和改善民生水平，也必须坚持中国共产党的领导，充分发挥党的领导优势。

解决民生问题和补齐民生短板关键在党的领导。在全面建设、建成小康社会中，民生领域存在诸多问题。比如公共服务不均等，民生发展区域、群体等结构不平衡，就业、教育、医疗、卫生等关系群众切身利益的问题，这些问题是老百姓最关心最直接的利益，均与党的执政能力、决策水平紧密相关，对党形成新的考验。中国共产党始终代表最广大人民的根本利益，始终将发展作为执政兴国的第一要务，千方百计通过发展解决民生问题，补齐民生短板。

（二）调动社会各界力量投身于民生建设

凝聚民生建设的合力关键在党的领导。建设社会主义和谐社会，保障和改善民生水平，要把全国人民的思想和力量凝聚起来，拧成一股绳，这就需要一个真正代表人民群众利益的党来领导。中国共产党就是这样的党。

党充分尊重人民群众的伟大力量。全面建成小康社会是干出来的，是亿万人民群众共同奋斗的结果。民生建设关乎每个家庭、每个人的利益，是为人民群众谋幸福的伟大事业,也是亿万人民群众广泛参与的伟大事业。建设美好社会、共享美好社会,离不开党的领导,也离不开人民。否则,民生建设是不可能成功的。一直以来,我们党高度重视人民群众的力量,人民群众是历史的主体,人民群众是民生建设的根本力量。在全面建成小康社会进程中,把党的领导、全体人民共同参与共同享有统一到民生建设中,这彰显了党相信人民、依靠人民、为了人民的政治立场。

党能最广泛、最充分调动一切积极因素。问苍茫大地,谁主沉浮?人民群众是推动社会进步与发展的动力,是民生建设不断前进的动力。回首过去,全面建成小康社会是中国人民书写的,民生幸福指数是中国人民奋斗出来的。当然,人民的力量需要调动、组织和激发。党具有动员发动群众的强大组织能力,为民生建设提供强大动力与合力。推进民生建设,提高保障和改善民生水平,要把人民群众组织起来,要调动一切可以调动的积极力量,就必须有一个坚强的领导核心,而这个核心就是中国共产党。中国共产党可以通过政治威望,通过党组织对社会产生影响,提高凝聚力,整合社会力量,充分发挥人民群众的积极性、主动性和创造性,推动民生建设。

四、坚持在发展中保障和改善民生

实现经济发展和民生改善良性循环。坚持在发展中保持和改善民生,多谋民生之利、多解民生之忧,在幼有所育、学有所教、劳有所得、病有所医、老有所养、住有所居、弱有所扶上不断取得新进展,促进社会公平正义,促进人的全面发展,造福人民,增进人民福祉。

(一) 经济发展与民生建设形成良性互动

没有经济发展,民生建设就是无源之水、无本之木。没有高质量的经济发展,高质量民生也没有保障。所以,分好"蛋糕",先要做大"蛋糕"。全面建成小康社会,就是为了人民生活得美好,就是让人民过上幸福的生活。

要在保障基本公共服务有效供给基础上,培育形成新的经济增长点,使民生改善和经济发展有效对接、相得益彰。虽然社会建设是一种经济运行的成本,但它也是经济发展的动力。2008年国际金融危机,社会保障水平更好的北欧国家,其经济的稳定性和发展动能更强。金融危机后的复苏,社会建设是重要的人力资本投资领域,从而更好地适应经济结构转型,为经济复兴提供保障和动力。中国国家发展需要从依靠经济财富增加带动社会建设的阶段,过渡到依靠社会建设促进经济发展方式转型和推动经济转型升级的阶段。① 改革开放前40年,经济建设是推动中国特色社会主义道路前行的根本动力,而以民生建设为重点的社会建设是"五位一体"总体布局的动力平台,目标是构建一个和谐有序、充满活力的社会,可以形成推动其他四大建设的动力机制。培育与发展社会力量,可以调动公众参与民主决策过程,可以有效监督公共权力,从而推动政治民主化进程。社会建设提供了文化发展的土壤和基础,社会生活的多样性和丰富性,可以促进文化的多元性和繁荣发展。因此,以民生建设为重点的社会建设是推动新时代中国特色社会主义道路的重要动力。

(二) 以高质量发展保障高质量民生供给

经济发展是民生建设的基础,高质量发展保障高质量民生供给。马克思主义认为,经济是一个社会生存、发展的基础。只有发展生产力,才能为高质量民生需求提供物质基础和现实基础。经济发展起来了,高质量民生供给侧就有了基础。鉴于此,我们要继续把发展作为第一要务,加强民生领域供给侧改革。尽管幸福的维度不只是物质层面,经济的增长与民生幸福指数的上升也呈现出非同步性,但保持经济的较快增长,创造更多的物质财富,对于发展中的中国仍然是实现民生幸福的必由之路。人民幸福生活的获得与提高必须重视物质的积累,这是实现民生幸福物质维度的基

---

① 任远:《社会建设与全面建成小康社会》,重庆出版社2014年版,第10页。

础和保障。人类能够生存的重要前提是生产物质生活本身，这也是人类社会历史存在和发展的基本前提。

五、坚持和完善统筹城乡的民生保障制度

满足民生需求必须通过制度来保证，制度建设是保障和改善民生水平的根本性举措。在全面建设、建成小康社会进程中，我们不断建立和健全统筹城乡的民生保障制度体系，出台和修订了一系列民生政策、制度，形成和完善了一整套民生保障机制。

（一）保障和改善民生，关键在民生制度建设

保障和改善民生，制度建设最给力。民生建设所面临的突出矛盾、主要壁垒和关键问题本质上是体制机制束缚了发展，因此尤其需要通过体制机制的改革来完善民生制度。在新冠肺炎疫情防控常态化下，保居民就业是中央"六保"工作之首，是统筹"六稳"和"六保"的基础，是保民生补短板的重点。为了落实保居民就业任务，湖南省人社厅、财政厅等部门精准把脉就业问题和就业形势，加大政策支持力度，精准施策保市场主体平稳运行，保居民就业政策持续加码，政策保障效应逐渐显现。在促进就业方面，湖南省人社厅、财政厅联合印发了《稳企稳岗稳就业十条措施》和《应对新冠肺炎疫情影响进一步做好稳就业工作十六条措施》，全力推动居民安全有序复工返岗。针对农民工、高校毕业生等重点群体，出台了《做好新冠肺炎疫情防控期间湖南省农民工复工返岗服务保障工作》等系列政策。在失业人员保障方面，阶段性实施失业补助金政策，扩大失业农民工保障范围，对领取失业保险金和补助金人员发放的临时价格补贴标准在现行基础上提高1倍。在企业帮扶方面，出台了《湖南省进一步强化中小微企业金融服务的若干措施》等系列配套政策，出台了《关于做好实施企业稳岗扩岗专项支持计划工作的通知》等相关政策。政策保障效应开始显现，截至2020年7月底，累计发放稳岗就业补贴238万元，帮助企业争取上级稳就业补贴近500万元，

有序确保了企业的主体地位，有效激发了市场的内生动力，有力保障了居民的就业局面。

（二）把制度优势更好地转化为民生建设效能

在全面建设、建成小康社会进程中，我们加强民生制度建设，推动有利于社会平等的制度建设，把制度优势更好地转化为民生建设效能。一是加强保护弱者的制度安排。建立健全保障贫困人口制度，精准扶贫，脱贫攻坚战略取得突破性成就。二是促进均等化制度建设。高度重视促进城乡之间、区域之间和不同人群之间基本公共服务的均等化，推动流动人口的市民化待遇，公平公正合理地分配"蛋糕"，促进发展成果由全社会共享。三是实施开放流动性的制度安排。破除各种限制流动性的制度安排，破除城乡壁垒、地区壁垒和社会流动壁垒，扭转不平等扩大化态势，促进包容性发展，实现社会平等和社会公正。

保障和改善民生是一项长期工作，没有终点站，只有连续不断的新起点。全党全国各族人民要再接再厉，确保如期全面建成小康社会、实现第一个百年奋斗目标，为开启全面建设社会主义现代化国家新征程奠定坚实基础。党的十九届五中全会于2020年10月26日至29日在北京胜利召开。这次全会是在"两个一百年"奋斗目标历史交汇点上召开的一次十分重要的会议。新中国成立70年来，我们党领导人民创造了世所罕见的经济快速发展奇迹和社会长期稳定奇迹，中华民族迎来了从站起来、富起来到强起来的伟大飞跃。党的十九届五中全会着眼"两个一百年"奋斗目标的有机衔接、接续推进，根据党的十九大对实现第二个百年奋斗目标分两个阶段推进的战略安排，提出了"十四五"时期经济社会发展的主要目标，对2035年基本实现社会主义现代化的远景目标做了进一步的清晰展望，擘画的宏伟蓝图鼓舞人心。党的十九届五中全会擘画了我国未来发展的宏伟蓝图，今后5年主要是"六个新"：经济发展取得新成效，改革开放迈出新步伐，社会文明程度得到新提高，生态文明建设实现新进步，民生福祉达到新水平，国家治理效能得到新提升。在民生建设上提出"一个实质性进展",即人民生活更加美好,人的全面发展、全体人民共同富裕取得更为明显的实质性进展。这是对民生建设提出了更高要求。在全面建设社会主义现代化国家新征程中,我们要继续坚持党的领导,坚持以人民为中心的发展思想,补齐民生短板,推进民生建设迈上新台阶。

第六章 打好精准脱贫攻坚战

脱贫攻坚是全面建成小康社会过程中必须啃下的一块"硬骨头"。到 2020 年现行标准下的农村贫困人口全部脱贫，是党中央向全国人民作出的郑重承诺，必须如期实现。改革开放以来，我国组织实施了大规模扶贫开发行动，取得了举世瞩目的成就。尤其是党的十八大以后，以习近平同志为核心的党中央把贫困人口脱贫作为全面建成小康社会的底线任务和标志性指标，把脱贫攻坚纳入"五位一体"总体布局和"四个全面"战略布局，摆到治国理政的突出位置，吹响了打赢脱贫攻坚战的进军号。党的十九大后，党中央把打好精准脱贫攻坚战作为全面建成小康社会的三大攻坚战之一。习近平总书记强调："打好精准脱贫攻坚战，是我在党的十九大报告中提出的三大攻坚战之一，对如期全面建成小康社会、实现第一个百年奋斗目标具有十分重要的意义。"①

第一节 坚决打好精准脱贫攻坚战，共享全面小康成果

打赢脱贫攻坚战，解决好贫困群众生产生活问题，满足贫困群众追求幸福生活的基本需求，共享全面小康成果，这是我们的目标，也是我们的庄严承诺。

一、如期实现脱贫攻坚目标任务没有任何退路与弹性

（一）千年夙愿，圆梦今朝

自古以来，美好生活都是中华民族最朴素的愿望。2000 多年前，我们

---

① 习近平：《在打好精准脱贫攻坚战座谈会上的讲话》，《求是》，2020 年第 9 期。

的先人发出了"民亦劳止，汔可小康"的希冀，开启了对幸福生活的美好憧憬；1921年，中国共产党成立，扛起了争取民族独立、人民解放和实现国家繁荣富强、人民共同富裕两大历史任务；1949年，中华人民共和国成立，使人民真正成为当家作主的主人，为反贫困奠定了坚实的政治基础和制度保障；1979年，改革开放大幕拉开，党中央提出小康社会的战略构想，"贫穷不是社会主义"的论断推动大规模减贫迈入新征程；2012年，面对中外记者，习近平总书记发出"人民对美好生活的向往，就是我们的奋斗目标"的宣言，吹响了全面建成小康社会的冲锋号。几代人一以贯之、接续奋斗。历史的车轮滚滚向前，中华民族迎来了具有伟大意义的2020年。

千年夙愿，圆梦今朝。2020年，是全面建成小康社会目标实现之年，是脱贫攻坚决战决胜之年，中华民族千百年来期盼的消除绝对贫困这个目标将得到历史性地解决，中华民族的千年梦想和第一个百年奋斗目标将成为现实。2020年3月6日，习近平总书记出席决战决胜脱贫攻坚座谈会时强调，"到2020年现行标准下的农村贫困人口全部脱贫，是党中央向全国人民作出的郑重承诺，必须如期实现，没有任何退路和弹性。这是一场硬仗，越到最后越要紧绷这根弦，不能停顿、不能大意、不能放松"。这些话语鼓舞人心、催人奋进，为夺取脱贫攻坚战全面胜利注入了坚定决心和必胜信心。

（二）风雨砥砺，初心如磐

中国共产党人从党成立之日起就确立了为天下劳苦人民谋幸福的目标，这正是我们的初心。"治政之要在于安民，安民之道在于察其疾苦。"贫困地区和贫困群众，始终是习近平总书记深深的牵挂，扶贫工作，也一直是他思考的重大问题。习近平总书记始终把人民放在心中最高位置，亲自挂帅出征督战，全面部署和推进脱贫攻坚工作，走遍了全国14个集中连片特困地区，问疾苦、听民声、察民情、思对策、听汇报、作部署。脱贫攻坚力度之大、规模之广、影响之深前所未有。

在脱贫攻坚的路上,我们遇到过困难、挫折,但是我们依旧挺过来了。脱贫攻坚越到最后阶段,注定难度越大,我们越要撸起袖子加油干、扑下身子抓落实。习近平总书记指出,脱贫攻坚任务重的地区党委和政府要把脱贫攻坚作为"十三五"期间头等大事和第一民生工程来抓,坚持以脱贫攻坚统揽经济社会发展全局。要层层签订脱贫攻坚责任书、立下军令状,形成五级书记抓扶贫、全党动员促攻坚的局面。这些重要论述深刻阐述了扶贫开发的极端重要性艰巨性。为把打好精准脱贫攻坚战的各项要求落到实处,各省、区、市都层层签订脱贫攻坚责任书、立下军令状。各地根据实际情况作出相应安排,层层压实责任,级级传导压力,承诺了就要兑现,没有任何退路。

新冠肺炎疫情的影响,给艰苦卓绝的脱贫攻坚工作增加了新挑战,各项工作任务更重、要求更高。党中央统筹推进疫情防控和经济社会发展工作,把脱贫攻坚作为2019年必须要完成的硬任务来进行安排部署。各地区各部门和全国扶贫系统按照习近平总书记重要指示和党中央、国务院决策部署,迎难而上,毫不松懈,一张张军令状直指最后贫困堡垒,火力更集中,措施更密集,以更大决心、更强力度决战决胜脱贫攻坚。成绩浸润汗水,坚韧铸就不凡。新冠肺炎疫情给脱贫攻坚带来了更大困难,但却改变不了我们坚决完成这项人类减贫史上伟业的初心、决心和信心。

(三)响鼓重锤,慎终如始

"其作始也简,其将毕也必巨。"脱贫攻坚战不是轻轻松松就能打赢的,从决定性成就到全面胜利,面临的困难和挑战依然艰巨,决不能松劲懈怠。既要统筹推进疫情防控和经济社会发展工作,为实现决胜全面建成小康社会、决战脱贫攻坚目标任务创造条件,又要继续聚焦"三区三州"等深度贫困地区,攻坚克难完成剩余脱贫攻坚任务;既要加大就业扶贫、产业扶贫、易地扶贫搬迁后续扶持力度,深化东西部扶贫协作和中央单位定点扶贫,巩固好脱贫成果,又要开展脱贫攻坚成效考核和脱贫攻坚普查,确保经得起历史和人民检验;既要扶上马送一程,加快建立防止返贫监测和帮扶机制,保持脱贫攻坚政策稳定,又要接续推进全面脱贫与乡村振兴有效衔接;既要加强和改善党的领导,充分发挥基层党组织在脱贫攻坚中的战斗堡垒作用,又要加强作风建设,坚决反对形式主义、官僚主义,坚决杜绝数字脱贫、虚假脱贫。

"行百里者半九十",脱贫攻坚战最后关头更要铆足一股劲,响鼓重锤,慎终如始。要坚决贯彻落实习近平总书记的号召部署,坚决克服一切困难,夺取脱贫攻坚战全面胜利,完成这项对中华民族、对人类社会都具有重大意义的伟业。

二、确保精准脱贫攻坚高质量交卷

确保如期精准脱贫,看数量更重质量,得有真办法、实举措、硬功夫才行。以更大决心、更强力度推进脱贫攻坚,确保高质量完成脱贫攻坚目标任务,习近平总书记在决战决胜脱贫攻坚座谈会上的重要讲话铿锵有力。在脱贫攻坚一线,广大党员干部群众对标全面小康,凝心聚力补短板、攻难点、固成果,确保以实实在在的脱贫成效,向人民交上一份高质量的脱贫攻坚答卷。

(一)全面开展"对标补短"

全面完成脱贫攻坚的目标任务,既是最大的政治责任,也是最大的民生工程。各级各部门坚持民生为本,充分明确工作任务,完善对标方法,开展数据比对、随机访谈、入户核实,确保问题找准找全,整改扎实推进,在攻坚的主阵地上逐步攻下每一个堡垒。

围绕短板弱项找准问题,紧盯"两不愁三保障"核心指标、各项帮扶措施落实、主要基础设施建设等各项情况逐项核查。核查建档立卡贫困户的义务教育、基本医疗、住房安全和基本收入等各项内容是否达标,产业就业、兜底保障、生态扶贫、小额信贷、易地扶贫搬迁后续帮扶等各项帮扶措施是否落实到位,村卫生室、通村公路、饮水管网、电力、网络等基础设施是否管护到位。围绕短板弱项再发力,围绕自查发现问题再核实,对上比对政策标准,横向比对数据信息,对下比对帮扶效果,确保将问题找准,做到账账相符、账实相符。

以问题整改工作为抓手,一体推进审计、巡视、脱贫攻坚"回头看"等问题整改工作。始终紧盯问题短板,坚持问题导向、目标导向、结果导向,坚决贯彻落实习近平总书记重要讲话精神和党中央决策部署,自上而下压担子、定责任。规范逐一回访、征集意见、研究问题、制定措施、监督反馈、考评检验、问绩问责等一整套查疏堵漏流程。对"三排查、三清零"中存在的问题进行全面认真梳理,做好整改方案的制订、整改台账的建立及佐证资料的整理,全面补齐短板,彻底消灭"空白点"和"死角",确保各类问题在规定时间内整改到位,坚决杜绝纸上整改、虚假整改,有效防止各类问题反弹反复,确保脱贫任务清零、整改任务清零、漏点短板清零,确保如期高质量全面完成脱贫攻坚各项任务。

(二)全力攻克重点难点问题

脱贫攻坚决不让一个少数民族、一个地区、一个人掉队。习近平总书记强调,要清醒认识和把握打赢脱贫攻坚战面临任务的艰巨性。"脱贫攻坚已经到了啃硬骨头、攻坚拔寨的冲刺阶段,所面对的都是贫中之贫、困中之困"。要在深度贫困地区攻坚上再聚焦。针对深度贫困县、深度贫困乡镇、深度贫困村,采取更加集中的支持、更加有效的举措啃硬骨头,全力攻克重点难点问题。在新增财政专项扶贫资金和新增涉农资金方面倾斜支持,优先安排公益性基础设施项目、社会事业领域重大工程建设项目,增加金融对深度贫困地区的支持,坚决攻克贫中之贫、困中之困。强化对特殊贫困群体的精准帮扶,资产收益扶贫措施主要向贫困妇女、儿童、老人、残疾人和因病致贫返贫家庭倾斜,做好农村最低生活保障工作的动态化精细化管理,把符合条件的贫困人口全部纳入保障范围,确保病有所医、残有所助、生活有兜底。在教育医疗住房保障上再提升,全面做好控辍保学工作,使贫困家庭适龄儿童接受义务教育"一个都不能少",努力降低贫困人口医疗负担,开展贫困人口大病和慢性病精准救治,因地制宜推广农房加固改造，兜底解决特殊困难群体基本住房安全问题。

（三）全面巩固脱贫成果

巩固脱贫成果，是确保精准脱贫攻坚高质量交卷必须正视和解决好的重要问题。当前，我国发展不平衡不充分的问题依然突出，巩固拓展脱贫攻坚成果的任务依然艰巨。

巩固脱贫成果，要让贫困人口有保障。"'两不愁三保障'是脱贫攻坚的核心指标，也是贫困人口脱贫的底线要求，直接关系到脱贫攻坚战的质量。"[①] 习近平总书记指出，贫困群众"两不愁"质量水平明显提升，"三保障"突出问题总体解决，但稳定住、巩固好还不是一件容易的事情。必须坚持目标标准，把提高脱贫质量放在首位，咬定高质量脱贫目标，让"两不愁"真不愁，"三保障"有保障。重点是加强对未脱贫的人口和收入不稳定、持续增收能力较弱、返贫风险较高人口的监测预警，及时把符合条件的纳入兜底保障范围。统筹低保五保、社会保险、社会救助等社会保障性措施，加强农村最低生活保障制度与扶贫开发政策有效衔接，确保符合条件或基本符合条件的建档立卡户进得去、稳得住。对特殊贫困群体，坚持"一户一策、一人一法"的工作方法，全面落实低保、医保、养老、特困供养等各项社保政策，不让他们在全面小康路上掉队，以更加精细的工作，织好政策保障、社会扶助、保险救助"三张网"，对因灾等造成的临时贫困群众要及时给予救助，确保精准脱贫不漏一户、不落一人。

巩固脱贫成果，要产业挑梁固本增收。高质量脱贫，产业是基础支撑，也是根本之策。坚持"把脉点穴"，注重长远效益，把产业扶贫作为重中之重，立足地区特色产业、区位优势，因地制宜加快发展对贫困户增收带动作用明显的种植养殖业、林草业、农产品加工业、特色手工业、休闲农业和乡村旅游，积极培育和推广有市场、有品牌、有效益的特色产

[①] 朱隽、刘诗瑶、郁静娴、丁怡婷：《高标准推进 高质量交卷（决战决胜脱贫攻坚）——脱贫攻坚绷紧弦加把劲系列述评之二》，《人民日报》，2020年6月22日。

品。充分发挥新型经营主体创新能力,创新产业扶贫模式,积极发展"龙头企业+贫困户""特色农业+贫困户""庭院经济+贫困户"等产业扶贫模式,使绝大部分贫困人口通过产业扶持实现脱贫。与此同时,对发展扶贫主导产业面临的技术和市场等风险进行评估,制定防范和处置风险的有效措施,防止因发展产业项目盲目跟风、一刀切而造成损失。

巩固脱贫成果,要完善机制严防返贫。脱贫质量高不高,关键看机制。确保贫困人口高质量脱贫,要落实严格的考核机制,严把退出关。开展脱贫攻坚成效考核、督查巡查,对贫困县退出进行抽查,确保脱贫的质量不折不扣。提高脱贫质量,要健全防止返贫监控帮扶机制,数据显示,在全国已经脱贫的9000多万人中,仍有一小部分存在返贫风险,还有一些边缘人口存在致贫风险,要认真落实《国务院扶贫开发领导小组关于建立防止返贫监测和帮扶机制的指导意见》,继续对贫困县、贫困村、贫困人口开展监测,精准识别贫困户返贫或新增贫困户情况,及时发现潜在的脱贫不稳定户和边缘易致贫户,设立重点农户预警监测台账,对有返贫风险的农户实行动态管理,并提前采取有针对性的帮扶措施,做好返贫人口和新发生贫困人口的帮扶,持续跟踪收入变化和"两不愁三保障"巩固情况,定期核查、及时发现、及时帮扶,动态清零。

三、让脱贫成果经得起检验

(一) 让脱贫成果经得起检验,要把民情民意作为重要标准

精准脱贫攻坚战能否"打好"关键看人民群众是否认同、是否满意,人民群众的感受是扶贫成效、脱贫成色最直观的体现,外在力量再多、说得再好都没用,必须要贫困群众自己发声、自己叫好。国务院扶贫办主任刘永富指出"脱贫必须是符合质量的、经得起时间和历史检验的,不能掺水,不能是假的,不能搞数字脱贫、虚假脱贫,要保证脱贫的质量"。要始终坚持把民情民意作为重要参考标准,下决心、出重拳整改虚浮不实、打折变通、泄气松劲等问题,坚决杜绝形式主义的数字脱贫、虚假脱贫。

充分发挥相关部门重要作用，根据建档立卡信息，深入乡镇企业、村户逐一调研了解情况，明确"任务到人、备案到人、责任到人"，确保担子压实、工作做实、成效务实，确保"我们的脱贫成果一定不是虚假的"。要从群众的呼声中查找突出问题、明确改进方向、扎实做好问题整改。哪些方面的工作做得不到位，哪些内容落实得不全面，哪些干部遇到问题时推诿扯皮、拖沓处理，哪一级组织只顾眼前成绩、不讲长远利益……凡是影响到扶贫工作、损害群众利益的问题，尤其是群众反映强烈的问题，都必须在推进脱贫攻坚过程中予以解决。广泛采取交叉考核、第三方评估、民主监督等多种方式，围绕"两率一度"考察贫困群众直接感受与脱贫效果，认真开展各类问题的治理。只有既聚焦问题、解决难题、总结经验，又以最严格的考评和问责机制有效降低扶贫脱贫中的风险，脱贫攻坚才能在政策的连贯稳定运行中取得扎实成效，才能让脱贫攻坚各项工作经得起群众和实践的检验。

（二）让脱贫成果经得起检验，要实现脱贫攻坚成果可持续

脱贫攻坚重在当下、谋于长远。衡量脱贫攻坚成效，关键要看能否做到不返贫，而做到不返贫，就要全面提高脱贫稳定性，实现脱贫攻坚成果可持续。如何做到稳定脱贫不返贫，是以习近平同志为核心的党中央在推动精准扶贫精准脱贫过程中反复强调的问题，也是扶贫攻坚成果能否经得起历史检验的关键。

一要通过脱贫攻坚铸牢人民群众共同体意识。注重既办好民生实事，又讲好脱贫故事，通过脱贫攻坚，让群众真正感受到习近平总书记和党中央的特殊关怀，坚定听党话、跟党走的信念。切实抓好思想扶贫、精神扶贫，处理好"管肚子"和"管脑子"的关系，推动群众从"要我稳定"向"我要稳定"转变。

二要通过政策持续发力走好脱贫过渡期。对退出的贫困县、贫困村和贫困人口，在短时间内，发展底子仍然薄弱，一旦政策脱节，很有可能导致返贫，要保持帮扶政策整体稳定，严格落实"四个不摘"

要求,保持现有帮扶政策、资金支持、帮扶力量总体稳定。要持续发展壮大扶贫产业,继续加强脱贫地区产业发展基础设施建设,拓展销售渠道,创新流通方式,促进稳定销售。要做好脱贫人口稳岗就业,加大对脱贫人口职业技能培训力度,加强东西部劳务协作,鼓励支持东中部劳动密集型产业向西部地区转移。要强化易地搬迁后续扶持,完善集中安置区公共服务和配套基础设施,因地制宜在搬迁地发展产业,确保搬迁群众稳得住、有就业、逐步能致富。要加强资金资产项目管理,建立健全资产管理制度,持续发挥效益。要兜住民生底线,规范管理公益岗位,以现有社会保障体系为依托,促进弱劳力、半劳力等家庭就近就地解决就业,保障这些群众基本生活。继续引导金融扶持向"三区三州"深度贫困地区倾斜,继续加强农村基础设施和公共服务建设;继续抓好农村人居环境整治工作;继续强化综合保障脱贫措施,集中力量走好脱贫过渡期。

三要通过长效制度设计确保脱贫成果可持续。有制度设计的硬约束,有各个环节的严把关,才能换来脱贫成效的实打实。要拿出坚持到底的劲头,下足"绣花"功夫,以钉钉子精神推进脱贫攻坚,用长效机制推进稳定脱贫、长效脱贫、系统脱贫。将脱贫后扶贫政策和机制常态化,在制度上形成贫困户脱贫后不会返贫的保障,在新的贫困出现或出现返贫现象时具有能够有效兜底的保障。比如教育扶贫、就业扶贫、基础设施建设等都是可持续脱贫的重要基础和条件,尤其对于深度贫困地区来说,教育、就业等扶贫机制的建立不仅是防止新的贫困产生的有效机制,还是防止返贫的重要制度保障。要严格落实考核和督查机制,开展督查巡查,加强常态化督促指导,继续开展脱贫攻坚成效考核。要组织开展国家脱贫攻坚普查,对各地脱贫攻坚成效进行全面检验。坚持把全面从严治党要求贯穿脱贫攻坚工作全过程和各环节,确保扶贫工作务实、脱贫过程扎实、脱贫结果真实。无论是加强对扶贫成效的考核,还是加大对脱贫攻坚日常的监督,都是为了确保脱贫成果能经得起历史和人民的检验。

四、以脱贫为新起点让脱贫群众迈向富裕

消除贫困、改善民生,实现共同富裕是社会主义的本质要求,是人民群众的共同期盼,也是我们党的重要使命。党的十八大以来,我们党把脱贫攻坚作为重中之重,使现行标准下农村贫困人口全部脱贫,就是促进全体人民共同富裕的一项重大举措。2020年脱贫攻坚要全面收官,但脱贫摘帽不是终点,而是新生活、新奋斗的起点。

(一)持续推进解决"相对贫困"

消除绝对贫困,并不意味着贫困问题在中国就彻底解决了,相对贫困问题还会伴随着我国社会主义初级阶段长期存在,持续推进解决相对贫困问题依然任重道远。一个国家经济社会发展的过程实际上就是一个努力消除贫困的过程,我们的改革发展没有终点,扶贫脱贫也就没有终点。历史性地消除绝对贫困后,扶贫工作重心将转向解决相对贫困。

要立足长远,构建解决相对贫困的长效机制,提升扶贫脱贫的持续性和长久性。一方面要提升贫困人口自我脱贫和稳定脱贫的能力,发挥教育阻断贫困代际传递的重要作用,重视贫困地区的教育事业发展,尤其关注孩子和妇女的教育问题,提升贫困地区人力资本水平;另一方面要充分认识"绿水青山也是金山银山",发挥贫困地区的比较优势,注重生态环境和资源保护,创新贫困地区绿色增长模式,提升贫困地区经济环境的可持续发展,提前高标准完成2030可持续发展目标。除此以外,着眼2020年后扶贫减贫工作,做好2020年后相关工作的衔接与延续,进一步加强对于贫困标准的界定、扶贫方式的创新以及中国减贫经验的国际分享等工作,为我国全面建成小康社会和全面建成社会主义现代化强国打下扎实的基础。

(二)交好全面脱贫与乡村振兴的接力棒

全面脱贫是我们党向人民作出的庄严承诺,到2020年确保现行标准下的农村贫困人口全部脱贫,贫困县全部摘帽,解决区域性整体贫困。乡村

振兴战略是党的十九大作出的重大决策部署，是决胜全面建成小康社会，全面建设社会主义现代化国家的重大历史任务，是新时代做好"三农"工作的总抓手。脱贫攻坚是乡村振兴的基础和先行任务，乡村振兴是脱贫攻坚的接续战略，是对脱贫成效的巩固和提升，二者紧密相连、一脉相承，统一于实现共同富裕这个目标。交好脱贫攻坚与乡村振兴的接力棒，确保平稳过渡，是当前极为重要的一项任务。

习近平总书记在决战决胜脱贫攻坚座谈会上强调，要接续推进全面脱贫与乡村振兴有效衔接，推动减贫战略和工作体系平稳转型，统筹纳入乡村振兴战略，建立长短结合、标本兼治的体制机制。2020年政府工作报告也明确指出，接续推进脱贫与乡村振兴有效衔接，全力让脱贫群众迈向富裕。这一部署高瞻远瞩，考虑深远，对确保脱贫摘帽后继续撸起袖子加油干，具有重要意义。接下来就是要以消除绝对贫困为新起点，按照习近平总书记的要求，接续推进全面脱贫与乡村振兴有效衔接，持续推动减贫脱贫战略。

围绕"农业强、农村美、农民富"，把群众脱贫致富的积极性充分调动起来，把欠发达地区和农村低收入人口发展的内生动力激发出来，坚定和全国人民一起奔小康的决心和信心。把产业基础打牢，增强发展能力，围绕特色扶贫产业，发挥龙头企业带动作用，升级打造效益好、品牌响的乡村振兴特色产业和优势产业，使欠发达地区彻底拔掉穷根。把基础设施建好，加快补上农村道路、电网、通信等基础设施短板，加快补齐农村交通供给短板，完善农村物流基础设施，推进城乡交通运输一体化发展和"农村公路+产业"融合发展，更好地统筹交通运输服务乡村振兴战略。推动村级基础金融服务提质扩容，把当前与长远、"输血"与"造血"结合起来，发展壮大村集体经济，带动更多群众增收致富，推动脱贫攻坚与乡村振兴有效衔接，促进逐步实现共同富裕。

（三）开启迈向富裕之路的奋斗新征程

随着我国全面建成小康社会、开启全面建设社会主义现代化国家新征程，我们必须把促进全体人民共同富裕摆在更加重要的位置，脚踏实地，久久为功，向着这个目标更加积极有为地进行努力，在促进全体人民共同富裕的道路上不断向前迈进。"现在，到了把中华民族千百年来的绝对贫困问题历史性地画上句号的时候了，但我们奋斗的脚步不会停下！"①习近平总书记铿锵有力的话语，鼓舞人心，催人奋进，引起了广大干部群众的强烈共鸣。紧绷决战决胜脱贫攻坚这根弦，不停顿、不大意、不放松，坚决克服面临的困难挑战，高质量完成脱贫攻坚目标任务，开启新的奋斗征程。

脱贫摘帽不是终点，我们要站在更高的起点上，坚持把实现好、维护好、发展好最广大人民根本利益作为发展的出发点和落脚点，扎实推动共同富裕。充分发挥贫困群众的主体地位与主观能动性，进一步激发他们的内生动力，在党和政府的坚强领导下，通过勤劳的双手创造更加美好的新生活。在脱贫致富奔小康的路上，人民群众脸上洋溢的真诚淳朴的笑容，是我们最大的成就，是国家最宝贵的财富，是对社会主义共同富裕思想的最好诠释。

第二节　脱贫攻坚取得历史性重大成就

经过党的十八大以来的8年持续奋战，我们如期完成了新时代脱贫攻坚目标任务，现行标准下农村贫困人口全部脱贫，贫困县全部摘帽，消除了绝对贫困和区域整体贫困，近1亿贫困人口实现脱贫，取得了令全世界刮目相看的重大胜利。习近平同志为实现第一个百年奋斗目标打下坚实基础，极大增强了人民群众的获得感、幸福感、安全感。

一、农村贫困人口大幅度减少，城乡差距逐步缩小

改革开放以来，农村率先进行了经济制度改革，生产力得到极大发

---

① 刘毅、高云才、顾仲阳等：《脱贫摘帽不是终点，而是新起点——习近平总书记在决战决胜脱贫攻坚座谈会上重要讲话引发强烈反响》，《人民日报》，2020年3月11日。

展,农民收入大幅提高,城乡差距逐步缩小。20世纪80年代中期开始,我国针对区域发展不均衡问题,确立以贫困地区为重点,实施有计划有针对性的扶贫开发政策,先后实施了"八七扶贫攻坚计划"和两个为期10年的"中国农村扶贫开发纲要",农村贫困程度减轻,贫困人口大幅减少。

党的十八大以来,以习近平同志为核心的党中央将脱贫攻坚摆到治国理政的突出位置,吹响了打赢脱贫攻坚战的进军号。党的十九大,党中央把打好精准脱贫攻坚战作为全面建成小康社会的三大攻坚战之一,举全党全国全社会之力,全面打响了脱贫攻坚战,扶贫工作取得了决定性进展。"十三五"期间,5575万农村贫困人口实现脱贫。按现行农村贫困标准,贫困人口从2012年底的9899万人减到2019年底的551万人,贫困发生率由10.2%降至0.6%,连续7年每年减贫1000万人以上,脱贫攻坚取得决定性成就,城乡差距正逐步缩小。

二、区域扶贫力度持续加大,整体减贫成效明显

受自然条件、历史问题等诸多因素影响,我国贫困发生具有区域性特征,中西部地区整体性贫困相较于东部更加突出。20世纪80年代中期开始,我国聚焦贫困区域,实施减贫战略,各地区社会经济不断发展,整体减贫效果开始显现。党的十八大以来,党中央、国务院加大对贫困地区尤其是深度贫困地区的政策力度,推进东西部地区协作扶贫,区域性整体减贫成效明显。

分三大区域看,东部地区已基本率先脱贫,中西部地区农村贫困人口明显减少。2019年末,东部地区农村贫困人口47万人,比2012年末减少1320万人,7年累计下降96.6%,农村贫困发生率由2012年末的3.9%下降到2019年末的0.1%,累计下降3.8个百分点,已率先实现脱贫;中部地区农村贫困人口由2012年末的3446万人减少到2019年末的181万人,累计减少3265万人,下降幅度为94.7%,农村贫困发生率由2012年末的10.5%下降到2019年末的0.5%,累计下降10个百分点,已基

本实现脱贫；西部地区农村贫困人口由2012年末的5086万人减少到2019年末的323万人，累计减少4763万人，下降幅度为93.6%；农村贫困发生率由2012年末的17.6%下降到2019年末的1.1%，累计下降16.5个百分点。

分省份看，2019年各省份贫困发生率普遍下降至2.2%及以下。其中，贫困发生率在1%—2.2%的省份有7个，包括广西、贵州、云南、西藏、甘肃、青海、新疆；贫困发生率在0.5%—1%的省份有7个，包括山西、吉林、河南、湖南、四川、陕西、宁夏。

从贫困区域看，贫困地区、集中连片特困地区、国家扶贫开发工作重点县、民族八省区减贫成效明显。截至2019年底，"三区三州"贫困人口由2017年底的305万人减少到43万人，贫困发生率由14.6%下降到2%。

三、贫困地区农村居民收入快速增长，消费水平大幅提高

改革开放以来，农村居民收入消费进入快速增长期，2012年全国农村居民人均收入和消费水平分别比1978年实际增长了11.5倍和9.3倍。党的十八大以来，我们坚持开发式扶贫方针，引导和支持所有有劳动能力的贫困人口依靠自己的双手创造美好明天，贫困地区农村居民收入和消费水平均快速增长，与全国农村平均水平差距缩小。2013年至2019年，贫困地区农村居民人均可支配收入增速分别为16.6%、12.7%、11.7%、10.4%、10.5%、10.6%、11.5%，年均名义增长12.0%，扣除价格因素，年均实际增长9.7%，实际增速比全国农村平均增速高2.2个百分点。2019年，贫困地区农村居民人均可支配收入增速继续高于全国农村增速，工资、转移、财产三项收入增速也均快于全国农村居民该项收入增速。贫困地区农村居民人均可支配收入11567元，比上年名义增长11.5%，扣除价格因素，实际增长8%，是全国农村平均水平的72.2%，比2012年提高10.1个百分点；名义增速和实际增速分别比全国农村高1.9个百分点和1.8个百分点。全国建档立卡贫困户人均纯收入由2015年的3416元增加

到 2019 年的 9808 元，年均增幅 30.2%。

2020 年，突如其来的新冠肺炎疫情对贫困地区农村居民增收带来了极大困难和挑战。面对困难和挑战，在以习近平同志为核心的党中央坚强领导下，各地区各部门积极应对，精准施策，助力贫困劳动力有序返岗就业，畅通贫困地区农产品销售渠道，开展消费扶贫行动，贫困地区农村居民名义收入保持增长，增速快于全国农村居民。据全国农村贫困监测调查，一季度贫困地区农村居民人均可支配收入 3218 元，名义增长 2.7%，扣除价格因素影响，实际下降 3%，贫困地区农村居民人均可支配收入增速比全国农村居民高 1.8 个百分点，实际降幅小于全国农村居民 1.7 个百分点；人均工资性收入 1192 元，增长 0.3%；从政府获得的包括养老金、社会救济和补助、政策性生活补贴、报销医疗费等在内的转移性收入人均 359 元，增长 10.7%。

随着贫困地区农村居民收入快速增长，消费水平也得以大幅提高。2018 年贫困地区农村居民人均消费支出 8956 元，与 2012 年相比，年均增长 11.4%，扣除价格因素，年均实际增长 9.3%。其中，集中连片特困地区农村居民人均消费支出 8854 元，年均增长 11.3%，扣除价格因素，年均实际增长 9.3%；扶贫开发工作重点县农村居民人均消费支出 8935 元，年均增长 11.6%，扣除价格因素，年均实际增长 9.5%。2018 年贫困地区农村居民人均消费支出是全国农村平均水平的 73.9%，比 2012 年提高了 3.4 个百分点。

四、贫困地区生活环境明显改善，生活质量全面提高

党的十八大以来，脱贫攻坚硕果累累，贫困地区、深度贫困地区发生了翻天覆地的变化，基础设施日趋完善、人居环境逐渐提升，基本生活条件明显改善。贫困地区群众出行难、用电难、上学难、看病难、通信难等长期没有解决的老大难问题普遍解决，义务教育、基本医疗、住房安全有了保障。

(一) 生活条件不断改善

根据国家统计局2019年发布的《新中国成立70周年经济社会发展成就系列报告》显示，从居住条件看，2018年贫困地区居住在钢筋混凝土房或砖混材料房的农户比重为67.4%，比2012年提高了28.2个百分点；居住在竹草土坯房的农户比重为1.9%，比2012年下降了5.9个百分点；使用卫生厕所的农户比重为46.1%，比2012年提高了20.4个百分点；饮水无困难的农户比重为93.6%，比2013年提高了12.6个百分点。从家庭耐用消费品情况看，贫困地区农村居民家庭耐用消费品从无到有，产品升级换代。2018年贫困地区农村每百户拥有电冰箱、洗衣机、彩色电视机等传统耐用消费品分别为87.1台、86.9台和106.6台，分别比2012年增加39.6台、34.6台和8.3台，拥有量持续增加，和全国农村平均水平的差距逐渐缩小；每百户拥有汽车、计算机等现代耐用消费品分别为19.9辆、17.1台，分别是2012年的7.4倍、3.2倍，实现快速增长。

(二) 基础设施条件不断改善

通过构建贫困地区外通内联的交通运输体系，打通乡镇与村、村与村之间的断头路、瓶颈路，提高村屯道路硬化率，完善乡村道路建、管、养、运机制，从根本上解决了群众行路难、运输难问题。通过加大对贫困地区抗旱水源建设、中小河流治理、水土流失综合治理力度，实施农村饮水安全巩固提升工程，全面解决贫困人口饮水安全问题。通过大力实施贫困地区农网改造升级工程，提升供电服务水平，切实解决了贫困村屯、贫困户生产生活用电问题。此外，还加强贫困地区信息网络基础设施建设，推动光缆入村、入屯、入户。农网供电可靠率达到99%，深度贫困地区贫困村通宽带比例达到98%。全力做好贫困户危旧房改造，切实保障贫困户基本住房。以农村污水、垃圾治理为重点，深入推进改水、改厕、改灶、改圈工程，搞好村屯绿化美化，实现农村环境整治新提升。

(三) 公共服务水平不断提高

加快实施教育扶贫工程，让贫困家庭子女都能接受公平有质量的教育，阻断贫困现象代际传递。完善贫困家庭学生助学政策体系，落实好定户、定人教育结对帮扶责任制，确保贫困家庭学生不因贫困而失学、辍学。优化贫困地区农村学校布局，统筹发展贫困地区学前教育、义务教育、职业教育，全面改善办学条件。加强寄宿制学校建设，在有条件的地方适当集中办学、集中入学，提高义务教育质量和巩固率。落实贫困家庭"两后生"职业学历教育资助政策，实现应补尽补。拓展贫困家庭大学生资助渠道，通过发放奖学金、助学金、助学贷款等实现助学全覆盖。大力开展科技扶贫和文化扶贫，提高贫困农户的科技、文化素质。实施健康扶贫工程，保障贫困人口享有基本医疗服务，切实解决因病致贫、因病返贫问题。健全农村最低生活保障制度，对丧失劳动能力、无法通过产业扶持和就业帮助脱贫的家庭，实行政策性保障兜底。扩大农村低保范围，适当提高低保标准，逐步实现低保线与贫困线"两线合一"，做到应保尽保。大力推进农村"三留守"人员关爱行动，强化对留守人员的动态管理和"一对一"联系对接，建立关爱"三留守"人员服务机制，组建关爱互助队伍，使留守儿童健康成长、留守妇女安居乐业、留守老人安享晚年。

五、中国减贫加速了世界减贫进程，为世界减贫作出卓绝贡献

新中国成立70多年来，我国通过加快建设，深化改革和大规模扶贫开发，贫困人口大幅减少，成为全球最早实现联合国千年发展目标中减贫目标的发展中国家，加速了世界减贫进程，为全球减贫事业作出了巨大贡献。尤其是改革开放以来，中国累计减贫7亿多人，对全球减贫贡献率超过70%。

（一）为全球减贫提供中国经验

新中国成立70多年来，我国以政府为主导的有计划有组织的扶贫开发，尤其是党的十八大以来精准脱贫方略的实施，为全球减贫提供了中国方案和中国经验。国际社会对中国减贫方案给予高度赞扬。世界银行2018年发布的《中国系统性国别诊断》报告称"中国在快速经济增长和减少贫

困方面取得了'史无前例的成就'"。联合国秘书长古特雷斯称"精准减贫方略是帮助最贫困人口、实现2030年可持续发展议程宏伟目标的唯一途径。中国已实现数亿人脱贫,中国的经验可以为其他发展中国家提供有益借鉴"。联合国粮农组织减贫项目官员安娜·坎波斯表示,中国在减贫领域取得巨大成果,是因为始终把扶贫工作摆在重要位置,并且在扶贫方面有清晰的目标,中国在减贫领域为其他国家树立了榜样。美国著名未来学家约翰·奈斯比特讲到,从全球背景来看,中国减贫努力对寻求摆脱贫困的新兴经济体具有巨大价值。法国著名经济学家米歇尔·阿列塔指出,中国的扶贫成功经验值得推广学习。德国政治学家沃夫拉姆·阿多菲认为,中国政府是将减贫事业作为其使命和责任来对待和解决的,中国的减贫经验为世界提供了借鉴。印度夏马尔大学教授卡玛奇亚表示,中国的脱贫攻坚战,不仅是中国消灭贫穷问题,更是为人类社会作出的巨大贡献,为包括发达国家在内的所有国家作出了榜样,这是中国方案和中国理念对世界的贡献。南非国际关系与合作部原高级外交官格特·约翰纳斯·格罗布勒表示,中国的发展对于世界来说是机遇,而不是威胁,中国的发展方式、发展模式和成功经验,激励和鼓舞着其他发展中国家推进现代化、实现共同繁荣。新加坡前驻联合国大使马凯硕表示,享有安全生活、充足食物、基本医疗、受教育机会、工作收入是公民的五项基本人权,而中国比人类历史上任何一个国家都更快、更全面地将这五项基本权利赋予了中国人民。如果其他国家能借鉴中国的减贫经验,那么我们就能实现有史以来人类生活条件的最大改善。

(二)为世界减贫贡献中国力量

世界银行发布数据显示,我国减贫速度明显快于全球,贫困发生率也大大低于全球。非洲社会科学研究发展理事会副会长福埃表示"从减贫速度看,中国明显快于全球。特别是2013年实施精准扶贫以来,有力加快了全球减贫进程,为其他发展中国家树立了标杆,提供了榜样,坚定了全世界消除贫困的信心"。2020年脱贫攻坚任务完成后,我国将有1亿左右贫困人口实现脱贫，提前 10 年实现联合国 2030 年可持续发展议程的减贫目标，世界上没有哪一个国家能在这么短的时间内帮助这么多人脱贫，这对中国和世界都具有重大意义，将为共建一个没有贫困、共同发展的人类命运共同体贡献中国力量。

中国在实现自身减贫的同时也努力帮助其他发展中国家减贫。中国向多个国家和国际组织提供人民币援助，派遣援助人员，提供医疗援助，并先后为 120 多个发展中国家落实联合国千年发展目标提供帮助。积极推进"一带一路"建设，让国际减贫合作成果惠及更多国家和人民。中国为推动全球可持续发展作出了重要贡献，与此同时，中国通过"一带一路"倡议等项目投资其他国家的基础设施，为消除全球贫困作出了贡献。一些非洲国家在探索适合自身国情及发展道路的过程中，不少非洲国家开始"向东看"，试图从东亚国家，特别是中国的发展经验中获得启示。

（三）丰富发展了国际反贫困理论

中国特色反贫困理论与实践，丰富发展了国际反贫困理论。党的十八大以来，习近平总书记就脱贫攻坚提出了一系列新理念新思想新战略，作出了众多新决策和新部署，形成了体系完整、逻辑严密、内涵丰富的习近平扶贫思想，推动了马克思主义反贫困理论的中国化，创新发展了中国特色的扶贫开发道路。不仅为构建中国特色反贫困理论打下坚实基础，也为世界反贫困事业的发展提供了中国方案，贡献了中国智慧。

以"涓滴理论"为代表的西方主流反贫困理论，认为贫困问题的解决主要依赖社会经济发展水平的持续提高，即使没有社会政策的干预，经济发展的滴漏效应也会影响到社会的贫困阶层，从而使社会贫困问题随着经济发展而自然得到解决。不同于让贫困人口处于被动接受状态的"涓滴理论"，中国大扶贫和精准扶贫战略不仅强调中国共产党领导的政治优势和社会主义制度优势，也强调要发挥脱贫主体的能动性，"志""智"双扶，从而激发脱贫内生动力，这显示出中国特色反贫困理论对西方扶贫理论的超越。大扶贫和精准扶贫思想中内源式扶贫、合力扶贫、制度扶贫等从多个层面认识和构建了中国反贫困理论，不仅对于中国减贫具有很强的针对性、政策性和实践性，而且对国际贫困治理理论的创新、推动广大发展中国家加快摆脱贫困的进程，都有重要的参考借鉴作用。

第三节　脱贫攻坚伟大实践的宝贵经验

在脱贫攻坚实践中，党中央坚持人民至上、以人为本，把贫困群众和全国各族人民一起迈向小康社会、一起过上好日子作为脱贫攻坚的出发点和落脚点。各级党委和政府以及社会协同发力、合力攻坚，东西部守望相助、协作攻坚，广大党员、干部吃苦耐劳、不怕牺牲，充分彰显了共产党人的使命担当和牺牲奉献。

一、坚持党的领导，强化组织保证

打好精准脱贫攻坚战，坚持党的领导是根本。我国扶贫开发始终坚持党的领导、政府主导，把扶贫开发纳入国家总体发展战略，纳入国家五年发展规划。各级党员干部从巩固党执政的阶级基础和群众基础、从保持同人民群众的血肉联系的高度出发，保持顽强的工作作风和拼劲，打牢思想根基，扛牢主体责任，创新思路方法，精准施策推动，尽锐出战决战脱贫攻坚。

（一）切实落实党委政府领导责任

实现贫困人口如期脱贫，责任重于泰山。党中央、国务院统筹制定脱贫攻坚大政方针，出台重大政策举措，规划重大工程项目，统筹协调、全面部署，分阶段、有计划、集中力量组织开展大规模的专项扶贫行动。省级党委和政府坚持抓好脱贫攻坚目标确定、项目下达、资金投放、组织动员、监督考核等工作，确保辖区内贫困人口如期全部脱贫、贫困县如期全部摘帽。市（地、州、盟）党委和政府坚持做好上下衔接、域内协调、督促检查工作，把精力集中在贫困县如期摘帽上。县级党委和政府坚持承担主体责任，县委书记和县长作为第一责任人，做好精准识别、进度安排、项目落地、资金使用、人力调配、推进实施等工作。

2015年印发的《中共中央 国务院关于打赢脱贫攻坚战的决定》，22个省、区、市的书记和省长在脱贫攻坚责任书上签了字，这是给党中央立的军令状，也是对各省区市党委和政府脱贫攻坚工作进行考核的依据。2016年2月，中共中央办公厅、国务院办公厅印发《省级党委和政府扶贫开发工作成效考核办法》。各级党委政府不辱使命，主动适应党的十八大以来的新气象，深入学习贯彻习近平总书记关于扶贫工作的重要论述，准确把握打赢脱贫攻坚战的目标标准和重点任务，增强"四个意识"、坚定"四个自信"、做到"两个维护"，增强决战决胜脱贫攻坚的政治担当和责任担当，以高度的历史使命感亲力亲为，坚决落实党中央决策部署。对标对表中央要求、下足绣花功夫，以钉钉子精神推进各项工作落实。不断强化扶贫开发工作领导责任制，把中央统筹、省负总责、市（地）、县抓落实的管理体制，片为重点、工作到村、扶贫到户的工作机制，党政一把手负总责的扶贫开发工作责任制，真正落到实处。

（二）切实强化基层党组织堡垒作用

农村基层党组织是党在农村全部工作和战斗力的基础，是贯彻落实党的扶贫开发工作部署的战斗堡垒。"帮钱帮物，不如帮助建个好支部。"各地深入推进抓党建促脱贫攻坚工作，把扶贫开发同基层组织建设有机结合起来，抓好以村党组织为核心的村级组织配套建设，选好一把手、配强领导班子，选派思想好、作风正、能力强、愿意为群众服务的优秀年轻干部、退伍军人、大学生到贫困村工作，落实向贫困地区村党组织选派第一书记举措，做到每个贫困村都有驻村工作队、每个贫困户都有帮扶责任人。通过选派第一书记和驻村工作队，锻炼了机关干部，培养了农村人才，打造了一支能征善战的"不走的扶贫工作队"，增强了农村基层党组织凝聚力和战斗力，真正把基层党组织建设成为带领乡亲们脱贫致富、维护农村稳定的坚强领导核心。全国累计选派43.5万名干部担任第一书记，派出277.8万名干部驻村帮扶。目前，在岗第一书记19.5万名、驻村干部

77.5万名。这些同志肩负重任，同当地基层干部并肩战斗，带领贫困群众脱贫致富，用自己的辛苦换来贫困群众的幸福，有的甚至献出了宝贵生命，诠释了扶贫干部的担当和情怀，真正把基层党组织建设成带领群众脱贫致富的坚强战斗堡垒。①

二、坚持精准方略，提高脱贫实效

精准扶贫精准脱贫，是习近平总书记40多年长期探索的结晶，是中国扶贫理论和扶贫实践的重大创新。习近平总书记指出，要坚持精准方略、提高脱贫实效，解决好扶持谁、谁来扶、怎么扶、如何退问题，扶贫扶到点上扶到根上。贫有百样、困有千种，打好精准脱贫攻坚战，必须始终坚持精准扶贫精准脱贫的基本方略不动摇，找准痛点、难点、重点，对症下药、精准滴灌、靶向治疗，真正扶到点上、扶到根上，确保扶真贫、真扶贫，脱真贫、真脱贫。

（一）构建科学完善的精准识别体系

扶贫必先识贫，打牢精准扶贫基础。精准识别贫困人口是精准施策的前提，只有把扶贫对象摸清搞准，心中有数才能工作有方。长期以来，我国贫困人口总数是国家统计局在抽样调查基础上推算出来的，没有具体落实到人头上，出现扶贫资金与贫困户不匹配的问题，导致应该获得扶贫资金的人没有获得，不该得到的却得到了，这违背了国家实施精准扶贫、精准脱贫的初衷，也会导致贫富差距进一步拉大，造成一系列其他的社会问题。近年来，各地方政府在精准识别上做出了很多探索，积累了不少经验。一是充分调研，建立符合当地情况的精准识别体系。在制定识别体系之前进行充分调研，与各相关部门和高校研究机构共同合作，运用科学的方法结合当地教育、医疗、住房、交通以及物价水平等，建立符合当地实际情况的贫困标准，将判断识别指标明晰化，尽量使识别结果得到当地群

---

① 习近平：《在打好精准脱贫攻坚战座谈会上的讲话》，《求是》，2020年第9期。

众认可的基础上建档立卡，摸清贫困人口底数。二是对贫困户信息进行动态监测。由于贫困户的信息是动态变化的，要注重精准识别体系的时效性，建档立卡之后还要对贫困户的实际状况进行动态监测，督促农户及时上报最新信息实现动态调整，把已经稳定脱贫的人标注出去，把遗落的人纳入扶贫对象。三是加强信息共享。精准识别时很容易出现信息不对称的现象，占有信息优势的农户方为了自身利益往往会故意隐藏相关信息，加强信息共享后，扶贫者通过与其他相关部门的联系可以对扶贫对象有更全面、准确的了解，大大减少由于信息不对称带来的逆向选择问题，进一步提升贫困户信息数据的一致性和准确性。

实现精准脱贫，需要标本兼治，找到贫困的真正"病因"，拔掉致贫的关键"病根"。俗话说，治病要找病根。扶贫也要找"贫根"。把扶贫对象摸清搞准了，还要把贫困程度、致贫原因搞清楚，才能做到因户施策、因人施策。所谓贫有百样，困有千种，每个贫困户的致贫原因、发展能力、发展需求是不同的。过去那种"大水漫灌式"扶贫很难奏效，必须对不同原因、不同类型的贫困，采取不同的脱贫措施，对症下药、精准滴灌、靶向治疗。要坚持因人因地施策，因贫困原因施策，因贫困类型施策。各地通过深入调查研究，搞清楚在现有贫困人口中，哪些是有劳动能力、可以通过生产扶持和就业帮助实现脱贫的，哪些是居住在"一方水土养不起一方人"的地方、需要通过易地搬迁实现脱贫的，哪些是丧失了劳动能力、需要通过社会保障实施兜底扶贫的，哪些是因病致贫、需要实施医疗救助帮扶的，等等。要防止不分具体情况，简单把所有扶贫措施都同每一个贫困户挂钩。

(二) 探索科学有效的精准施策路径

习近平总书记指出，脱贫攻坚要取得实实在在的效果，关键是要找准路子、构建好的体制机制，抓重点、解难点、把握着力点。空喊口号、好大喜功、胸中无数、盲目蛮干不行，搞大水漫灌、走马观花、大而化之、手榴弹炸跳蚤也不行，必须在精准施策上出实招、在精准推进上下实功、在精准落地上见实效。

一要聚焦短板弱项，精准落实政策。坚持目标标准，既不拔高标准、吊高胃口，也不降低标准、影响成色，精准谋划项目，从严落实政策，加快补齐短板弱项。对扶贫政策进行科学分类，制定精准扶贫的具体操作办法，该精准到户的一定要精准到户，该精准到群体的一定要精准到群体，防止出现新的矛盾和不稳定因素。强调扶贫措施精准到户到人，主要是强调对贫困户要有针对性的帮扶措施，但并不是说每一项扶贫措施都是对着所有贫困户去的。比如发展现代农业、推广良种良法、开发特色产业，需要一定经营规模，也需要农民合作社、家庭农场等新型经营主体引领，不是随便一家一户就能干得了的。如何将产业扶持和精准扶贫有机结合起来，应该允许和鼓励地方探索。进行农村基础设施建设，有的需要整村推进，有的需要整乡整县推进，有的需要整流域或整片区推进，应该统筹谋划。有些民族地区，由于多种原因，务工机会少，扶贫脱贫难度比其他地方更大，政策应该更倾斜、工作落实力度应该更大。对仍处于深度贫困的偏远边境地区的人口较少民族，应该有更特殊的扶持措施。

二要坚持因地制宜，分类精准施策。因人因地施策，因贫困原因施策，因贫困类型施策，通过扶持生产和就业发展一批，通过易地搬迁安置一批，通过生态保护脱贫一批，通过教育扶贫脱贫一批，通过低保政策兜底一批。拿出"绣花"功夫，针对不同贫困户，帮其解决不同的致贫原因。不同的地方、不同的贫困户有不同的扶法，新疆南疆是一种扶法，石漠化地区是一种扶法，太行山是一种扶法，青海三江源是一种扶法，大小凉山又是一种扶法。对民族地区、游牧地区、"直过民族"地区，对语言不通的地方和语言通的地方，对文化背景不同的地方，工作要因地制宜。

三要探索有效路子，确保脱贫出实效。要探索精准脱贫的有效路子，给贫困群众培育可持续发展的产业，给贫困群众培育可持续脱贫的机制，给贫困群众培育可持续致富的动力。要把发展生产扶贫作为主攻方向，努力做到户户有增收项目、人人有脱贫门路；要把易地搬迁扶贫作为重要补充,确保搬得出、稳得住、能致富;要把生态补偿扶贫作为双赢之策,让有劳动能力的贫困人口实现生态就业,既加强生态环境建设,又增加贫困人口就业收入;要把发展教育扶贫作为治本之计,确保贫困人口子女都能接受良好的基础教育,具备就业创业能力,切断贫困代际传递;要把社会保障兜底扶贫作为基本防线,加大重点人群救助力度,用社会保障兜住失去劳动能力人口的基本生活。

(三)建立切实可行的精准退出机制

精准扶贫是为了精准脱贫,目的和手段关系要弄清楚。要解决好"如何退"的问题。要加快建立反映客观实际的贫困县、贫困户退出机制,努力做到精准脱贫。精准识别退出贫困人口,动态完善落实"一户一策",真正做到了识真贫、扶真贫、真脱贫。始终把脱贫质量摆在首位,落细攻击点位,下足"绣花"功夫,精心组织开展了"3+1""5+1""四核四防十紧盯"等专项行动,见底见效整改了各级巡视考核督查反馈问题,有效保证了脱贫攻坚工作务实、过程扎实、结果真实。全面落实"四个不摘"要求,紧扣疫情、灾情双重影响,切实加强返贫监测,定期排摸核查,动态监测预警,对脱贫不稳定户、边缘易致贫户等,及时落实帮扶措施,积极防范和化解返贫致贫风险,真正做到全面小康不漏一户、不落一人,对已经脱贫的进行全面排查、查漏补缺、补齐短板、整改到位,对存在返贫风险的和存在致贫风险的实施针对性的预防措施,及时帮扶返贫和致贫人口,对已经退出的贫困县、贫困村、贫困人口,要保持现有帮扶政策总体稳定,防止返贫和新发生贫困,巩固现有成果。

三、坚持加大投入,强化资金支持

要树牢过紧日子的思想,坚持用好扶贫资金、管好扶贫项目,为巩固脱贫攻坚成果提供有力保障。

(一)加大资金投入力度

脱贫攻坚,资金投入是保障。习近平总书记指出,扶贫开发投入力度，要同打赢脱贫攻坚战的要求相匹配。中央财政专项扶贫资金、中央基建投资用于扶贫的资金等，增长幅度要体现加大脱贫攻坚力度的要求。中央财政一般性转移支付、各类涉及民生的专项转移支付，要进一步向贫困地区倾斜。省级财政、对口扶贫的东部地区要相应增加扶贫资金投入。要加大财政涉农资金整合力度，加强扶贫资金监管，提高资金使用效率和效益，用好扶贫的土地和金融政策。李克强总理强调，要拿出更加有力的政策措施大力支持脱贫攻坚，加大中央财政对贫困地区转移支付力度，较大幅度增加专项扶贫资金规模。在经济下行压力较大，财政增收不乐观的情况下，扶贫资金不但不减，中央和省级财政还明显增加了投入。"十三五"期间宁肯少上一些大项目，也要确保扶贫投入明显增加。中央财政专项扶贫资金、中央基建投资用于扶贫的资金等，增长幅度都体现了加大脱贫攻坚力度的要求。中央财政一般性转移支付、各类涉及民生的专项转移支付，要进一步向贫困地区倾斜。省级财政、对口扶贫的东部地区也要按照这个原则，相应增加扶贫资金投入。国家在贫困地区安排的公益性建设项目，要取消县一级配套资金。

（二）形成扶贫开发资金合力

坚持发挥政府投入主体和主导作用，增加扶贫开发财政资金投入和项目布局的同时，积极开辟扶贫开发新的资金渠道，增加金融资金对脱贫攻坚的投放和支持，发挥资本市场支持贫困地区发展作用，广泛吸引社会资金参与脱贫攻坚，鼓励引导企事业单位到贫困地区兴办各类事业和提供服务，形成脱贫攻坚多渠道、多样化资金投入，凝聚扶贫开发资金供给合力。一是发挥财政资金"四两拨千斤"的导向作用，各级财政在加大对深度贫困地区的转移支付规模的同时，支持成立政府出资的担保机构，扩大扶贫贴息贷款规模，撬动更多信贷资金支持贫困户发展生产和就业创业。二是加快农村金融改革创新步伐，提高贫困地区和贫困人口金融服务水平。通过完善激励和约束机制，推动各类金融机构实施特惠金融政策，重视发挥好政策性金融和开发性金融在脱贫攻坚中的作用。建设机构、信用、支付、保险、担保、村级服务组织六大金融服务体系，有效缓解贫困户资金缺、贷款难问题。鼓励金融机构创新金融扶贫产品和服务，引导资金、土地、人才、技术、管理等各种要素向贫困地区聚集。三是充分认识统筹整合使用好财政涉农资金的必要性和重要性，积极创新思路，发挥好各级扶贫开发领导小组在扶贫政策安排、扶贫规划制定、扶贫工程实施上的统筹协调作用，高效推进涉农资金统筹整合工作，提高资金使用效率。此外，资本市场尤为关注对深度贫困地区的上市企业安排，保险机构也适当降低对深度贫困地区的保费收取标准等，通过各种举措，形成支持深度贫困地区脱贫攻坚的强大资金投入合力。

（三）加强扶贫资金阳光化管理

扶贫资金量大、面广、点多、线长，监管难度大，社会各方高度关注。因此，强化监管，做到阳光扶贫、廉洁扶贫至关重要。一是着力健全扶贫资金使用管理安全机制，理顺涉农资金管理体系，聚焦直接带动脱贫、带动就业的产业发力，确保整合资金围绕脱贫攻坚项目精准使用，提高使用效率和效益。二是加强资金整合，提高使用效率和效益。建立县级脱贫攻坚项目库，加强项目论证和储备，防止资金闲置和损失浪费。健全公告公示制度，省、市、县扶贫资金分配结果一律公开，乡、村两级扶贫项目安排和资金使用情况一律公告公示，接受群众和社会监督。三是建立完善的扶贫干部追责制度及扶贫资金分配制度。建立脱贫绩效考核的具体办法，将脱贫绩效与主管人员的奖惩升迁挂钩，对于不作为的以及挪用、侵占扶贫资源的干部要实施严格的问责制度，实行"能者上劣者退"的机制。以此强化帮扶干部的责任意识，使其把主要精力放在脱贫攻坚上。四是加强审计监管，集中整治和查处扶贫领域的职务犯罪，对挤占挪用、层层截留、虚报冒领、挥霍浪费扶贫资金的，从严惩处。切实加强扶贫资金管理，优化资金配置，提高使用效率，确保每一分钱都花在刀刃上，对挪用甚至贪污扶贫款项的行为必须坚决纠正、严肃处理，对扶贫领域腐败问题，发现一起，严肃查处问责一起，决不姑息迁就。

四、坚持社会动员，凝聚各方力量

"人心齐，泰山移"。打好脱贫攻坚战是全党全社会的共同责任，要动员和凝聚全社会力量广泛参与。坚持专项扶贫、行业扶贫、社会扶贫等多方力量、多种举措有机结合和互为支撑的"三位一体"大扶贫格局，调动各方面积极性，引领市场、社会协同发力，形成全社会广泛参与的扶贫开发强大合力。

（一）积极探索全社会参与脱贫的机制

各地应积极探索政府主导、各种社会力量广泛参与的扶贫救助机制，探索符合贫困群众特点的综合性脱贫机制。要激励企业积极参与扶贫，落实国有企业精准扶贫责任，引导民营企业积极开展产业扶贫、就业扶贫、公益扶贫。支持各类社会组织参与扶贫，加快建立社会组织帮扶项目与贫困地区需求信息对接机制，确保贫困人口发展需求与社会帮扶有效对接。积极组织动员各类志愿服务团队、社会各界爱心人士开展扶贫志愿服务。健全党政军机关、企事业单位开展定点扶贫的工作机制，坚持发挥单位、行业优势与立足贫困地区实际相结合，创新帮扶举措，提高扶贫成效。创新我国慈善事业制度，动员全社会力量广泛参与扶贫事业，鼓励支持各类企业、社会组织、个人参与脱贫攻坚。同时，要引导社会扶贫重心下沉，促进帮扶资源向贫困村和贫困户流动，实现同精准扶贫有效对接。

（二）持续激发贫困群众内生动力

习近平总书记指出，我们坚持开发式扶贫方针，引导和支持所有有劳动能力的贫困人口依靠自己的双手创造美好明天。贫困群众既是脱贫攻坚的对象，更是脱贫致富的主体。要加强扶贫同扶志、扶智相结合，激发贫困群众积极性和主动性，激励和引导他们靠自己的努力改变命运，使脱贫具有可持续的内生动力。一是通过树立脱贫光荣导向，弘扬自尊、自爱、自强精神，为激发贫困群众脱贫内生动力营造良好氛围。帮扶干部应深入贫困群众，引导其树立正确价值观念，努力找准发力点，精准施策，有效激发贫困群众脱贫的内生动力。比如，有的地方从个体、家庭以及社区的角度营造奋发有为的环境，有的地方运用经济、社会和文化手段打破"甘于贫困"的思想意识和行为模式等，取得良好效果。二是着力夯实贫困人口稳定脱贫基础，这也是持续激发贫困群众内生动力、建立稳定脱贫长效机制的有力保障。注重提升各类贫困人口的风险防范能力，强化社会保障的防贫减贫功能。增强农村社区的扶贫济困功能，强化邻里互帮互助、患难相恤的传统，发挥社会资本在减贫中的作用，做好脱贫攻坚与实施乡村振兴战略的有效衔接。三是要加强典型示范引领，总结推广脱贫典型，用身边人、身边事示范带动，营造勤劳致富、光荣脱贫氛围。

（三）深化东西部扶贫协作

习近平总书记强调，长远上要立足国家区域发展总体战略，深化区域合作，推进东部产业向西部梯度转移，实现产业互补、人员互动、技术互学、观念互通、作风互鉴，共同发展。在新形势下，东西部扶贫协作和对口支援要注意由"输血"向"造血"转变，实现互利双赢、共同发展。西部地区产业支撑带动能力不强，自身造血功能比较弱，靠过去单一的、短期的、救济式的送钱送物难以从根本上解决问题。但西部地区资源富集、投资需求旺盛、消费增长潜力巨大、市场广阔，这对东部地区发展来说是重要机遇。东部地区不仅要帮钱帮物，而且要推动产业层面合作，推动东部地区人才、资金、技术向贫困地区流动，实现双方共赢。不仅要推动省级层面协作，而且要推动市县层面协作。在完善省际结对关系的基础上，帮扶双方要着力推动县与县精准对接，组织辖区内经济较发达县（市、区）同对口帮扶省份贫困县结对帮扶，实施"携手奔小康"行动。还可以探索东西部乡镇、行政村之间结对帮扶。要在全社会广泛开展向贫困地区、贫困群众献爱心活动，2020年6月广泛宣传为脱贫攻坚作出突出贡献的典型事例，为社会力量参与脱贫攻坚营造了良好氛围。

五、坚持从严要求，促进真抓实干

习近平总书记多次强调，脱贫攻坚工作要实打实干，一切工作都要落实到为贫困群众解决实际问题上,切实防止形式主义,不能搞花拳绣腿,不能搞繁文缛节,不能做表面文章。拿出踏石留印、抓铁有痕的劲头,以持之以恒的坚韧态度,发扬钉钉子精神,锲而不舍、驰而不息抓下去。

(一)层层压实责任

一是压紧党委政府主体责任。督促各级党委和政府把打赢打好脱贫攻坚战作为重大政治任务,增强政治担当、责任担当,层层传导压力,推动各项政策措施落地生根。抓牢一把手这个"牛鼻子",坚持市委书记遍访脱贫攻坚任务重的乡镇、县(市、区)委书记遍访贫困村、乡镇党委书记和村党组织书记遍访贫困户,把问题找准,把难点找准,把脱贫职责扛在肩上,把脱贫任务落到实处。加强贫困村党组织特别是带头人队伍建设,使其成为带领贫困群众脱贫致富的"主心骨""领头雁"。二是压实基层一线工作责任。脱贫攻坚工作直接面向贫困地区和贫困群众,直接同人民群众打交道,扶贫工作必须务实,脱贫过程必须扎实,脱贫结果必须真实,让脱贫成效真正获得群众认可。基层一线工作既注重政策、资金、项目等"硬落实",又注重精气神、作风、效能等"软建设"。扶贫工作人员增强责任感、使命感和紧迫感,主动担当作为,发挥示范带头作用,下足绣花功夫,确保责任落实到位、政策落实到位、工作落实到位。三是推动各方承担社会责任。深入开展定点扶贫工作,督促帮扶单位加强资源投入,落实帮扶责任。引导各方企业履行社会责任,积极开展产业扶贫、就业扶贫、公益扶贫等。大力宣传脱贫攻坚中涌现的先进典型和感人事迹,引导社会力量和爱心人士积极捐款捐物、开展志愿服务,形成全社会广泛参与脱贫攻坚格局。

(二)严格考核督查

将全面从严治党要求贯穿脱贫攻坚工作全过程和各环节,实施严格的督查巡查和考核评估,较真碰硬开展挂牌督战,加强调查研究,及时发现解决问题,对苗头性倾向性问题,认真研究并提出有针对性的要求。一是对创新考核方式方法、完善考核评价机制进行了有益探索。比如省际交叉考核，有效提升了考核质量，促进了各地相互学习、取长补短；考核中运用第三方评估，加强了对脱贫攻坚工作成效的社会监督。二是较真碰硬实施考核评估。坚持问题导向，敢于较真碰硬，对各级党委和政府脱贫攻坚工作成效进行考核，对考核结果好的地区，通报表扬、给予鼓励，树立讲实效的导向；对问题突出的地区，问责批评，督促整改，发挥警示作用。不仅为做好脱贫攻坚工作提供了有效依据，而且把考核结果作为组织部门对各级党委和政府主要负责同志和领导班子综合评价的重要依据，促进了脱贫攻坚工作真抓实干，防止了脱贫攻坚中出现责任落实不到位、工作措施不精准、资金管理使用不规范、工作作风不扎实现象。

（三）加强作风建设

打赢脱贫攻坚战绝非朝夕之功，要坚持问题导向，集中力量解决脱贫领域"四个意识"不强、责任落实不到位、工作措施不精准、资金管理使用不规范、工作作风不扎实、考核评估不严格等突出问题。要建立长效机制，对脱贫领域的突出问题，一经举报，要追查到底。对查实的典型案件，要坚决予以曝光，严肃追究责任。对发现的作风问题，要举一反三，完善政策措施，加强制度建设，扎紧制度笼子。

第七章　构建共建共治共享
社会治理新格局

立治有体，施治有序。社会治理是国家治理的重要方面，良好的社会治理是社会和谐稳定、人民安居乐业的前提和保障。习近平总书记在党的十九大报告中指出，要提高保障和改善民生水平，加强和创新社会治理，打造共建共治共享的社会治理格局，并提出了加强社会治理制度建设、预防和化解社会矛盾机制建设、加强社区治理体系建设等具体要求，为新时代我国国家治理和社会治理发展指明了方向。党的十九届四中全会强调，要坚持和完善共建共治共享的社会治理制度，保持社会稳定、维护国家安全。党的十九届五中全会通过的《中共中央关于制定国民经济和社会发展第十四个五年规划和二〇三五年远景目标的建议》中要求"完善共建共治共享的社会治理制度""加强和创新社会治理"。党和政府对社会治理高度重视，提纲挈领地从完善制度体系和达成治理成效两个方面阐述了中国特色社会治理的基本内涵，为新时代加快构建共建共治共享社会治理新格局，建设更高质量的小康社会注入新动能。

第一节　共建共治共享社会治理新格局助力
全面建成小康社会

打造共建共治共享的社会治理新格局，目的在于让更多的主体参与社会治理、更加多元的方式推动社会治理、更加公平地享受社会治理成果，广泛凝聚智慧力量、创新问题解决的方式方法、切实保障人民群众权益，助力全面建成获得感强、幸福感浓、安全感高的小康社会。

一、多元主体参与治理凝聚小康社会的人民力量

党的十九届四中全会重提了"打造共建共治共享社会治理新格局"，这不仅是对全面建成小康社会的积极响应，更是共产党执政为民、全心全意为人民服务的本质要求。中国小康社会的实践肇始于20世纪70年代改革开放初期，邓小平同志首次用小康社会以期实现中国跨越式发展，提出到20世纪末人民生活总体达到小康水平，在此基础上全面建设惠及十几亿人口的更高水平的小康社会奋斗目标。此后，中国共产党人根据时代特征和现实发展要求，继续充实和拓展了这一奋斗目标，把"建设小康社会"调整为"建成小康社会"，"建成"与"建设"虽一字之差，意义却大不同。"建设"侧重过程，"建成"更加强调结果，意味着到2020年我们要全面建成小康社会，凸显了共产党人的高昂斗志，体现了党对全国人民的庄严承诺，同时也凝聚了建设小康社会的磅礴力量。

（一）依靠人民实现奋斗目标

不同的历史时期，我们党始终把马克思主义基本原理紧密与客观实际相结合，全面反映人民诉求，不断满足广大人民意愿，先后提出了一系列富有创造力、感召力的奋斗目标。党的十八大以来，以习近平同志为核心的党中央为顺利实现小康社会的奋斗目标作了多方面阐述，明确提出未来五年，我们党和国家的各项任务归结起来就是夺取全面建成小康社会决胜阶段的伟大胜利，充分彰显了党对全面建成小康社会的坚强决心和必胜信心。

共建共治共享的社会治理新格局，是坚持以人民为中心的发展思想，推进社会治理体系和治理能力现代化，以共建共治共享的制度举措，确保人民安居乐业、社会安定有序。这既是基于对发展为了人民、发展依靠人民、发展成果由人民共享的深刻理解和生动践行，也蕴含着对新时代加强和创新社会治理让社会安定、人民安宁的深入思考，对推动高质量发展、

确保全面建成小康社会具有重要意义。

(二) 以人为本实现公平正义

人类社会发展最终目的就是实现公平正义，这是衡量文明社会的一把尺子，是判断人民幸福感的一个重要指标。随着我国社会主要矛盾发生改变，人民群众的需求也在潜移默化地转变，对公平正义的追求更加强烈。只有不断满足人民日益增长的美好生活需要，为人民群众提供更井然有序的社会秩序、更廉洁高效的行政体系、更具有性价比的公共产品，才能满足人民群众的幸福感和安全感，才能促进社会更加的公平正义。

打造共建共治共享的社会治理新格局与更好地实现社会公平正义有异曲同工、殊途同归的内在逻辑关联。公平正义关系到每一个人，关系到人民群众的切身利益，只有在社会发展过程中平衡好各主体之间的利益关系，调整好各主体之间的资源分配，才能实现利益均等化和最大化，才能最大限度地保障人民群众的切实利益诉求。因此，党的十九届四中全会对国家治理体系和治理能力现代化提出的一系列新要求、新举措，正是强化社会公平正义的宏观引导，也是实现社会公平正义的具体操作。

公平正义作为社会治理的最终目标，在打造共建共治共享的治理格局中具体体现在：一是聚焦了人民需求。全面建成小康社会就是保障人民在民主、法治、公平、正义、安全、环境等方面的需求更加凸显，这就要求社会治理要实现从"问题本位"向"需求本位"、从"管理本位"向"服务本位"的转变，切实做到以提升人民群众幸福指数为导向，以密切党同人民群众血肉联系为核心，以群众满意为根本出发点和落脚点。二是注重了人民参与。通过搭建多样化、多层次、多维度的参与平台和载体，完善健全了人民多元参与机制和参与渠道，切实提高了人民参与各类社会事务的质量水平。三是凝聚了人民智慧。社会治理面临的形势越是复杂多变，越是需要紧紧依靠人民群众，共建共享共治中的"共"字就是举众人之手，聚众人之能，充分汲取广大人民群众在实践中创造和积累的经验智慧。四是体现了人民幸福。人民幸福是检验社会治理成效的试金石，习近平总书记曾多次真情流露过他一心为民的赤诚之心，"共产党就是为人民谋幸福的，人民群众什么方面感觉不幸福、不快乐、不满意，我们就在哪方面下功夫"。如此，不断满足人民群众日益增长的美好生活需要，坚持实现共同富裕，不仅是建设共享型社会治理的终极目标，也是小康社会建设的应有之义，两者相辅相成、不可分割。

二、社会治理水平提升丰富小康社会的维度内容

习近平总书记在党的十九大报告中提出，要打造共建共治共享的社会治理格局，将其作为提高保障和改善民生水平、加强和创新社会治理的重要内容。按照党的十九大报告要求，共建共治共享的社会治理新格局将作为我国新时代社会建设的一种模式，是社会治理能力和水平的集中体现。在持续深耕、绵绵用力地实践探索中，共建共治共享这一有序高效的社会治理模式在自身发展的同时也拓展了全面建成小康社会的维度和内容，深化了共同富裕的内涵。

（一）满足小康社会建设的全面性要求

党和国家根据国内外形势变化，顺应我国经济社会新发展和广大群众新期待，对全面小康的目标进行了充实和完善，但全面小康的"全面性"始终是最为基础的特征，而社会治理水平的科学性、平衡性及协调性能很好地满足小康社会的全面性要求。

首先，社会治理水平提升满足小康社会建设领域的全覆盖。从涉及的领域来说，全面小康囊括中国特色社会主义建设的"五位一体"，是一个"经济发展、政治清明、文化繁荣、社会公正、生态良好"的有序社会，是全方位、宽领域的综合社会，以上皆构成全面小康社会的主要领域和重点任务。因此，全面小康社会绝不是单纯的经济总量持续增长、收入水平有较大提高、消费能力稳步提升或生活质量全面改善的单一指针，而是突出在释放和推进社会生产力的同时，逐步促进资源共享，实现人的自由而

全面发展①。由此,社会治理水平的提升可以使社会治理"触手"及"效能"渗透到上述社会发展的所有领域,而不至于出现真空或短板。如在政治方面的治理,保障人民在国家中的主人翁地位,持续深化政治体制改革,弘扬社会主义民主法治,维护公平正义,充分展现社会主义制度的优越性;在经济方面的治理,坚持和完善社会主义基本经济制度,充分发挥市场在资源配置中的决定性作用,更好发挥政府作用,加快建设现代化经济体系,努力推动经济实现高质量发展;在文化方面的治理,深挖文化题材,推动文化创造性转化、创新性发展,创造更多更高质量的文化产品,不断繁荣社会主义文化市场,满足广大人民群众的精神需求,提升我国文化软实力;在社会方面的治理,建设人人有责、人人尽责、人人享有的社会治理共同体,关爱弱势群体,在发展中增进民生福祉;在生态方面的治理,实现人与自然和谐相处,着力解决当前突出的生态环境问题,走绿色发展、生态文明道路,共同守护好人类赖以生存发展的地球家园。

其次,社会治理水平提升满足小康社会建设人群的全覆盖。"没有全民健康,就没有全面小康。"② 我们建设的小康社会是涵盖所有人群和秉持共同富裕、坚决不让任何一人掉队的小康社会。人民是历史的主体,是推动社会发展的主要力量。中国能取得如此辉煌成就,离不开全体人民的埋头苦干,离不开各族人民的辛勤奉献,人民不愧为推动中国特色社会主义事业的真正英雄。从古至今,我国就是统一的多民族国家,各民族在长期融合发展过程中互帮互助、互通有无,有力铸牢了团结奋进的中华民族共同体,全面小康理应包含且必须包含我国所有人群和所有民族。随着社会治理水平的提升,治理的能力和成效日渐显现,即使面临最难啃的"贫困"骨头,我们有能力也有信心确保小康路上一个都不能少,实现国家现

---

① 肖贵清:《全面建成小康社会的内涵、战略地位和制度保障》,《思想理论教育导刊》,2015年第9期。

② 中共中央宣传部编:《习近平总书记系列重要讲话读本》(2016年版),学习出版社、人民出版社2016年版,第59—60页。

行标准下的贫困人口和贫困地区脱贫，就是全面贯彻落实共享发展理念，灵活开辟特色产业扶贫、生态扶贫、易地搬迁扶贫、教育扶贫等多元化途径，坚持靶向治理，实现精准扶贫与精准脱贫相结合，确保全体人民共同迈入全面小康社会的真实写照。

最后，社会治理水平提升满足小康社会建设区域的全覆盖。全面小康涵盖中国960多万平方公里广袤大地上的每一寸土地，是城乡区域共进的小康，是地区共进的小康，既包括城市地区，也包括农村地区，还包括东部沿海发达地区和广大中西部欠发达地区。一直以来，我国存在区域发展不协调、不平衡的问题，例如东部与中西部发展不协调的矛盾日益突出，城市与农村间的发展差距不断拉大。事实证明，"没有农村的全面小康和欠发达地区的全面小康，就没有全国的全面小康。"[1] 全面建成小康社会必须覆盖所有区域，避免任何可能存在的盲区漏洞，逐步缩小区域差距和城乡差距，更加注重经济发展与民生建设有机结合，更好地实现区域优势资源合理配置、城乡间要素交换平等、部门间基本公共服务均等，使经济社会发展的软硬件实力同步增强、后劲持续充足。因此，建立共建共治共享的社会治理新格局，就是统筹兼顾、城乡协调的社会治理水平的集中体现，有利于从经济发展、百姓生活、民主法治、生态环境、社会结构、科学技术等众多方面建构全面建成小康社会的评价指标体系[2]。推动全面小康社会朝内涵丰富的社会形态演进，彰显中国特色社会主义全面发展的内在要求，整体推进全面建成小康社会目标的实现。[3]

（二）适应小康社会精细化管理的要求

近年来，我国城乡社会治理与服务水平显著提升，但与人民群众的期待还存在着一定差距，如社区治理的科学化、精细化、法治化水平还不够

---

[1] 中共中央文献研究室编：《习近平关于协调推进"四个全面"战略布局论述摘编》，中央文献出版社2015年版，第24页。
[2] 肖宏伟：《我国全面建成小康社会评价指标体系研究》，《发展研究》，2014年第9期。
[3] 朱启贵：《全面建成小康社会评价指标体系研究》，《人民论坛·学术前沿》，2017年第4期。

高。小康社会的建设需进一步与人民群众在生活生产过程中精细化要求相结合，而较高的社会治理水平能在此处凸显优势，不仅在形式上增强民众的获得感，在内容上更是能提升民众的幸福感。

首先，精准有效的公共服务水平能提升小康社会的便捷性。比如推进15分钟便民生活服务圈建设，完善"一站式"便民服务功能，都是在便民的基础上创新的服务模式，抓住群众最关心最直接最现实的利益问题，在精细化、精准化上持续用力，引入了更多社会力量来提升为民服务品质，提升小康社会的实际获得感。

其次，精准多元的公共服务水平能提升小康社会的丰富性。人民期盼美好的生活，期盼更好的教育、更稳定的工作、更满意的收入、更可靠的社会保障、更高水平的医疗卫生服务、更舒适的居住条件、更优美的环境，期盼生活更美好。人民群众对于美好生活的需求是全方位的、综合性的、更高层次的需求，因此，人民的需求和期望在质上和量上、在种类和范围上都出现了更高的要求。需要考量文化、教育、医疗、物业、法律咨询等方面的多元化需求，整合各方资源，为民众提供高效、便利、精准、优质的公共服务。

最后，精准互补的公共服务水平能提升小康社会的协调性。小康社会是全面参与、多方合作的治理模式，社会治理水平的提升表现在满足人民群众精细化服务需求中引入多方供给主体，不仅要强化每个责任主体的核心要义，还要时刻加强多主体之间的互动联系，各取所长，为小康社会的协同推进，提升社会治理各项工作精准分析、精准服务、精准治理、精准监督、精准反馈能力奠定合作基础。

三、问题解决方式创新加速小康社会的提质增能

打造新的社会治理格局，不是我们原来的社会治理体系出了问题，而是社会环境变了，我们的追求更高了，适应这种新的形势必须构建更加科学合理的社会治理体系。邓小平同志早在1993年就曾指出：发展起来以后

的问题并不比不发展的时候少。进入21世纪,经济全球化和世界多极化在曲折中发展,国家之间的竞争日趋白热化,各种新情况新问题新矛盾层出不穷,发展不平衡不充分问题,已经成为当前社会发展的主要矛盾,也是现阶段各种社会矛盾交织的主要根源。在打造共建共治共享社会治理新格局的过程中,只有将挑战转变为机遇,将机遇转化为成果,才能有效助推全面建成小康社会,警惕"木桶效应",聚焦"问题意识",创新问题解决方式,有效补足短板、增强弱项,为全面小康社会建设提质增能。

(一)社会主要矛盾的变化要求有新的问题解决方式

习近平总书记在党的十九大报告中指出:中国特色社会主义进入新时代,我国社会主要矛盾已经转化为人民日益增长的美好生活需要和不平衡不充分的发展之间的矛盾。习近平总书记的讲话既高屋建瓴又提纲挈领,全面深刻地论述了我国在稳定解决十几亿人民群众温饱问题的基础上,总体上实现了小康。然而,在全面建成小康社会的征程中,人民对美好生活的需要日益广泛,不仅表现为对物质文化生活提出了更高要求,而且在民主、法治、公平、正义、安全、环境等方面的要求也日益增长,如城乡结构失衡问题、社会流动人口治理问题等。此外,我国社会生产力水平总体上显著提高,社会生产能力在很多方面已进入世界前列,在广袤的中国大地上更加突出了区域间、人群间、行业间发展不平衡不充分的问题,将成为满足人民日益增长的美好生活需要的主要制约因素。

进入新时代,为了解决社会发展的不平衡不充分问题,迫切需要通过社会整合推动形成共建共治共享的社会治理新格局。社会整合就是不断调整、协调社会各相关因素的关系,缓解、消除矛盾冲突,最终形成有机整体的过程。因此,在发展过程中要加强预防和化解社会问题、社会矛盾的机制建设,正确处理人民内部矛盾特别是涉及广大人民群众切身利益的矛盾,实现社会治理现代化,保持社会安定、团结良好的局面。

(二)有效应对社会风险要求有新的交流合作机制

党的十八大以来,习近平总书记将风险治理置于治国理政的突出位置，多次强调要保持清醒头脑、强化底线思维，不断提高市场、社会、网络等不同领域的治理能力，以有效防范、管理、处理国家安全风险，有力应对、处置、化解社会安定挑战。当前，风险的多样性和不确定性增强，我们要坚决打好防范化解重大风险、精准脱贫、污染防治的攻坚战，就是要坚持和完善共建共治共享社会治理制度，保持社会稳定、维护国家安全。

我们党和国家在推进中国特色社会主义伟大事业的进程中，时刻面临各种风险考验和重大挑战。新时代的风险治理涉及经济、意识形态、文化、科技、军事、社会、生态、资源等非常广泛的领域，对传统风险治理体制提出了挑战。习近平总书记强调，要健全风险防范化解机制，坚持从源头上防范化解重大安全风险，真正把问题解决在萌芽阶段，切实保障人民利益。因而，要建立健全与当前风险治理相匹配的新机制，完善社会治理制度体系，就必须开展一场触及治理理念、治理主体、治理内容、治理结构、治理行动、治理方式的革命性变革。基于此，提高风险治理效能必须依靠制度建设，坚持共建共治共享的社会治理理念，发挥党和国家在治理中的权威性和引领性，不仅能提高治理体系的运行效率及治理效能，还能为全面小康社会的建立排除"隐性"抑或"潜在"的风险隐患，为小康社会的丰富内涵蓄势赋能。

第二节　共建共治共享社会治理新格局日趋完善

党的十八大以来，习近平总书记对加强和创新社会治理作出一系列重要指示。"十三五"期间，各地各部门以习近平新时代中国特色社会主义思想为指导，不断加强和创新社会治理。今天，共建共治共享已经成为我国社会治理的鲜明特色，人民群众不断增强的获得感、幸福感、安全感成为我国社会治理的显著成果。以"共建运营体系、共治管理模式、共享发展平台"三大主体内容为基础的共建共治共享社会治理新格局在实践探索中日趋完善，为全面建成小康社会高质量发展持续助力蓄能。

一、以"共建"为基础的社会治理主体不断丰富

社会治理的实质是多元主体之间合作互动、互惠互利、权力分享的过程与状态。社会治理主体是实施治理行为的能动力量，多元社会治理主体之间相互关系及其角色定位构成了治理的基本格局。"共建"就是要坚持人民主体地位，尊重人民的意志，反映人民的意愿，充分发挥人民群众创造历史的巨大智慧和决定力量，依靠全体人民共建发展成果。因此，"共建"回答的是社会治理依靠谁的问题，即社会治理不仅是党委和政府的责任，而且是社会各方的责任，形成多主体参与，各司其职、各尽其能的行为决策体系。

（一）形成了全民参与的治理结构

共建共治共享的社会治理新格局不是党和政府的"独角戏"，而是多方力量共同参与的"大合唱"。按照党的十九届四中全会要求，共建共治共享的社会治理新格局是"党委领导、政府负责、民主协商、社会协同、公众参与、法治保障、科技支撑"的社会治理体系。这就意味着这一社会治理新格局是在党委领导下，政府、社会、企业和公民等多元主体参与到社会治理之中，各自发挥相应的作用。也就是说政府仍然是社会治理的主导力量，但并不是社会治理的唯一主体，企事业单位、社会组织、城乡社区居民组织、社会公众等都成为参与社会治理的重要力量，成为推动社会治理体系和治理能力现代化发展的必不可少力量。

在这一治理体系中，各种各样的大小不同的共同体是共建共治共享社会治理新格局不可或缺的构成要素，体现出如下特征：一是社会共同体成员共同参与共同体建设和共同体治理。无论是城镇、街道、社区，还是乡镇、村庄，大家的事大家办、大家管；二是每一社会共同体"公共物品"的具体管理机构、管理人员均由共同体全体成员通过协商民主方式产生，其一切管理行为都遵循共同体全体成员的意志；三是共同体"公共物品"

运作产生的所有利益，均为共同体全体成员共同享用。社会是由大小不同的各种各样的共同体构成的，各种社会共同体，如果能够如此，共建共治共享的社会治理新格局基本形成了"全民参与"的社会治理结构，按照具有上述三个特征和要素的模式运作，有利推动共建共治共享社会治理格局的形成。在这一结构中既发挥了党委的领导核心作用，也强调了政府的治理责任；既积极动员各部门搭建多元治理主体结构，发挥网格式管理机制作用，实现从单一治理主体向多元治理主体转变，又明确政府部门、市场、社会机构、公众等主体的职能定位和角色分工，引导社会力量广泛参与社会治理。汇聚起磅礴的多方力量，既需要情怀担当，也需要有关部门在工作中另辟蹊径，激发各个参与主体的活力，形成强大合力。

(二) 完善了多方协调的治理机制

在共建共治共享的社会治理新格局中，利益表达机制是关键一环。畅通群众利益表达渠道，也是密切党委和政府同群众联系、舒缓社会关系的重要举措。社会主义协商民主是党的群众路线在政治领域的重要体现。推进民主协商，有利于增强社会事务的公众参与度，推动中国特色社会主义民主政治发展。

在新的形势下，群众对政府的期望值越来越高，迫切需要政府不断提高服务意识，不断转变职能，在社会治理方面实现创新发展，改进社会治理方式。多元协同参与治理的机制创新，切实提升群众的参与度，改变了一些部门、机构及组织在开展治理工作中"单打独斗"的现象，形成了"一核多元"的工作体系，达到政府治理和社会调节、居民自治良性互动的治理效果。特别是在社区和村一级普遍建立群众诉说场所，更是充分发挥群众在各类纠纷问题中主体作用的集中体现，力争将矛盾纠纷化解在萌芽状态，完善了多方参与协调解决问题的机制；还有社区党委在社区治理中，通过建立党建理事会、居民议事会、商圈共治理事会等多元载体，整合社区资源和力量，引领各方主体共同商议社区重大活动和事项，调动了各类社会组织共治的积极性。新时代，进一步推动程序合理、环节完整的协商民主体系，将会使多方协商机制制度化、规范化、程序化，保障民主协商有制可依、有规可守、有章可循、有序可遵。

（三）搭建了开放互动的治理平台

多元主体参与需要建立开放互动的治理平台。共建共治共享的社会治理新格局及时适应社会治理信息化特征，不断推进智能化治理的建设，深挖信息化时代，大数据、网络化带来的便利，进而积极地推进各种信息化平台建设，以开放为前提、以互动为依托，改进社会治理工作，提高社会治理效能。如民意调查公开平台，给人民群众有个讨论和沟通的界面，让所有的人都可以发表自己的见解；如请愿申诉平台，让决策领导们关注到社会基层的呼声；如公正调查和执法平台，夯实了按照法律条款处理纠纷和争端的公正本质。此外，还有社会治理一体化平台建设，以网格融合升级和科学技术为依托，整合党建、综合治理、城乡管理、公共服务等相关资源，通过网格员日常巡查、数据采集，实现市、区（县）、街道（乡镇）、社区（村）四级业务应用全贯通，能有效增进管辖区域内社会治理实时态势的感知，增强基层治理和服务群众工作的预见性、精准性、高效性，打造共建共治共享的社会治理新格局。

二、以"共治"为关键的社会治理方式不断规范

治理方式反映了治理行为运行的特点和规律。共治即共同参与社会治理，是从一元到多元、从线性管理到网格规范转变的一种治理方式。党的十九大报告首次将"共治"作为一个独立的具体的环节提出，昭示了社会治理过程中的共同治理本身是一个独立和关键的课题，需要在社会治理格局中得到充分的重视和切实有效的落实。"共治"就是要坚持依靠人民群众治理国家和社会，优化社会治理多元主体格局，支持人民群众通过多种方式有效参与社会治理，把人民当家作主落到实处。

共治就是开拓治理的引领力。目前，在一些社会治理问题实践中，基层政府或职能部门还存在方法不恰当、方式不正确等问题，从而损害了人

民群众的切实利益，加剧了人民群众对于政府的不信任。因此，构建社会治理新格局需要有恰当的方式方法，对于不同类型的社会治理问题要采取针对性、专业性的方式方法，侧重关注具体的治理环节和动态调节机制，畅通协商表达渠道，增进共同谋划的内生凝聚力、扩大成果共享的受益面，从而维护好各方治理主体的利益。

（一）增强了治理手段的选择适用空间

提升社会治理水平，不仅需要深刻的科学决策，更需要充分运用科学的治理手段。在实践过程中，有一些基层自治组织能力欠缺，组织和引导群众的能力较弱，在群众中没有威望，各项工作难以推进，干部互不信任，上访事件不断，使得矛盾不断激化。如一些领导在社会治理思路和模式上存在问题，过度依赖选择性执法和突击性执法，缺乏一以贯之的依法行政要求，而是媒体曝光了、上级来检查了、领导有新要求了再去执行，以集中式迅速突击解决在长期过程中沉淀遗留的难点问题，没有考虑到群众的接受能力，容易诱导规模性的社会矛盾集中爆发。因此，共治的治理模式在传统的行政手段、法律手段、经济手段等基础上给予了较多选择的"变通性"，增加了数字化手段、自律性手段和协商互助等社会性手段，丰富了治理手段的选择适用空间。

"共治"的社会治理方式特别适用于基层民众切身生活的"大事小情"中，治理效果佳。如在武汉市区某一典型的老旧社区，其中老年人有1600余人，群体基数大、个性化需求突出，为了能更好地回应老年人群体的需求，使服务更加"接地气"，社区联合社工组织，在社区开展了"协商议事"——打开社区为老年人服务新思路的居民议事会活动，吸引多名社区居民参与。在社工的引导下，居民针对议题"辖区内高龄、独居及困难老人存在的一些问题和需求"居民展开热烈的讨论，现场采用531打分法的方式聚焦出老年人最为迫切的5个需求：老年人食堂、电梯安装、独居老人健康生活、80岁以上老年人关照服务和高空抛物。其中，针对电梯安装这一事情，社区与专业社工组织开展了前期走访居民、沟通交流和居民在微信群展开热烈讨论，社工联系后邀请了电梯有限公司的专业人员在会议上对加装电梯的流程、费用、要求等方面向居民做详细解释，使居民对加装电梯这事有一个明确的、清晰的认识。针对独居老人的健康生活方面，居民提出希望社区网格员能够经常下社区来探望这些老人的建议；针对80岁以上老年人的关照服务问题，居民提出希望社区卫生院能够上门定期做检查的建议。此次多主体参与的"共治式"居民议事手段充分体现了以居民为主体，激发居民参与社区事务的主动性和能动性，拉近了社区与居民之间的距离，创新性地聚焦了老年人的需求。

（二）达成了因事制宜的弹性治理效度

法治化是我国社会治理体系的内核特征和总体要求，但基层非法治化、非制度化的治理手段仍在一定程度上运用到社会治理中；打法律擦边球、法律软约束、选择性执法等"变通"执法现象仍然存在。这些现象的形成既与基层干部队伍的法律素养、法律体系的完备性相关，更与重结果轻程序的考核激励相关。因此，共建共治共享的社会治理新格局是多方主体共同参与对同一标的事件进行协商弹性治理的一种实践探索，凸显了因事制宜的特殊性及针对性，融入了社会关怀视角与温度。共治治理强调突破以行政命令、行政动员为核心的行政化治理方式的惯性，将分布和活跃在社会基层各领域的多元主体吸纳到公共治理实践中，直接面对多样化、差异化的意愿和诉求，形成以赋权、协商、参与为核心的民主治理方式，协调不同的利益诉求并凝聚为不同形态的共同利益。

（三）实现了对治理过程的全方位干预

过去，我们认为多元参与就是合作共治，共建共治就等同于合作共治。然而，多主体的参与并不必然会达到共治的状态，需要重点厘清的是，治理是针对特定问题而采取行动的过程，是持续的互动。因此，从某种意义上来讲，治理最大的特征就是其过程性，因为各种矛盾和冲突在过程中暴露，机会也在过程中闪现，治理成果要在过程中生成。如矛盾纠纷和信访积案排查化解直接关乎人民群众的幸福感、获得感和安全感，更关乎着基层社会大局和谐稳定。"党建引领、德法融合、三调联动、服务为民"共治机制通过适时有效的全过程干预管理的方式，创新了化解矛盾纠纷和信访积案的新方式、新途径，从根本上解决影响社会稳定的源头性、根本性问题。

三、以"共享"为目标的社会治理成效不断深化

"共享"就是要坚持让全体人民共享发展和治理成果，着力解决好人民群众最关心、最直接、最现实的利益问题，朝着共同富裕目标不断迈进。"共享"回答的是社会治理为了谁的问题，即通过社会治理确保人民安居乐业、社会安定有序，实现社会治理成果共同享有，不断提升人民群众的获得感、幸福感、安全感。

（一）在公平与效率平衡中追求公平价值

新公共行政学通过对传统公共行政"效率至上"价值观的批判和对"社会公平"价值观的倡导来建立一种将公平与效率协调统一起来的公共行政新规范——社会性效率。因此，引入共享的理念，为推进社会治理的正统性或者正当性提供了支持，在公平与效率的拉锯战中，坚守公平底线。

一是通过着力保障和改善民生，不断夯实公平底线。加强和创新社会治理，与提高保障和改善民生水平是相辅相成的，而共建共治共享的社会治理格局，是加强和创新社会治理的结果，也是提高保障和改善民生水平的具体体现和内在要求。正如党的十九大报告所指出的，提高保障和改善民生水平，要抓住人民最关心最直接最现实的利益问题，既尽力而为，又量力而行，一件事情接着一件事情办，一年接着一年干。要多谋民生之利、多解民生之忧。这就需要加强和创新社会治理，通过共建共治共享的社会治理格局，将各种利益和问题反映出来，将各种智慧、资金和资源集合起来，将各种事情有计划、按步骤地切实推行，并且能够让人民公平公正地分享各种利益。也就是说，民生的改善不是惠及一小部分人就可以

了，而是讲究在发展的平台上平等享有社会治理内容、方式和成果。我国按照兜底线、织密网、建机制的要求，全面建成覆盖全民、城乡统筹、权责明晰、可持续的多层次保障体系能很好地奠定社会发展的"公平"基础，也凸显了共建共治共享社会治理新格局的公平价值导向。

二是持续深化政府职能转型，完善公平治理机制。实现成果由群众共享，将资源、服务、管理下放到基层，促进公共服务体系的精准对接，实现人人享有。如政府通过建设服务管理信息化平台，联通政府各部门，明确主体责任，投入公共资源，提供了便民便企服务，深入落实"只进一扇门、最多跑一次"，实行了线上、线下双服务。通过"精准扶贫、精准脱贫"，真正实现"扶贫路上一个也不掉队"，为全面建成小康社会添砖加瓦。

（二）在社会事业中创造广泛的公共价值

共建共治共享，充分体现社会治理格局的公共性。共建共治共享的社会治理格局，意味着社会治理有赖于其成员的广泛参与，意味着社会治理是一个动态发展的持续性状态，在这种治理格局之中，"共建共治"确立主体资格，"共享"则使获得感、幸福感、安全感更加充实、更可持续、更有保障。社会治理以增进最广大人民的福祉为出发点和落脚点，在制度安排和政策导向上要坚持"共享"的价值取向，充分考虑社会整体结构中绝大多数人的利益，重点加大对社会弱势群体、困难群体生存状态和权益的保护，明确了人民共享的发展目标、完善了人民共享的制度基础、健全了保障人民共享的服务体系，推动了顶层设计和基层探索良性互动、有机结合，增强社会政策的科学化、合理化。统筹有效配置资源，改变公共服务的歧视性供给，加大政府购买公共服务的力度，完善了企业、个人或社会组织开办和参与教育、医疗、养老、保险等社会事业的导向、激励和约束政策，满足群众的多元社会需求。以支持和扶持社会组织做大做强为契机，更好发挥社会组织的作用，更好实现公共利益的最大化。

第三节　坚定不移持续深化共建共治共享社会治理新格局

打造共建共治共享的社会治理格局是立足发展新形势、贯彻发展新理念、满足社会治理新需求，实现国家治理现代化的新安排。优化现行治理格局，构建共建共治共享新体系，必须在内容上明确新治理模式的要素构成，在认识上厘清为什么要改进现行的社会治理模式，在行动上指出怎么打造这种新格局，从而凝聚社会治理力量，加快社会治理新格局形成。

一、筑牢共建共享共治社会治理新格局的价值引领

社会治理格局反映了一定治理场域内治理主体间相互位置、权力关系、资源占比与互动方式的集合，其本质是治理主体间结构化的社会关系。因此，面对经济社会发展的新形势、新问题和新任务，我们要立足国情，积极构建中国特色治理理论，推进中国治理实践需要厘清几个原则上的问题，确保共建共治共享的社会治理新格局在正确的指向上。

（一）始终坚持党的领导

国家治理体系是在党领导下管理国家的制度体系。社会治理方向正不正、能力强不强、效果好不好，关键在党，必须坚持党在社会治理中的领导作用，为社会治理提供坚强的政治保证，这是正确处理好党和社会治理关系的头等问题。

构建共建共治共享社会治理新格局是一个系统工程，必须坚持党的领导，离开了党的领导，中国特色社会主义治理体系就无法建立起来。共产党的实践历程也表明党的领导是各项决策和部署落地开花结果的组织力量、动员力量、推进力量，是中国社会治理自信的最大理由。通过全方位的改革开放，进一步解放思想，调动了不同社会主体、社会阶层参与中国特色社会主义建设的积极性，始终以党的领导、人民当家作主和依法治国的中国特色社会主义法治途径消弭社会矛盾，最终推动了政治、经济以及

社会治理水平不断提升。

其一，坚持党总揽全局、整合资源。中国共产党是中国特色社会主义事业的主心骨，作为实现中华民族伟大复兴中国梦的核心领导力量，在推进共建共治共享社会治理新格局中居于统领各方的领导地位。将党建嵌入到社会多元共治的业务及其过程中，使相关要素都聚焦于社会治理和服务的需要，形成"党建共商、服务共做、难题共解"的格局，规避耗散效应，发挥党的社会资源整合功能，满足人民日益增长的美好生活需求，预防和化解社会矛盾，推动实现善治的社会治理目标。

其二，加强基层党组织的阵地建设。建强城市社区、农村等各类基层党组织，让基层党组织成为联系群众、凝聚人心的坚强核心，其中特别需要重视农村地区的党组织阵地建设。一方面，脱贫攻坚战取得了决定性的胜利，农村面貌和农民生活发生了翻天覆地的变化，产业与新型组织、村容与乡风、农民收入等都得到了较大改善；另一方面，防返贫的任务还不小，推动乡村全面振兴还刚起步，农村基层组织的战斗力还不强，总体上看，"三农"问题仍是制约中国特色社会主义现代化发展的短板。此外，还要进一步加强在过难关、闯关口、补短板等关键领域成立党组织并充分发挥战斗堡垒的作用，搭建党组织间资源共享、优势互补的桥梁。

其三，发挥党员先锋的示范引领作用。党员领导干部要真正把责任扛在肩上，要有更多的担当和作为，谋计策出思路，想办法出实招，分类指导，因地制宜，统筹一切积极因素，持续推进共建共治共享社会治理新格局不断向前发展。

（二）秉承以人为本理念

共建共治共享社会治理新格局的核心在于其人民性。要以最广大人民群众的根本利益为出发点，加强社会治理体制机制建设、制度建设，始终强调以人民为中心的价值观。

一方面，增进民生福祉是经济发展和社会治理的根本目的，要坚持在经济发展中保障和改善民生，坚持在完善社会治理体系过程中更好地保障和改善民生；另一方面，社会治理需要紧紧抓住人民最关心、最直接、最现实的利益问题。坚持问题导向，分清楚轻重缓急，不能眉毛胡子一把抓，要按照抓重点、补短板、强弱项的要求，有计划有步骤地予以解决，把专项治理和系统治理、综合治理、依法治理、源头治理结合起来，关心最需要关心的群体，在完善社会治理体系进程中实现更高水平的幼有所育、学有所教、劳有所得、病有所医、老有所养、住有所居、弱有所扶，让人民在共享发展成果、共享治理成效的过程中有更实在的获得感、幸福感、安全感。

（三）切实履行政府角色

构建共建共治共享基层社会治理新格局，必须坚持政府主导。政府保障具体政策的落实，调节资源配置，强化宏观调控。改革开放40多年来，在从计划经济体制向社会主义市场经济体制转变的过程中，社会治理实际上是与政府的行政体制改革紧密相连的。为适应社会治理的发展，政府在为社会治理提供服务方面取得了巨大的成效。但在政府职能的转变中还存在与构建国家治理体系和治理能力现代化的要求不相适应的地方，特别是政府效能还需要进一步发挥好。

在当前构建共建共治共享基层社会治理新格局过程中，政府必须进一步增强服务理念，依法行政，精减烦琐审批程序，简政放权，真正做到善作善成，该管的事一定要管好、管到位，同时发挥市场的决定性作用。政府通过政策杠杆机制和维护市场秩序履行其在构建共建共治共享社会治理新格局中的积极作用。此外，还要适时增进社会协同力度，正确处理政府与社会的关系，发挥社会力量在社会治理中的协同作用，达到各方"既种好自留地、管好责任田，又唱好群英会、打好合力牌"的目的。一方面，注重发挥基层资源、新乡贤、社会组织等社会力量的协同作用，建设人人有责、人人尽责、人人享有的社会治理共同体。另一方面，持续推进社会组织管理改革，引导社会组织积极参与政府决策咨询、社会治理、社会服务，充分发挥社会组织服务基层、服务群众、服务行业的作用。

(四) 持续夯实制度供给

习近平总书记强调,治理体系实质上是一整套紧密相连、相互协调的制度。加快构建共建共治共享的社会治理新格局,必须彰显中国特色社会治理的优势与成效。制度好不好,归根结底要看治理的效果;治理效果好不好,根本上又取决于制度是否科学和完善。坚持和完善中国特色社会主义,全面建成小康社会,必须把制度和治理两个方面有机地结合起来。一方面,要以最广大人民根本利益为坐标,把制度建设和治理能力建设摆到更加突出的位置,继续深化各领域各方面体制机制改革,坚持和完善共建共治共享的社会治理制度,形成人人有责、人人尽责、人人享有的社会治理共同体。另一方面,在丰富和完善的中国特色社会主义现实制度基础上,努力推动制度优势向治理成效的转变,为实现中华民族伟大复兴的中国梦提供坚强保障。

首先,从制度类别来看,要进一步完善宪法、法律、法规和各项制度,完善价值道德规范、风俗文化习惯等非正式制度,构建包括"硬法"与"软法"、正式制度与非正式制度组成的制度体系,为硬性治理和柔性治理、法治和德治奠定制度基础。

其次,从社会治理领域来看,要加强社会治理基础制度建设,完善社会信用、民生保障、国家安全、公共安全、社会组织、基层社会治理等制度和体系。在财政、税收、出口、消费、投资、统计等领域增强经济新常态下政府的宏观调控能力,防范经济运行重大波动的出现;在食品药品管理、市场价格、金融监管、住房保障等领域致力减少食品药品重大安全事件发生,保持市场价格平稳;不断推进城市管理、安全生产、应急救灾等具体社会管理领域的制度供给。

最后,从社会治理过程来看,要完善包括社会动员和组织、民主决策协商、绩效考核与应用等社会治理体制机制,健全覆盖社会治理各领域、全流程的制度体系。强化制度意识,增强制度执行力,充分发挥共建共治共享社会治理制度指引方向的作用。

二、走实共建共享共治社会治理新格局的前行路径

党的十九大报告提出："要加强社会治理制度建设，完善党委领导、政府负责、社会协同、公众参与、法治保障的社会治理体制，提高社会治理社会化、法治化、智能化、专业化水平"，为共建共治共享社会治理新格局提出了明确的规划设计与前进方向。新时代，要以构建现代社会治理格局，建设充满活力又和谐有序的文明社会为目标，完善共建共治共享的社会治理制度，推进社会治理现代化任重道远，需要一步一个脚印地走实每一条探索路径。

（一）完善社会治理体制，理顺各主体之间的责任边界与依据

社会治理关系人民生活的方方面面，事情繁多，任务繁重，必须协调好经济与社会发展、社会发展与人的发展、社会领域各项事业的发展、社会治理与社会服务，做到可持续发展。同时，还应处理好政府和市场、社会的关系，党委、政府和社会组织的关系，人民美好生活需要和尽力而为、量力而行的关系。政府把经济领域的问题交给市场来起决定性的作用，通过市场机制本身的运作实现好优胜劣汰。政府要把以前重经济干预的做法转到加强社会服务上来，通过政府购买服务，扶持社会组织更好地参与到社会治理中去。

理顺各主体之间的责任边界，集中表现为政府治理应当做到不缺位、不越位。在社会治理领域，政府治理和社会调节、居民自治良性互动，主要体现在政府治理应当坚持补充性原则或辅助性原则，要以公民个人治理、企业治理、居民自治等为主要治理方式，在这些治理方式难以实现有效治理的情况下，政府治理介入。政府治理更多地应当致力于推动其他治理方式和治理机制的创立和正常运行，其他治理方式有助于推动政府治理在方式方法和手段乃至观念方面的创新和发展。要实现政府治理和社会调节、居民自治良性互动，应当注重树立正确的依法行政观念，除了行政机关及其公务员要树立职权法定和权责统一的观念，树立法律权威的观念，

树立依程序行政观念，树立服务行政观念之外，更重要的是强调培育公民社会，启蒙公民意识。

（二）健全社区治理体系建设推动社会治理重心向基层下移

社区是社会的基本单元，是人民群众安居乐业的家园，是创新社会治理的基础平台，对巩固党的执政基础具有重大意义。社区治理水平的高低，不仅直接关系着居民的幸福指数，也在一定程度上影响着社会和谐稳定及社会治理成效。在新发展阶段，必须完善共建共治共享的社区治理格局，全面打通社区治理的"最后一公里"，让"毛细血管"畅通活络，这既是加强新时代社会治理必须答好的"必答题"和做好的"重点题"，也是不断提升居民群众获得感、幸福感、安全感的必然要求。

首先，发动和依靠群众，主动贴近群众，拉近干群关系，了解群众需求，解决群众问题。要积极组织党员参与到社区的治理和服务中来，提升党员为民服务的水平，要针对群众所需所急所想，组建专门的党员志愿服务队伍，急群众之所急想群众之所想，让社区群众能够足不出户就能解决一些生活上的难题。要通过推行"居民群众点单、社区党组织下单、党员志愿者接单"的志愿服务模式，引导驻区单位、行业、领域党组织、党员为居民群众提供精准有效的服务。同时，还要充分调动民众参与的积极性，通过"进乡村、进社区、进学校、进企业、进单位"的广泛宣传，向群众普及参与治理的途径和方式，增强参与意识，提升参与能力。

其次，改善基层存在的薄弱环节。党委政府应当推动力量下沉，充实基层人力、物力、财力，为基层治理提供支撑，要尽可能把资源、服务、管理放到社区，使社区有职有权有物，更好为群众提供精准高效的服务和管理。同时，还要提高社区干部队伍的素质及社区工作者的工资待遇。

（三）致力新技术的运用进一步拓宽社会治理智能化程度

以数字技术为代表的科技发展，极大地推进了中国社会治理的转型。党的十九届四中全会强调"科技支撑"，就是把党的十九大报告提出的"提高社会治理社会化、法治化、智能化、专业化水平"摆到了更为突出的战略位置，要求通过大数据、云计算、物联网、区块链等信息技术，重构社会生产与社会组织彼此关联的形态，进一步提升社会治理层次和水平，使治理过程更加优化、更加科学、更加智慧。以互联网、大数据、人工智能为代表的新一代信息技术的快速发展，既带来了社会发展模式和治理方式的新变革和新挑战，也为创新社会治理模式提供了新机遇和新手段。

一是利用互联网技术提升社会治理基础硬件的智能化水平。社会治理智能化要以互联网、大数据、人工智能等技术为支撑，一方面，大数据是新的生产力，是新的生产要素，更是新的创新要素，大数据分析正在迅速成为采集、存储和关联分析的重要方式，是发现新知识、创造新价值、提升新能力的新一代信息技术和服务。要通过互联网技术进一步构建起网络化、在线化、数据化和智能化的服务基础，打造"智能政府"，增强民众参与治理的可及性。另一方面，智能化的社会治理方式可推动社会治理更加科学、更加惠民，有利于增强精准服务、在线监管、预测预判、事中事后处置、网络民意调查等实时服务功能，创新宏观调控、社会管理、公共服务和市场监管模式，实现管理精准化、决策科学化。如构建基于大数据和网格化技术相融合、相支撑的城市公共安全管理平台，实现城市公共安全管理平台与各部门信息化平台互联互通、数据共享，统筹兼顾、协同管理，为大数据和网格化技术应用提供基础数据支撑。

二是融入互联网思维提升社会治理效能辐射的广泛性程度。治理区域运行有两个空间，一个是实体物理空间，另一个是网络虚拟空间，如何让实体物理空间的物理和网络虚拟空间的流动数据有效对接起来？就需要在社会治理中融入互联网思维，通过加强网络虚拟空间中流动数据的开发利用，让实体物理空间更好地运行。推动社会治理成效的转化与应用可以"新型智慧城市"建设为契机，加强网络虚拟空间中流动数据的利用，落实新发展理念，寓管理于服务，理顺政府内部在新型智慧城市建设上的体制机制障碍及政府和社会各自在新型智慧城市建设中的定位。还可以加快

"数字政府"的建设步伐，推动社会治理从低效到高效、从被动到主动、从粗放到精准的模式转变，让失信行为无处遁形，权力运行处处留痕，为政府决策提供第一手科学依据，实现"人在干、云在算"。适应"互联网＋政务服务"发展的新特点，革新政府社会治理理念，优化政府社会治理流程和模式，持续推进政务业务服务流程优化和再造，提高政府部门"一站式"服务能力，不断满足网络信息条件下社会对政务服务变革的新需求。要加快跨部门业务流程优化和前后对接，推动数据跨部门实时无缝流动，杜绝因业务不衔接而出现的监管漏洞。按照网络化服务和监管的要求，不断完善和优化线下服务网点、服务人员和服务设施等配套布局，提高线下服务智能化水平，以推进线上、线下业务相融合。

（四）增大培养和激励人才的政策力度，提高社会治理专业化水平

要加强社会治理专业人才队伍建设，按照社会治理内在规律和特点，对从业人员在科学理论指导下进行专门的训练，使他们掌握必要的知识和技能。同时，还要加强对人员的专业化培养，出台好的政策鼓励人才积极聚集到社会治理领域，出台人才下乡鼓励政策，引导优秀人才参与、推动乡村治理和建设，提升社会治理专业化水平。

（五）优化法制制度及环境建设为社会治理提供坚实法治保障

党的十八大报告在强调社会治理四个主体共同发力的基础上，增加了"法治保障"，提法的变化展示了新时代社会治理理念创新变革的路径。法律是治国之重器，法治是国家治理体系和治理能力的重要依托。社会治理的最终目标是实现善治，如果没有对法律的充分尊重，没有建立在法律框架之下的社会秩序，就不可能形成善治。因此，在强调党的核心领导和政治保障的前提下，要制定完善相关法律法规，充分发挥法治的引领、规范和保障作用，明确社会治理各主体的权责、参与渠道和方式，实现社会治理法治化与全面依法治国同步推进。

其一，推进社会治理法治化，关键是认真贯彻"科学立法、严格执法、公正司法、全民守法"的依法治国方针。要推动以民生为重点的社会

领域立法；要规范社会治理领域重大行政决策程序，推进基层法治政府、法治社区示范建设；要全面落实司法责任制，完善运行管理监督机制；要提升领导干部德治法治素养，抓好社会治理的"关键少数"；要发挥市民公约、乡规民约、行业规章等社会规范在社会治理中的积极作用。

其二，要坚持在法治轨道上统筹社会力量、平衡社会利益、调节社会关系、规范社会行为、化解社会矛盾，以良法促发展、保善治。要维护社会公平正义、司法公正，努力让人民群众在每一个司法案件中都能感受到公平正义，决不能让不公正的审判伤害人民群众感情、损害人民群众权益。要牢固树立法律面前人人平等、权由法定、权依法使等基本法治观念，不断增强人民群众对法律的内心拥护和真诚信仰，切实增强全社会厉行法治的积极性和主动性，形成守法光荣、违法可耻的社会氛围，使尊法学法守法用法成为广大人民群众共同追求，确保社会在深刻变革中既生机勃勃又井然有序。

其三，要发挥好司法的作用，引导群众通过法治途径去合法维权；要全面推行阳光信访，要完善行政复议、仲裁等法定表达诉求的渠道，维护好群众的合法权益。

（六）加强社会心理服务体系建设，凝聚健康奉献的社会心态

社会心态与社会治理有着非常密切的关系，共建共治共享，突出的是"共"，即共同，其前提是每个公民都要自立、自强、自爱。当前，不乏有一些拜金主义、官员腐败、质疑英雄人物事件等反映出"信仰危机、信任危机、信心危机"的问题存在，这些都严重冲击了社会价值体系和社会主义核心价值观。建立健全社会心理服务体系，培育自尊自信、理性平和、积极向上的社会心态，有助于推进社会调节、居民自治发挥作用，形成社会治理的良好环境，引导人们正确、理性看待各种社会现象，积极参与社会治理，从而确保共建共治共享的社会治理格局健康可持续发展。

当然，自尊自信、理性平和、积极向上的社会心态也不是完全自发形成的，需要人们努力和精心培育。包括不断加强对国民的社会主义核心价

值观、先进传统文化和社会主义法治理念教育；也包括不断加强社会心理服务体系建设，探索形成"区—街道—社区"一体的基层社会心理服务体系和社会心理线上服务体系等，让参与治理的组织和公民主体更具自立、自强、自爱的心理素质，更能够正确判断自身的权利、义务和责任，以独立的人格参与到社会治理之中，让社会治理体系更加体现民主；还包括健全社会心理疏导机制、危机干预机制等，创新"法律+心理+社工"的服务机制，指导人们正确、理性看待各种社会现象，正确对待自己个人的成功与失败、顺境与逆境。如此，有望形成自尊自信、理性平和、积极向上的社会心态，不断推进形成共建共治共享的社会治理新格局。

第八章　坚持绿水青山就是金山银山

"绿水青山就是金山银山"是习近平生态文明思想的重要组成部分，深刻揭示了经济发展和生态环境保护之间相互依存、相互贯通、相互促进的辩证统一关系，形象表明了保护生态环境就是保护生产力、改善生态环境就是发展生产力，为我们平衡发展和环保的关系提供了思想指引和行动指南。我们要牢固树立绿水青山就是金山银山理念，把绿水青山建得更美，把金山银山做得更大，让全面小康成果更实、成色更足、质量更高，让伟大祖国青山常在、绿水长流、空气常新。

第一节　没有绿水青山就没有全面小康

全面小康涉及方方面面，任何一个领域的短板问题都会对全面小康社会的建成形成制约。作为人类赖以生存发展的前提和基础，生态环境关系全社会的生产与生活，也和广大人民的安全感、获得感、幸福感息息相关。当前，老百姓对蓝天白云、清水绿岸心向往之，对清新的空气、干净的饮水、安全的食品产生了越来越高的要求，可以说，小康全面不全面，生态环境质量是关键。习近平总书记强调，环境就是民生，青山就是美丽，蓝天也是幸福。我们要不断在实践中续写"两山理论"新篇章，用绿水青山为全面小康添彩加劲。

一、绿水青山是最普惠的民生福祉

2013年4月，习近平总书记在海南考察工作结束时指出，良好生态环境是最公平的公共产品，是最普惠的民生福祉。对于人的生存来说，金山银山固然重要,但绿水青山是人民幸福生活的重要内容,是金钱不能代替的。你挣到了钱,但空气、饮用水都不合格,哪有什么幸福可言?2015年1月,习近平总书记考察云南时强调,要把生态环境保护放在更加突出位置,像保护眼睛一样保护生态环境,像对待生命一样对待生态环境,在生态环境保护上一定要算大账、算长远账、算整体账、算综合账,不能因小失大、顾此失彼、寅吃卯粮、急功近利。2019年3月,习近平总书记在参加十三届全国人大二次会议内蒙古代表团审议时讲道:"解决好人民群众反映强烈的突出环境问题,既是改善环境民生的迫切需要,也是加强生态文明建设的当务之急。"

人是自然之子,与自然是生命共同体。自然界为人类提供了必不可少的物质资料,构成了人类生存和发展的根基。较之于教育、医疗、养老等基本公共服务,空气、水、土地等对于人而言更具有基础性、先决性和无法替代性。离开了自然生态环境,人的生存都成了问题,其他都无从谈起。当老百姓喝不上干净的水、呼吸不到清洁的空气的时候,其他民生指标都将变得苍白无力。良好的生态环境是民生的基本保障,生态民生直接关系到人的最基本的生存权、健康权。良好的生态环境是人类生存和发展的必备条件,是社会健康发展的重要标志。生态环境没有替代品,用之不觉,失之难存。人类对大自然的伤害最终会伤及人类自身。

改革开放以来,我国经济发展取得历史性成就,人民生活水平不断提高,老百姓总体幸福指数得到大幅提升,同时必须看到,各类环境污染成为人民群众反映强烈的突出问题,成了民生之患、民心之痛,人们对干净的水、清新的空气、优美的环境等的要求越来越高。老百姓过去"盼温饱"现在"盼环保",过去"求生存"现在"求生态"。扭转环境恶化、提高环境质量是广大人民群众的热切期盼。

民之所好好之,民之所恶恶之。发展经济是为了民生,保护生态环境同样也是为了民生。习近平总书记关于"良好生态环境是最普惠的民生福祉"的论述,是对民生内涵的丰富和发展。在我们党100年的奋斗历程中，改善民生、造福人民始终是目标追求。习近平总书记从实现人民群众过上更加幸福美好生活的目标出发，把良好的生态环境作为最公平的公共产品、最普惠的民生福祉，这是在新的历史条件下对我们党民生思想的完善、丰富和发展。

在 2018 年 5 月召开的全国生态环境保护大会上，习近平总书记强调，生态环境是关系党的使命宗旨的重大政治问题，也是关系民生的重大社会问题。我们党历来高度重视生态环境问题，把节约资源和保护环境确立为基本国策，把可持续发展确立为国家战略。坚定走生产发展、生活富裕、生态良好的文明发展道路，建设美丽中国，提供更多优质生态产品以满足人民日益增长的优美生态环境需要，是新时代我们党始终把人民放在心中最高位置，始终全心全意为人民服务，始终为人民利益和幸福而不懈奋斗的必然选择。

总之，在生态文明建设实践中，我们要始终坚持"生态惠民、生态利民、生态为民"的原则，努力推动生态文明建设迈上新台阶，让绿水青山成为最普惠的民生福祉。

二、绿水青山是脱贫富民的金山银山

2020 年 4 月，习近平总书记在陕西调研时指出，绿水青山既是自然财富，又是经济财富，要牢固树立绿水青山就是金山银山的理念，坚定不移走生态优先、绿色发展之路。

研究显示，我国 76% 的贫困县在生态脆弱带内，大部分贫困人口日常生计和收入直接依赖当地的生态资源，对生态资源的无序利用、过度开发造成了生态资源的丧失和自然环境的破坏，反过来加大了区域减贫难度。因此，只有把生态环境转化为发展环境，把生态优势转化为竞争优势，绿水青山才能成为更多人的幸福靠山。经济发展不能对资源和环境搞"竭泽而渔"，当然，生态保护也不能舍弃经济发展而"缘木求鱼"，不能只讲保护，不讲发展，守着绿水青山受穷，抱着"金饭碗"讨饭。

习近平总书记指出，绿水青山和金山银山绝不是对立的，关键在人，关键在思路。人不负青山，青山定不负人。例如，许多生态资源丰富但却相对贫困的地方，在交通条件改善之后，通过对各种生产要素的创新性改革，盘活了生态资源，在保护生态环境中保护了生产力，在改善生态环境中发展了生产力，让"美丽的贫困"变现为"美丽的富裕"，绿水青山成了金山银山。保护生态是大前提，脱贫攻坚是硬目标，两者不是矛盾的，而是统一的，可以统筹兼顾，能够同步推进。习近平总书记强调，发展产业是实现脱贫的根本之策。要因地制宜，把培育产业作为推动脱贫攻坚的根本出路。突出产业脱贫的"治本"作用，关键在于抓住"因地制宜"这个核心，走出一条建设生态文明和脱贫攻坚相互促进的路子。

要脱贫致富，我们不能再像以往一样乱砍滥伐、乱采滥挖，以牺牲生态环境为代价换取经济的一时增长，但也不能以保护生态环境为由堵住贫困区的发展之路。我们要牢固树立尊重自然、顺应自然、保护自然的生态文明理念，因地制宜，精准施策，挖掘生态优势，打造具有地方特色的绿色产业，让良好生态环境持续释放红利，让绿水青山科学、稳定地转化为贫困户口袋里的"金山银山"。

近年来，随着发展理念和经济增长方式的转变，越来越多的地方认识到，贫困地区丰富的自然生态资源本身就是发展的潜力与优势，要努力在家门口的风景中找到发展前景，探索出一条生态美、产业兴、百姓富的脱贫致富之路。例如，云南独龙族通过发展草果、独龙蜂等生态产业，挣脱了延续千年的贫困；湘西十八洞村依托生态、文化优势，在乡村旅游的路子上按下了脱贫的"快进键"；重庆武隆变"山区"为"景区"，全域旅游让数万贫困户端起"绿饭碗"，吃上"生态饭"；贵州省实施单株碳汇精准扶贫项目，户均年增收960元；陕西省平利县依托当地绿水青山的生态优势，大力发展种茶业换来"真金白银"；吉林查干湖冬捕的名片越擦越亮，这几年到这里来旅游的客人越来越多，让贫困户搭上了生态旅游的发展快车。

我国现有的 AAAAA 和 AAAA 级旅游风景名胜区，60%以上分布在中西部地区，70%以上的景区周边集中分布着不少贫困村。随着森林旅游、休闲康养等新兴绿色产业日渐兴旺，绿水青山正在变成老百姓口袋里的金山银山。人居环境得到整治，山清水秀，产业落地，带来就业，外出务工者纷纷返乡，贫困地区在观光旅游、生态康养、特色农产品等方面的发展潜能逐渐被激活，生态产品与生态服务供给能力增强，生态保护与扶贫开发相结合的生态扶贫之路越走越宽。这些新发展理念在脱贫攻坚战中的生动诠释和深刻实践证明，好的生态环境自有含金量，保护生态就是发展生产力，绿水青山是脱贫富民的金山银山。

习近平总书记强调："我们既要绿水青山，也要金山银山。宁要绿水青山，不要金山银山，而且绿水青山就是金山银山。"实践充分证明，绿水青山就是金山银山，生态环境保护和经济发展不是矛盾对立的关系，而是辩证统一的关系。坚持脱贫攻坚与生态建设双赢既是当前的治贫之举，更是长远的固本之策。我们要把绿水青山建得更美和把金山银山做得更大统一起来，让人民群众在绿水青山中共享自然之美、生命之美、生活之美，让良好生态环境成为人民幸福生活的增长点、成为经济社会持续健康发展的支撑点。

三、绿水青山是全面小康的最美底色

到 2020 年全面建成小康社会，是我们党向人民、向历史作出的庄严承诺，是实现中华民族伟大复兴的重要基础、关键一步。如期全面建成小康社会，无论在中华民族发展史上，还是在世界发展史、社会主义发展史上，都具有极为重大的意义。全面建成小康社会涉及方方面面，任何一个领域的短板问题都会制约全面小康社会建成。

党的十八大以来，习近平总书记反复强调，面对西方环境公害事件，必须深刻反思资本主义发展模式，坚持走社会主义现代化道路，并指出，小康全面不全面，生态环境质量是关键。习近平总书记也曾经多次强调，

到 2020 年全面建成小康社会，是我们党向人民作出的庄严承诺。不能一边宣布全面建成小康社会，一边生态环境质量仍然很差，这样不仅人民不会认可，也经不起历史检验。良好生态环境是全面建成小康社会的重要体现，是人民群众的共有财富。在全国生态环境保护大会上，习近平总书记指出，绿色是生命的象征、大自然的底色，更是美好生活的基础、人民群众的期盼。

由于我国社会主要矛盾的变化，优美生态环境需要已经成为美好生活需要的重要构成方面。青山就是美丽，蓝天也是幸福，良好的生态环境本身就是美好生活的必备要素，是人民群众幸福的重要来源。失去了生态这一环，我们的小康就不能算作真正意义上的小康。小康的成色和质量，人民心里始终有杆秤，而良好的生态环境，无疑是提升小康成色和质量的重要砝码。生态环境良好是全面建成小康社会的重要标志，生态环境问题关乎全面建成小康社会能否得到人民的认可。

因此，我们必须为人民群众提供更多、更优的生态产品，必须将生态化或绿色化作为全面小康和现代化的前提、维度和方向。要把人民群众对生态环境质量的满意度，作为衡量党和政府工作成效的评价标准。为切实增强群众幸福感和获得感，必须坚持生态惠民、生态利民、生态为民，坚决打赢蓝天保卫战，深入实施水污染防治行动计划，全面落实土壤污染防治行动计划，持续开展农村人居环境整治行动，还老百姓蓝天白云、繁星闪烁，还老百姓清水绿岸、鱼翔浅底，让老百姓吃得放心、住得安心，为老百姓留住鸟语花香、田园风光。"小康全面不全面，生态环境质量是关键"不能只停留在口号上，而是要真正入脑入心，体现在行动上。要让爱绿、植绿、护绿真正成为全党全国各族人民的一致共识和自觉行动。

满眼青山绿水，身边鸟语花香，有人说这是新时代的"幸福标配"。党的十八大以来，尤其是近年来，绿色发展建小康成为全社会的共识。我们看到，天越来越蓝了，地越来越绿了，水越来越清了，这正是发展的绿色转型。在中国大地上，绿水青山就是金山银山理念正日益深入人心，生态优先、绿色发展正在成为各地遵循的发展路径。一个善待自然、青山常在、绿水长流、空气常新、人与自然和谐共生的美丽中国正越来越清晰起来。

第二节　绿水青山为全面小康添彩

党的十八大以来，以习近平同志为核心的党中央深刻总结人类文明发展规律，将生态文明建设纳入中国特色社会主义"五位一体"总体布局，谋划开展了一系列根本性、开创性、长远性工作，污染治理力度之大、制度出台频度之密、监管执法尺度之严、环境质量改善速度之快，前所未有，推动生态环境保护发生历史性、转折性、全局性变化。如今，越来越多的地方把生态环境保护作为推动高质量发展的新动能，我国生态文明红利正不断释放。

一、生态环境质量总体改善

近年来，是我国生态文明建设力度最大、举措最实、推进最快、成效最好的时期：发布实施大气、水、土壤污染防治三大行动计划，污染治理力度之大前所未有；环境基础设施建设加速推进，成为全世界污水处理、垃圾处理能力最大的国家；加大化解钢铁、煤炭等过剩产能和淘汰落后产能工作力度，单位产品主要污染物排放强度、单位 GDP 能耗不断降低，资源能源效率不断提升；能源消费结构发生积极变化，我国成为世界利用新能源、可再生能源第一大国。

"十三五"期间，我国化解钢铁产能约 2 亿吨，1.4 亿吨的地条钢全部清零，截至 2019 年底，燃煤电厂累计完成超低排放改造 8.9 亿千瓦。目前，全国约 6.1 亿吨的粗钢产能正在实施超低排放改造。"十三五"期间，全国单位 GDP 二氧化碳排放持续下降，基本扭转了二氧化碳排放总量快速增长的局面，截至 2019 年底，碳排放强度比 2015 年下降 18.2%，非化石能源占能源消费比重达到15.3%，都已经提前完成了我国向国际社会承诺的2020年目标。2019年，我国规模以上企业单位工业增加值能耗比2015年累计下降超过15%，相当于节能4.8亿吨标准煤，节约成本约4000亿元。我国新能源汽车快速增长，销量占全球新能源汽车的55%，成为目前全球新能源汽车保有量最多的国家。

生态环境部发布的《2019中国生态环境状况公报》和《2019年中国海洋生态环境状况公报》显示，2019年，全国生态环境质量总体改善，环境空气质量改善成果进一步巩固，水环境质量持续改善，海洋环境状况稳中向好，土壤环境风险得到基本管控，生态系统格局整体稳定，核与辐射安全有效保障，环境风险态势保持稳定。大气环境方面，337个地级及以上城市平均优良天数比例为82.0%；PM2.5年平均浓度为36微克每立方米，同比持平。PM10年平均浓度为63微克每立方米，同比下降1.6%。淡水环境方面，全国地表水Ⅰ—Ⅲ类水质断面比例为74.9%，同比上升3.9个百分点；劣Ⅴ类水质断面比例为3.4%，同比下降3.3个百分点。海洋环境方面，海水质量状况持续改善，典型海洋生态系统健康状况基本稳定，入海河流水质状况有所提升，海洋功能区环境满足使用要求。土地方面，截至2019年底，全国耕地按质量平均等级为4.76等。其中，评价为一至三等的耕地面积为6.32亿亩，占耕地总面积的31.24%；评价为四至六等的耕地面积为9.47亿亩，占耕地总面积的46.81%；评价为七至十等的耕地面积为4.44亿亩，占耕地总面积的21.95%。气候变化与自然灾害方面，2019年，全国平均气温10.34摄氏度，比常年偏高0.79摄氏度。全国平均降水量645.5毫米，比常年偏多2.5%。全国未发生大范围流域性暴雨洪涝灾害，总体上比常年偏轻；旱情比常年偏轻。经初步核算，2019年，单位国内生产总值二氧化碳排放比2018年降低4.1%，完成年度预期目标。辐射方面，2019年，全国环境电离辐射水平处于本底涨落范围内。实时连续空气吸收剂量率和累积剂量处于当地天然本底涨落范围内。空气中天然放射性核素活度浓度处于本底水平，人工放射性核素活度浓度未见异常。

习近平总书记多次指出,环境就是民生,青山就是美丽,蓝天也是幸福。如今,我国生态环境总体改善,蓝天越来越多,水质越来越清,生态越来越优,一幅美丽中国新画卷正徐徐展开。

二、生态扶贫成效显著

我国林地、草原、湿地、荒漠化土地占国土面积的70%以上,分布着全国60%的贫困人口,这些地区是生态建设的主战场,也是脱贫攻坚的主战场。开展生态扶贫,就是要让贫困群众吃上"生态饭",让他们面前的好风景成为他们脱贫致富的"钱景",让绿水青山成为他们的金山银山。近年来,我国针对生态扶贫目标,探索出了如下有效路径。

第一,生态劳务与就业扶贫。这一路径主要包括推广扶贫攻坚造林专业合作社、村民自建等模式,采取以工代赈等方式,组织贫困人口参与生态工程建设,提高贫困人口参与度;支持在贫困县设立生态管护员工作岗位,以森林、草原、湿地、沙化土地管护为重点,让能胜任岗位要求的贫困人口参加生态管护工作,实现家门口脱贫;在贫困县城内的国家公园、自然保护区、森林公园和湿地公园等,优先安排有劳动能力的贫困人口参与服务和管理。例如,青海积极利用国家省级资金和项目设置生态管护岗位,建档立卡贫困户管护员总数达到4.99万人,特别是在三江源地区实行"一户一岗",年增收达到2万元,实现全家脱贫,带动青海省近18万贫困人口实现稳定脱贫,被贫困群众称为"暖心工程"。青海省各类社会管护员近12万人,为全面实现脱贫、全面实现小康发挥了"稳定器"作用。

第二,生态搬迁扶贫。当某个地区的自然资源被过度利用而逐渐或者严重退化后,会出现"一方水土养不起一方人"的情况,这时,人口的外迁是缓解贫困、改善环境的最佳选择。以贵州省黔西南州册亨县巧马镇孔屯村为例,这是一个土壤贫瘠、水资源匮乏、交通极不便利的多民族贫困村,分散居住着苗族、布依族、汉族、仡佬族等少数民族的547户居民,户均不到2亩耕地,完全靠天吃饭,即便风调雨顺都可能"吃不饱",贫困人口占全村总人口的90%。生态搬迁扶贫就成为孔屯村实现贫困缓解和生态环境保护双赢的重要举措。生态搬迁扶贫作为"生态环境驱动型移民",一是可以减轻人类对原本脆弱的生态环境的继续破坏,使生态系统得以恢复和重建;二是可以通过异地开发,逐步改善贫困人口的生存状态;三是减小自然保护区的人口压力,使自然景观、自然生态和生物多样性得到有效保护。[①]

第三,生态产业扶贫。生态产业扶贫是通过产业结构调整、升级的方式重新整合贫困地区的自然资源、物质资源和人力资源,将传统高消耗、低效率产业转化为以生态环境为基础、以市场为导向的生态产业,以此带动贫困人口脱贫致富的生态扶贫方式,包括生物资源开发产业、生态农业及其加工产业、生态旅游、光伏产业等。[②] 近年来,湖南省在贫困地区大力发展油茶、竹木加工、森林旅游与康养、林下经济等生态产业,带动贫困户增产增收。作为湖南省"四个千亿产业"之一,油茶产业是湖南省的金字招牌。湖南省做好政策引导,打造中国高端特色油茶基地和油茶生产销售产业链,同时将一二三产业融合发展,打造油茶文化旅游基地和油茶产业精准扶贫示范基地;以政府引导、市场主导、项目支持、行业服务、企业实施的发展思路,整合项目资金,持续加大投入,加快推动油茶产业快速健康发展。目前,湖南省51个贫困县油茶面积达54.75万公顷,油茶产业现已完成投资11.9亿元,新造油茶林2.71万公顷,低改2.87万公顷,累计带动37.2万户贫困户增收,每户平均获得油茶项目资金支持1825元。

第四,生态补偿扶贫。生态补偿扶贫是精准扶贫政策"五个一批"中的重要组成部分,是贫困地区绿色可持续发展的有效手段。为推进生态补

---

① 曾贤刚:《生态扶贫:实现脱贫攻坚与生态文明建设"双赢"》,《光明日报》,2020年9月29日。
② 同上。

偿扶贫，我国采取了一系列举措。如增加重点生态功能区转移支付，不断完善森林生态效益补偿补助机制，实施新一轮草原生态保护补助奖励政策，开展生态综合补偿试点等，并取得了相当大的成效。云南省凤庆县森林覆盖率65.6%，当地大力推进绿色扶贫工程建设，依托新一轮退耕还林政策，让绿水青山成为脱贫攻坚的助手，助力全县1.2万多户贫困户增加收入，实现脱贫攻坚战役"五个一批"中"生态补偿脱贫一批"的目标要求。

在生态扶贫中，我们坚持中央统筹、地方负责，政府引导、主体多元，因地制宜、科学发展，坚持精准施策、提高实效的基本原则，积累了大量实现脱贫攻坚与生态文明建设"双赢"的宝贵经验。经过不断努力，全国贫困地区绿色发展的主动性和自觉性进一步增强，生态环境有效改善，生态产品供给能力增强，贫困地区百姓生产生活条件明显改善，生态环境获得感、幸福感明显增强。

三、绿水青山成为幸福靠山

经历了雾霾包围、水质恶化、土壤污染等生态问题之后，人民群众对美好环境的渴望，表现得比以往更加强烈。呼吸上清洁的空气，喝上干净的水，吃上放心的食品，在良好的环境中工作生活，这是直接关系到群众切身利益的大事。正如习近平总书记所说，你挣到了钱，但空气、饮用水都不合格，哪有什么幸福可言。

良好生态环境是最公平的公共产品，是最普惠的民生福祉。保护生态环境就是保护生产力，改善生态环境就是发展生产力。山清水秀而贫穷落后，不是美丽中国。殷实小康但生态恶劣，同样不是美丽中国。美丽中国，应当是生态美与百姓富的有机结合。搞生态环境保护，不能让群众守着绿水青山没有钱花、过穷日子；搞经济发展，也不能让群众拥有金山银山呼吸毒气、饮用污水。践行生态为民，就是要回应群众对优质生态产品、优良生态环境的迫切需求。为百姓打造生态良好的宜居环境，就是最真切、最普惠的民生关怀，就是建设生态文明的出发点和落脚点。近年来，我国许多地方在保护中寻求发展，在发展中实现保护，打出了一张生态、民生"双赢"的好牌。绿水青山正在成为老百姓的幸福靠山。

近年来，内蒙古阿尔山市不断巩固放大生态优势，以绿色生态为基础，以环境优势为依托，以科技创新为支撑，以生态宜居、富民强市为目标，坚定不移地推进祖国北方重要生态安全屏障建设，努力实现美丽与发展"双赢"。阿尔山市是全国纬度最高的城市之一，地处寒温带，横跨大兴安岭西南山麓。阿尔山依林而建、因水而名，森林资源丰富。其中，阿尔山国家森林公园、好森沟国家森林公园、阿尔山国家地质公园和杜拉尔自然保护区等有保存较为完整的森林生态系统。自远古以来，阿尔山地区岩浆活动频繁而强烈，为这里创造了丰富的地质遗迹、罕见的温矿泉资源、千姿百态的自然景观和多样的生态环境。我国著名火山专家、中科院院士刘嘉麒称阿尔山"是一座规模大、发育好、保存完整的火山博物馆"。除此之外，阿尔山还拥有绝佳的冰雪资源，一年中长达7个月之久的冰雪季，雪期长、雪质好，积雪厚度平均超过350毫米，加上特殊的山形地貌，为开展冰雪运动和冰雪旅游提供了优质条件，吸引很多滑雪爱好者及专业运动员慕名而来。在"全域景区化"发展理念的统领下，阿尔山以景区化的理念打造优美环境，以园林化标准扮靓乡村田野，打造覆盖全域的大景区，让居民生活在风景中，让游客流连于画卷里。旅游通道与景区、城村、庄园等自然衔接、高度契合，处处渗透着旅游元素，让人感觉徜徉在一个地域特色鲜明的大景区，一个全新的旅游发展生态圈应运而生。2019年4月，阿尔山全市脱贫摘帽，贫困村全部出列，累计575户、1406名贫困人口脱贫，脱贫发生率降至0.13%，脱贫攻坚取得重大成就。在阿尔山7408平方公里的版图上，无论是在茫茫森林深处，还是在璀璨花海之中，绿水青山正在成为当地人的幸福靠山。①

自2019年8月实施林长制试点以来，重庆市万州区坚定不移走生态优

---

① 参见《阿尔山：让绿水青山成为幸福靠山》，《中国旅游报》，2018年1月9日。

先、绿色发展之路，不断强化森林资源管理，持续提高森林数量和质量，积极探索"林业＋"发展路径。截至 2020 年 10 月，万州区已累计实施森林质量提升项目 7.49 万亩，完成营造林 50 万亩，全区森林覆盖率达 53.5%。长江生态屏障区森林面积已达 60.3 万亩，绿化库岸近 50 公里，森林覆盖率达 68%。同时，完成义务植树 367 万株，实施农村"四旁"植树 9000 亩，并积极创建重庆市绿色示范村 39 个，申报国家森林乡村 18 个，抢救复壮古树名木 1400 株等，国土绿化取得明显成效。林长制的试行不仅在万州区构建起增植扩绿的"长青林"，还打造出了民生效益的"幸福林"。在国土绿化提升行动中，万州区切实践行产业生态化、生态产业化"两化"路径，不断调整林业产业结构带动农民拔穷根、扎富根，重点发展以柑橘类、李子、茶叶等为主的经济林约 45.3 万亩，经济林比重达 75%。除此之外，万州区还立足山地特色，分类规划发展高效型林业，发展中药材基地 1 万亩、标准化小水果基地 5.5 万亩，新建或改建笋竹、花卉、木本油料等林业特色产业基地 14 万亩。并利用生态优势，大力发展森林生态旅游，建成区级以上森林公园两个、森林游栖园 3 个、市级森林人家 20 家，成功创建国家级森林乡村 8 个，市级绿色新村 4 个，实现森林旅游年收入 3000 万元……如今，一幅以绿色为底色的美丽生态画卷正在万州区徐徐展开，绿色资源优势不断转化为经济发展优势，群众乐享生态红利，幸福感、获得感、安全感显著提升，绿水青山变成了老百姓的幸福靠山。

总之，不能只讲发展，不讲保护，"吃祖宗饭、断子孙路"；也不能只讲保护，不讲发展，守着绿水青山受穷、抱着"金饭碗"讨饭。只有把生态环境转化为发展环境，把生态优势转化为竞争优势，绿水青山才能成为更多人的幸福靠山。

第三节　在绿水青山间绘就全面小康的美丽画卷

绿水青山就是金山银山理念提出 16 年来，已经逐渐成为全党全社会的一致共识和自觉行动，为美丽中国建设提供了价值指引与基本遵循。绿水青山就是金山银山理念告诉我们，经济发展不是掠夺自然的"竭泽而渔"，生态环境保护也不是困守青山的"缘木求鱼"，要彻底摒弃以牺牲环境为代价换取一时一地经济增长的做法，决不走"先污染后治理"的老路。要运用系统思维，统筹山水林田湖草系统治理；用最严格的制度、最严密的法治，为守护绿水青山提供可靠保障；要坚持绿色发展，在发展中保护，在保护中发展，实现经济社会发展与人口、资源、环境相协调。

一、以系统治理呵护绿水青山

习近平总书记指出，"山水林田湖草是一个生命共同体，人的命脉在田，田的命脉在水，水的命脉在山，山的命脉在土，土的命脉在树。用途管制和生态修复必须遵循自然规律，如果种树的只管种树、治水的只管治水、护田的单纯护田，很容易顾此失彼，最终造成生态的系统性破坏。"①"生态是统一的自然系统，是相互依存、紧密联系的有机链条。一定要算大账、算长远账、算整体账、算综合账，如果因小失大、顾此失彼，最终必然对生态环境造成系统性、长期性破坏。要从系统工程和全局角度寻求新的治理之道，再不能头痛医头、脚痛医脚，各管一摊、相互掣肘，而必须统筹兼顾、整体施策、多措并举，全方位、全地域、全过程开展生态文明建设。"②

习近平总书记关于"山水林田湖草系统治理"的论断，是对马克思主义自然观和方法论的丰富与发展，为生态环境的系统治理提供了科学的自然观和方法论基础。要按照自然生态的整体性、系统性及其内在规律，统筹考虑自然生态各要素以及山上山下、地上地下、陆地海洋、流域上下游，进行系统保护、宏观管控、综合治理，增强生态系统循环能力，维护

---

① 中共中央文献研究室编：《习近平关于社会主义生态文明建设论述摘编》，中央文献出版社2017年版，第47页。

② 习近平：《推动我国生态文明建设迈上新台阶》，《求是》，2019年第3期。

生态平衡。

2016年1月，习近平总书记在重庆召开推动长江经济带发展座谈会上明确提出，当前和今后相当长一个时期，要把修复长江生态环境摆在压倒性位置，共抓大保护，不搞大开发。4年来，长江经济带11个省市把修复长江生态环境作为压倒性任务，治理污染、修复生态，上、中、下游协同发力，共抓大保护不断取得新进展新成效。自2019年以来，沿江11个省市将生态环境突出问题整改与推进生态环境污染治理工程紧密结合起来，通过工程推动问题整改，以问题整改促进工程落实，打出一套系统治污的"组合拳"。（1）推进城镇污水垃圾处理。截至2019年12月中旬，长江经济带地级及以上城市污水收集管网长度比2018年底增加3954公里，提升城市和县城生活垃圾日处理能力。（2）推进化工污染治理。自2019年以来，沿江11个省市累计搬改关转化工企业958家，其中包括位于长江干流、重要支流岸线一公里范围内的化工企业44家。（3）推进农业面源污染治理。长江经济带畜禽粪污综合利用率达到74%，搬出和转移禁养区内的水产养殖规模达178.9万亩。（4）推进船舶污染治理。加强船舶污水垃圾处理设施运行监管，加大对偷排行为的打击力度。（5）推进尾矿库污染治理。沿江11个省市已有579座尾矿库完成闭库。经过系统治理，长江水更清、更绿了。2019年，长江经济带优良水质比例达到82.5%，同比上升3.4个百分点，优于全国平均水平6.1个百分点；劣Ⅴ类水质比例为1.2%，同比下降0.5个百分点，优于全国平均水平2.8个百分点。

2019年9月18日，习近平总书记在黄河流域生态保护和高质量发展座谈会上指出，黄河生态系统是一个有机整体，要充分考虑上、中、下游的差异，系统开展黄河流域治理。为支持黄河流域经济社会的可持续发展，确保流域生态环境保护目标的实现，应尽快从黄河流域生态系统特点出发，因地制宜地构建以"上游水源涵养，中上游水土保持，中下游环境治理，下游及河口生态重建"为重点的复合型生态环境保护体系。黄河流域生态环境保护工作是一个系统工程，应充分考虑上、中、下游的差异性进行分区、分片、分类治理，特别是生态环境保护必须与经济社会发展相协调，在提高黄河流域生态环境水平的同时，促进流域内经济社会可持续发展。强化黄河流域上、中、下游，干流与支流，水域与陆域，自然与人工生态环境系统的统一管理保护，统筹布局、协调推进流域水资源保护和水污染防治工作，深化黄河流域资源、生态、环境的综合保护管理。

木兰溪治理工程，是习近平总书记亲自擘画、全程推动治水工作的先行探索。20多年来，在习近平总书记治理木兰溪重要理念的指引下，历届莆田市委、市政府不断巩固提升木兰溪全流域系统治理，将木兰溪打造成莆田一张最亮丽的名片。如今，木兰溪已成为造福莆田人民的生命之水、安全之水、生态之水、金银之水，实现了习近平总书记提出的"变害为利、造福人民"的治理目标。原先木兰溪水灾频发，据不完全统计，木兰溪十年一大灾，四年一中灾，年年有小灾，莆田人民强烈期盼根治。1999年14号台风带来暴雨，莆田遭受重大灾害，时任福建省委副书记、代省长的习近平在视察灾情时提出："是考虑彻底根治木兰溪水患的时候了！"习近平总书记在福建工作期间，先后10次直接关心、调研木兰溪的治理工作。正是在习近平总书记有诺必践、久久为功的钉钉子精神的指引下，莆田市坚持一张蓝图绘到底、一任接着一任干，持续开展从水上到陆上、从下游到上游、从干流到支流到全流域、从单一的防洪工程到系统性治理的综合工程，逐步实现从水安全到水生态、水经济、水文明的梯次推进，书写了生态文明建设的生动样本。

生态环境治理是一项系统工程，是一场"团体战"，"自扫门前雪"是不够的，要充分发挥"众人拾柴火焰高"的协同作用。要牢固树立"山水林田湖草是一个生命共同体"理念，以系统治理呵护绿水青山。

二、以严密法治守护绿水青山

习近平总书记指出："保护生态环境必须依靠制度、依靠法治。只有实行最严格的制度、最严密的法治,才能为生态文明建设提供可靠保障。""要深化生态文明体制改革,尽快把生态文明制度的"四梁八柱"建立起来,把生态文明建设纳入制度化、法治化轨道。"①

2014年4月,全国人大修订了被称为"史上最严"的《中华人民共和国环境保护法》。与此同时,我国加大了环境保护单行法的修改力度,例如,全国人民代表大会常务委员会于2015年8月修订通过了《中华人民共和国大气污染防治法》,2017年6月修正通过了《中华人民共和国水污染防治法》。自2019年以来,全国人大常委会制定资源税法,修改固体废物污染环境防治法、森林法,把生态优先、绿色发展、人与自然和谐共生的理念多维度、多层次融入立法。2020年5月,十三届全国人大三次会议审议通过的《中华人民共和国民法典》就生态环境资源保护作出了若干新规定,为美丽中国建设保驾护航。民法典第七编"侵权责任"第七章,用了7个条款,对环境污染和生态破坏责任进行了明确。

不仅是国家层面的生态环境立法加速,近年来,地方立法也发挥了织密绿水青山法网的重要作用。例如,截至2019年10月,湖南省人大常委会相继制定了环境保护条例、湘江保护条例、湿地保护条例等20余件涉及生态文明建设领域的地方性法规,同时对《湖南省实施〈中华人民共和国水土保持法〉办法》等11件地方性法规进行修改,杜绝故意"放水"、降低标准、管控不严等问题。再如,2020年7月,新修订的《西安市秦岭生态环境保护条例》正式实施,秦岭保护制度更周密,措施更严格。原来的违建群如今变身为秦岭和谐森林公园。

天下之事,不难于立法,而难于法之必行。法律的生命力在于执行。再健全、再完善的法律,如果不执行也只是"墙上画虎",成为摆设,成为一纸空文。在过去环境执法中,"九部委联手治理""八部委出台文件"屡见不鲜。以污水防治为例,地下水归国土部、河流湖泊水归环保部、排

---

① 中共中央文献研究室编:《习近平关于社会主义生态文明建设论述摘编》,中央文献出版社2017年版,第99页、第109页。

污口设置由水利部管、农业面源污染归农业部治理,海里的水则由海洋局负责……为了改变职责划分不科学所带来的"政出多门"的弊端,2018年,国务院机构改革将环境执法职能统一整合进新组建的生态环境部,理顺了执法主体。

近年来,全国人大常委会贯彻落实习近平生态文明思想,全面推进蓝天、碧水、净土三大保卫战,相继开展了大气污染防治法、水污染防治法、土壤污染防治法执法检查,推动各地区各部门落实法律责任,紧抓不放,形成合力,久久为功,确保党中央关于生态文明建设决策部署落地生根见效。

由于环境问题具有长期性、复杂性、专业性、群体性、尖锐性等特点,其司法难度较大。为此,最高人民法院发布了《关于深入学习贯彻习近平生态文明思想 为新时代生态环境保护提供司法服务和保障的意见》。要求各级人民法院切实贯彻节约资源和保护环境的基本国策,创新体制机制,完善裁判规则,通过专业化的环境资源审判落实最严格的源头保护、损害赔偿和责任追究制度,不断提升新时代生态环境保护的司法服务和保障水平。2014年7月,最高人民法院环境资源审判庭成立。另外,各地法院按照审判专业化和司法改革的要求,科学配置审判资源,立足生态环境保护需要和案件类型、数量等实际情况,设立了跨行政区划环境案件审理法院、生态环境保护巡回法庭、审判庭与合议庭,提高环境资源审判专业化水平。2020年5月8日,最高人民法院发布2019年度中国环境资源审判40个典型案例。其中,多个"全国首例"引发关注。

万峰湖,因"万峰"环绕而得名,属珠江源头南盘江水系,迂回盘绕着黔、滇、桂三省(区)五县(市),是云贵高原上的一颗平湖明珠,更是"珠三角"经济区的重要水源供给地。由于一湖连三省,导致万峰湖长期以来地域管辖不清,推诿扯皮时有发生。2019年12月,最高检察院决定对万峰湖流域生态环境受损情况立案调查,成立由最高检察院及广西、贵州、云南三省（区）四级检察机关骨干共同组成的专案组。这是最高检察院首次直接立案办理公益诉讼案。立案以来，在最高检察院的统一指挥下，三地检察机关和有关部门紧密配合，积极整改。截至 2020 年 7 月 16 日，专案组共摸排案件线索 28 件，以挂牌交办方式交三地检察机关 26 件，地方检察机关立案 20 件，磋商解决 9 件，发出诉前检察建议 8 件。在办案的推动下，行政机关积极整改，拆除湖面网箱 349809 平方米，清理浮房 808 个、鱼棚 33 个，万峰湖生态环境大大改观。这起由最高检察院首次直接立案办理的公益诉讼案，是全国检察机关通过检察公益诉讼保护绿水青山、守护生态文明的一个缩影。

为保护母亲河长江，根据中央部署，长江流域水生生物保护区已于 2020 年 1 月 1 日起实现全面禁捕。长江"十年禁渔"是利生态、利民生、利长远的大事，是功在当代、利在千秋的历史工程。为坚决遏制长江流域非法捕捞犯罪活动，公安部部署沿江省、市和长江航运公安机关开展为期 3 年的专项打击行动，坚决斩断非法捕捞、运输、经营的地下产业链。

用法治守护绿水青山，我们创造了生态治理的绿色奇迹，青山常在、绿水长流、空气常新的美丽中国画卷正在展开。

三、以绿色发展赢得金山银山

2005 年 8 月 15 日，时任浙江省委书记的习近平来到了浙江余村进行调研，当听到村里下决心关掉了石矿，停掉了水泥厂，他给予了高度的肯定，并指出，这些都是高明之举，绿水青山就是金山银山。我们过去讲既要绿水青山，也要金山银山，实际上绿水青山就是金山银山，本身，它有含金量。调研余村 9 天之后，习近平同志以笔名"哲欣"在《浙江日报》头版"之江新语"栏目中发表《绿水青山也是金山银山》短评，文中指出，我们追求人与自然的和谐，经济与社会的和谐，通俗地讲，就是既要绿水青山，又要金山银山。文中，他还论述了绿水青山与金山银山的辩证关系,"绿水青山可带来金山银山,但金山银山却买不到绿水青山。绿水青山与金山银山既会产生矛盾,又可辩证统一"。2013年9月,习近平总书记在哈萨克斯坦纳扎尔巴耶夫大学发表演讲时指出,我们既要绿水青山,也要金山银山。宁要绿水青山,不要金山银山,而且绿水青山就是金山银山。

环境如水,发展似舟。水能载舟,亦能覆舟。"绿山青山就是金山银山"的科学论断阐述了经济发展与环境保护的"舟水关系",阐明了环境保护与经济发展之间的辩证统一关系,打破了两者之间矛盾对立的逻辑束缚。人类只有科学有序地开发利用自然界,才能将绿水青山变为金山银山,违背自然规律对自然界进行野蛮开发,不但会失去绿水青山,而且得不到金山银山。生态环境问题归根结底是经济发展方式问题,"两山"理念为我们处理人与自然的关系提供了指南,要求我们必须走资源消耗更少、环境污染更低、科技含量更高的绿色发展之路。绿色发展是对传统发展模式的创新和颠覆,它更加注重经济发展和生态环境的协调一致。绿色发展不以牺牲环境为代价来换取高速发展,也不会为了保护生态环境而放弃发展,其实质是要让人类经济社会发展得更加科学合理并且具有可持续性。事实证明,西方国家那种"先发展再治理"和"边发展边治理"的发展道路是行不通的,必须要树立尊重自然、顺应自然、保护自然的绿色发展理念,提高资源利用率,最大限度地节约资源能源,保护生态环境,为发展生产力提供良好的生态环境基础。让良好的生态环境成为人民生活水平提高的增长点、成为经济社会持续健康发展的支撑点。

以山西为例,该省围绕自身生态环境做起绿色发展大文章。在山西右玉,林木绿化率从0.26%增至56%,不毛之地变成"塞上绿洲",生态牧场、特色旅游鼓起村民"钱袋子"。在山西汾阳贾家庄村,曾经的村办工业厂区转型为集工业文化创意、乡村民俗旅游、康体养老休闲于一体的文化生态旅游村,贾家庄生态园成为国家AAAA级旅游景区,村民人均收入大幅提高。实践充分证明,绿水青山既是自然财富、生态财富,又是社会财富、经济财富,保护生态环境就是保护生产力,改善生态环境就是发展生产力。

  2013年，湖南省株洲市拿出"过五关斩六将"的勇气、"壮士断腕"的决心，从根本上变换株洲发展底色，去掉污染落后产能，一切向绿色增长看齐。2017年，株洲200名干部搬至工厂门口办公，苦口婆心做工作，一口气关停147家污染企业。水泥、钢铁、煤矿、烟花爆竹等过剩老旧产能大规模关停退出。自2013年以来，株洲共计关停了1300多家污染落后企业，影响产值500多亿元。老旧产能退出后，必须及时培育新动能。近年来，株洲聚焦轨道交通、通用航空、新能源汽车三大动力产业，通过集群发展、创新驱动全力打造"中国动力谷"，让优势产业快速释放新潜力。如今，"复兴号"高铁最核心的零部件产自株洲，电力机车、动车组、城轨等出口至70多个国家和地区，成为流动的国家名片。株洲还布局与动力产业高度关联的战略性新兴产业，即电子信息、新材料、新能源、节能环保、生物医药，形成互为支撑的全新产业空间和支撑动力。尽管株洲遭遇过大力度去产能的"阵痛"，但新动能有效补位，筑牢了高质量发展的动力支撑，经济结构持续优化，成为全国稳增长先进城市。株洲经济的"涅槃"正是湖南绿色发展的一个缩影。

  充分挖掘绿水青山的经济效益，不是权宜之计，而是长久之策。当前，受新冠肺炎疫情的冲击和世界经济衰退的影响，我国发展面临前所未有的困难挑战。然而，越是面临困难挑战，越要增强生态文明建设的战略定力，越要向绿色转型要出路、向生态产业要动力。借助电商，贵州赤水的春笋、甘肃兰州的百合、湖北秭归的脐橙走出深山、走出乡村，最大限度降低了疫情对产销的影响。疫情防控取得重大战略成果之际，城市近郊游、森林旅游、休闲康养等率先回暖，释放出无限商机。

  强调绿水青山就是金山银山，就是要尽最大可能维持经济发展与生态环境之间的精细平衡，走生态优先、绿色发展的路子。绿色发展，道阻且长，行则将至。只要保持加强生态文明建设、推进绿色发展的战略定力，奋力跃上一个个新台阶，百姓富、生态美的美丽中国将渐行渐近。

第九章　把党建设得更加坚强有力

全面建成小康社会，党的领导是关键。党要团结带领人民实现全面建成小康社会，必须毫不动摇坚持和完善党的领导，毫不动摇把党建设得更加坚强有力。党的十八大以来，党的建设伟大工程取得了历史性成就。迈向新征程，必须坚持以政治建设为统领，抓好党的思想建设，建设高素质专业化干部队伍，抓好党的组织体系建设，努力把党建设得更加坚强有力。

第一节　党的领导是全面建成小康社会的根本保证

党的领导是中国特色社会主义最本质的特征，是中国特色社会主义制度的最大优势，是做好党和国家各项工作的根本保证。全面建成小康社会，必须毫不动摇坚持和完善党的领导。全党全军全国各族人民要紧密团结在以习近平同志为核心的党中央周围，为夺取全面建成小康社会伟大胜利而努力奋斗。

一、全面建成小康社会必须坚持党的领导

习近平总书记在党的十九大报告中指出："中国特色社会主义最本质的特征是中国共产党领导，中国特色社会主义制度的最大优势是中国共产党领导，党是最高政治领导力量。"[①] 党政军民学，东西南北中，党是领导

---

① 习近平：《决胜全面建成小康社会　夺取新时代中国特色社会主义伟大胜利——在中国共产党第十九次全国代表大会上的报告》，人民出版社 2017 年版，第 20 页。

一切的。推进全面建成小康社会这项伟大事业，必须坚持党的领导，确保党始终总揽全局、协调各方。

（一）党的领导是中国特色社会主义最本质的特征

2014年5月，习近平总书记在参加河南省兰考县委常委班子专题民主生活会时指出，"一定要认清，中国最大的国情就是中国共产党的领导。什么是中国特色？这就是中国特色。"① 2018年1月，党的十九届二中全会审议通过关于修改宪法部分内容的建议，把"中国共产党领导是中国特色社会主义最本质的特征"写入宪法，以国家根本法的形式为坚持党的领导提供坚强的制度保障。任何人以任何借口否定中国共产党领导和中国社会主义制度，都是错误的、有害的，都是绝对不能接受的，也是从根本上违反宪法的。

（二）坚持党的领导，必须坚决维护党中央权威和集中统一领导

这是党的领导的最高原则，任何时候任何情况下都不能含糊、不能动摇。在全面建成小康社会伟大事业中，必须增强全体党员的政治意识、大局意识、核心意识、看齐意识，坚决维护习近平总书记党中央的核心、全党的核心地位，坚决维护党中央权威和集中统一领导，凝心聚力，确保全体党员在统一意志下共同行动。要抓好党的组织体系建设，健全维护党的集中统一的组织制度，形成党的中央组织、地方组织、基层组织上下贯通、执行有力的严密体系，确保党的领导"如身使臂，如臂使指"。

（三）充分发挥党总揽全局、协调各方的领导核心作用

中国共产党是中国特色社会主义事业的领导核心，处在总揽全局、协调各方的地位。习近平总书记指出，"我国社会主义政治制度优越性的一个突出特点是党总揽全局、协调各方的领导核心作用，形象地说是'众星捧月'，这个'月'就是中国共产党。"② 全面建成小康社会，必须自觉贯彻党总揽全局、协调各方的根本要求，充分发挥党在同级各种组织中的领

---

① 习近平：《中国共产党领导是中国特色社会主义最本质的特征》，《求是》2020年第14期。
② 同上。

导核心作用。党必须集中精力领导经济建设,组织协调各方力量,围绕经济建设开展工作,促进经济社会全面发展。

二、坚持党的领导必须完善党的领导

全面建成小康社会,必须毫不动摇坚持和完善党的领导,毫不动摇把党建设得更加坚强有力。坚持和完善党的领导,是党和国家的根本所在、命脉所在,是全国各族人民的利益所在、幸福所在。改革开放之初,邓小平同志就明确提出:"为了坚持党的领导,必须努力改善党的领导。""改革党和国家的领导制度,不是要削弱党的领导,涣散党的纪律,而正是为了坚持和加强党的领导,坚持和加强党的纪律。"① 党的十九大报告明确强调:"党要团结带领人民进行伟大斗争、推进伟大事业、实现伟大梦想,必须毫不动摇坚持和完善党的领导,毫不动摇把党建设得更加坚强有力。"②

如何完善党的领导呢?党的十九大报告指出:"要改进党的领导方式和执政方式,保证党领导人民有效治理国家;扩大人民有序政治参与,保证人民依法实行民主选举、民主协商、民主决策、民主管理、民主监督;维护国家法制统一、尊严、权威,加强人权法治保障,保证人民依法享有广泛权利和自由。巩固基层政权,完善基层民主制度,保障人民知情权、参与权、表达权、监督权。健全依法决策机制,构建决策科学、执行坚决、监督有力的权力运行机制。各级领导干部要增强民主意识,发扬民主作风,接受人民监督,当好人民公仆。"

当前,我国正处于实现中华民族伟大复兴的关键时期,我们党正带领人民进行具有许多新的历史特点的伟大斗争,必须有效应对重大挑战、抵御重大风险、克服重大阻力、解决重大矛盾。要通过加强党的全面领导和

---

① 《邓小平文选》(第2卷),人民出版社1994年版,第268页、第341页。
② 习近平:《决胜全面建成小康社会 夺取新时代中国特色社会主义伟大胜利——在中国共产党第十九次全国代表大会上的报告》,人民出版社2017年版,第61页。

不断完善党的领导,"增强党的政治领导力、思想引领力、群众组织力、社会号召力,确保我们党永葆旺盛生命力和强大战斗力","提高党把方向、谋大局、定政策、促改革的能力和定力"。"确保党在世界形势深刻变化的历史进程中始终走在时代前列,在应对国内外各种风险和考验的历史进程中始终成为全国人民的主心骨,在坚持和发展中国特色社会主义的历史进程中始终成为坚强领导核心。"①

三、在党的领导下夺取全面建成小康社会的伟大胜利

到2020年全面建成小康社会,是我们党向人民、向历史作出的庄严承诺。必须坚持以人民为中心,让改革发展成果更多更公平惠及全体人民,使全面建成小康社会得到人民认可、经得起历史检验。

(一)全面建成小康社会,必须坚持以人民为中心

毛泽东同志指出:"人民,只有人民,才是创造世界历史的动力。"②人民群众既是社会物质财富的创造者,也是社会精神财富的创造者,是社会变革的决定力量。党的十九大报告指出:"全党必须牢记,为什么人的问题,是检验一个政党、一个政权性质的试金石。带领人民创造美好生活,是我们党始终不渝的奋斗目标。必须始终把人民利益摆在至高无上的地位,让改革发展成果更多更公平惠及全体人民,朝着实现全体人民共同富裕不断迈进。"③

(二)全面建成小康社会,必须得到人民认可、经得起历史检验

2018年1月5日,习近平总书记在学习贯彻党的十九大精神研讨班开班式上强调,"时代是出卷人,我们是答卷人,人民是阅卷人。"④ 这一精

---

① 习近平:《决胜全面建成小康社会 夺取新时代中国特色社会主义伟大胜利——在中国共产党第十九次全国代表大会上的报告》,人民出版社2017年版,第16、第20、第17页。
② 《毛泽东选集》(第3卷),人民出版社1991年版,第1031页。
③ 习近平:《决胜全面建成小康社会 夺取新时代中国特色社会主义伟大胜利——在中国共产党第十九次全国代表大会上的报告》,人民出版社2017年版,第44—45页。
④ 《以时不我待只争朝夕的精神投入工作 开创新时代中国特色社会主义事业新局面》,《人民日报》,2018年1月6日。

辟论断，充分彰显了我们党的执政情怀。人民是否认可、人民是否满意，是检验全面建成小康社会的最高准绳。因此，必须抓住人民群众最关心最直接最现实的利益问题，想群众之所想、急群众之所急、解群众之所困，严防"数字脱贫""表格脱贫"。要严格按照党的十九届五中全会所通过的《中共中央关于制定国民经济和社会发展第十四个五年规划和二〇三五年远景目标的建议》：坚持和完善党领导经济社会发展的体制机制，坚持和完善中国特色社会主义制度，不断提高贯彻新发展理念、构建新发展格局能力和水平，为实现高质量发展提供根本保证。[①] 只有这样，全面建成小康社会才经得起历史的检验。

第二节　推进党的建设伟大工程的历史性成就

党的十八大以来，以习近平同志为核心的党中央坚持"治国必先治党，治党务必从严"，全面推进党的建设伟大工程，取得了历史性的伟大成就，开创了新时代党的建设伟大工程的新局面。

一、坚持全面从严治党

全面从严治党，是党的十八大以来以习近平同志为核心的党中央推进党的建设的鲜明主题，也是新时代推进党的建设新的伟大工程的一条根本遵循。"全面从严治党"重大战略的提出，既是以习近平同志为核心的党中央对中国共产党自我革命历史经验的深刻总结，也是直面问题、自我净化、自我提高的迫切需要。

党的十四大强调，坚持党要管党和从严治党，加强和改进党的建设，努力提高党的执政水平和领导水平。"坚持从严治党"作为管党治党的根本原则，被庄严写入党章。

[①] 《中共中央关于制定国民经济和社会发展第十四个五年规划和二〇三五年远景目标的建议》，《人民日报》，2020年11月4日。

党的十八大以来，以习近平同志为核心的党中央高度重视党的建设伟大工程。2014年10月，在党的群众路线教育实践活动总结大会上，习近平总书记首次提出"全面推进从严治党"。对新形势下如何推进全面从严治党，会上他提出了八点要求：即落实从严治党责任；坚持思想建党和制度治党紧密结合；严肃党内政治生活；坚持从严管理干部；持续深入改进作风；严明党的纪律；发挥人民监督作用；深入把握从严治党规律。①这八点要求，有三个层面的内涵：一是在主体责任上强调全覆盖，要求各级党组织必须落实从严治党责任，做到聚精会神抓党建；二是在内容上不留空白、盲区，从党的思想建设、组织建设、作风建设、纪律建设、反腐倡廉建设和制度建设各个领域整体推进从严治党；三是在力度、广度和深度上，强调全力以赴，一以贯之，不动摇、不懈怠、不松劲。

2014年12月，习近平总书记在江苏调研时强调，协调推进全面建成小康社会、全面深化改革、全面推进依法治国、全面从严治党②。这是习近平总书记第一次将"全面从严治党"同全面建成小康社会、全面深化改革、全面推进依法治国并列提出，也是"四个全面"的首次提出。此后，在2015年新年贺词、全国政协新年茶话会、1月12日同中央党校县委书记研修班学员座谈、1月13日在十八届中央纪委五次全会、1月19日至21日云南调研以及1月23日主持中央政治局第二十次集体学习等多个场合，习近平总书记反复强调"四个全面"，并提出这是当前党和国家事业发展中必须解决好的主要矛盾。

2015年2月2日，在中共中央党校省部级主要领导干部学习贯彻党的十八届四中全会精神专题研讨班开班式上的重要讲话中，习近平总书记集中论述了"四个全面"战略布局。这是习近平总书记首次向党内外、国内

---

① 中共中央文献研究室编：《习近平总书记重要讲话文章选编》，中央文献出版社、党建读物出版社2016年版，第170—180页。
② 霍小光、王骏勇、兰红光等：《主动把握和积极适应经济发展新常态　推动改革开放和现代化建设迈上新台阶》，《人民日报》，2014年12月15日。

外,阐述新一届中央领导集体治国理政的战略布局。在讲话中,他指出,"党的十八大以来,党中央从坚持和发展中国特色社会主义全局出发,提出并形成了全面建成小康社会、全面深化改革、全面依法治国、全面从严治党的战略布局。这个战略布局,既有战略目标,也有战略举措,每一个'全面'都具有重大战略意义。全面建成小康社会是我们的战略目标,全面深化改革、全面依法治国、全面从严治党是三大战略举措。"① "四个全面"战略布局的提出,彰显了以习近平同志为核心的党中央的非凡理论勇气、高超政治智慧以及强烈使命担当,宣示了新一届党中央领导集体的政治勇气和魄力。将全面从严治党纳入"四个全面"战略布局,明确其战略地位,对推进党的建设伟大工程、确保党始终成为中国特色社会主义事业的坚强领导核心具有重大意义。

关于全面从严治党的内涵,习近平总书记反复强调:"全面从严治党,核心是加强党的领导,基础在全面,关键在严,要害在治。"② "核心是加强党的领导",就是要牢牢把握中国特色社会主义最本质的特征就是中国共产党领导,中国特色社会主义制度的最大优势也是中国共产党领导,要确保党始终成为中国特色社会主义事业的坚强领导核心。"基础在全面",就是管全党、治全党,面向8000多万党员、400多万个党组织,覆盖党的建设各个领域、各个方面、各个部门,重点是抓住"关键少数"。"关键在严",就是真管真严、敢管敢严、长管长严。"要害在治","就是从党中央到省、市、县党委,从中央部委、国家机关部门党组(党委)到基层党支部,都要肩负起主体责任,党委书记要把抓好党建当作分内之事、必须担当的职责;各级纪委要担负起监督责任,敢于'瞪眼黑脸',勇于执纪问责。"③ 党的十

---

① 习近平:《在党的群众路线教育实践活动总结大会上的讲话》,新华网,http://www.xinhuanet.com/politics/2014-10/08/c_/112740663.html.
② 中共中央文献研究室编:《习近平关于全面从严治党论述摘编》,中央文献出版社2016年版,第11页.
③ 习近平:《在第十八届中央纪律检查委员会第六次全体会议上的讲话》,《人民日报》,2016年5月3日.

八大以来，在全面从严治党重大战略思想的指导下，党的建设不断开创新局面，党的建设不断取得辉煌成就。

二、坚持思想建党与制度治党紧密结合

坚持思想建党与制度治党紧密结合，同向发力、同时发力，是党的十八大以来党的建设的一个重大举措。2014年10月，习近平总书记在党的群众路线教育实践活动总结大会上明确提出，坚持思想建党和制度治党紧密结合。从严治党靠教育，也靠制度，二者一柔一刚，要同向发力、同时发力。"要使加强制度治党的过程成为加强思想建党的过程，也要使加强思想建党的过程成为加强制度治党的过程。"① 这一治党新方略，是以习近平同志为核心的党中央着眼于党内在思想、制度方面存在的突出问题所提出来的。它不是将毛泽东同志的思想建党理论和邓小平同志的制度治党思想简单相加，而是对我们党从严治党、管党历史经验的科学总结，是结合党的建设实际和时代特征作出的重大创新，是对马克思主义执政党建设规律的科学认识。将思想建党和制度治党两者紧密结合、同频共振、聚焦发力，既能充分发挥思想教育的引领、评价和支撑作用，又能发挥制度的根本性、稳定性、全局性和长期性作用，从而使我们党永葆生机活力。

（一）高度重视党的思想建设，强调坚定理想信念，补足精神之"钙"

习近平总书记反复强调，坚定理想信念，坚守共产党人精神追求，始终是共产党人安身立命的根本。理想信念就是共产党人精神上的"钙"，没有理想信念，理想信念不坚定，精神上就会"缺钙"，就会得"软骨病"。② 党

---

① 习近平：《在党的群众路线教育实践活动总结大会上的讲话》，《人民日报》，2014年10月9日。

② 中共中央文献研究室编：《十八大以来重要文献选编》（上），中央文献出版社2014年版，第80页。

的十八大以来，党中央先后部署开展党的群众路线教育实践活动、"三严三实"专题教育、"两学一做"学习教育和"不忘初心、牢记使命"主题教育等活动，坚持思想建党、理论强党。在干部教育培训中，通过加大理想信念和党性教育的比重，不断增强各级党员的党性意识、宗旨意识。通过补足共产党人精神上的"钙"，不断强化思想建设。

（二）在加强思想建党的同时，党中央把制度治党摆上突出位置

习近平总书记反复强调，制度不在多，而在于精，在于务实管用，突出针对性和指导性，要搞好配套衔接，做到彼此呼应，增强整体功能。党的十八大以来，制度治党加快推进，制度之笼越扎越紧。2013年，党的十八届三中全会提出，要紧紧围绕提高科学执政、民主执政、依法执政水平深化党的建设制度改革。2014年，党的十八届四中全会通过《中共中央关于全面推进依法治国若干重大问题的决定》，把形成完善的党内法规体系作为全面推进依法治国总目标的重要内容，并对加强党内法规制度建设作出重要部署。2015年，党的十八届五中全会提出："坚持依法执政，全面提高党依据宪法法律治国理政、依据党内法规管党治党的能力和水平。"[①]把制度治党提升到了前所未有的高度。2016年，党的十八届六中全会专题研究全面从严治党，审议通过《关于新形势下党内政治生活的若干准则》（以下简称《准则》）和《中国共产党党内监督条例》。制度治党被写进《准则》，上升为全党意志。

近年来，党内法规建设的步伐不断加快，全面从严治党越来越有规可循、有据可依。2013年11月，《中央党内法规制定工作五年规划纲要（2013—2017年）》（以下简称《纲要》）正式发布，这是党的历史上第一个党内法规制定工作五年规划，是加强党的制度建设顶层设计的一项战略工程。《纲要》明确提出："到建党100周年时全面建成内容科学、程序严

[①]《中共中央关于制定国民经济和社会发展第十三个五年规划的建议》，《人民日报》，2015年11月4日。

密、配套完备、运行有效的党内法规制度体系"①。2012年至2014年，中央部署开展了党的历史上第一次党内法规和规范性文件集中清理工作。"通过对新中国成立至2012年6月期间出台的2.3万多件中央文件进行全面筛查，共梳理出规范党组织工作、活动和党员行为的党内法规和规范性文件1178件。经过清理，废止322件，宣布失效369件，二者共占58.7%；继续有效的487件，其中42件需适时进行修改。"②通过清理，摸清了中央党内法规制度的家底，有力维护了党内法规制度的协调统一。2015年7月，根据党中央部署要求，中央书记处协调建立了由中央办公厅牵头，中央纪委机关、中央组织部等13家成员单位参加的中央党内法规工作联席会议制度。由此，党内法规制度建设跨部门的会商协作机制正式搭建起来。据统计，党的十八大以来，"党中央共制定修订88部中央党内法规，占现行有效188部中央党内法规的47%左右。"③以党章为根本、若干配套党内法规为支撑的党内法规制度体系的框架基本形成。

　　实践证明，将思想建党与制度治党紧密结合，同向发力、同时发力，是我们党加强自身建设的重大理论成果与宝贵经验。2018年1月，在十九届中央纪委二次全会上，"坚持思想建党和制度治党相统一"作为全面从严治党的六条经验之一，被总结提炼出来。习近平总书记在会上强调，要"坚持思想建党和制度治党相统一，既要解决思想问题，也要解决制度问题，把坚定理想信念作为根本任务，把制度建设贯穿到党的各项建设之中。"④从"紧密结合"到"相统一"，强调的都是思想建党与制度治党高度融合、相得益彰、不可分离的紧密联系。

---

① 盛若蔚：《中共中央发布党内法规　制定工作五年规划纲要》，《人民日报》，2013年11月28日。
② 盛若蔚：《中央党内法规和规范性文件集中清理工作全部完成》，《人民日报》，2014年11月18日。
③ 赵兵：《党的建设取得重大历史性成就——访中央组织部副部长姜信治》，《人民日报》，2017年9月23日。
④ 《习近平在十九届中央纪委二次全会上发表重要讲话》，中华人民共和国中央人民政府网，http：//www.gov.cn/xinwen/2018-01/11/content_5255713.htm。

三、强化基层党组织建设

基础不牢,地动山摇。党的十八大以来,以习近平同志为核心的党中央,坚持把抓基层、打基础作为长远之计和固本之策,推动全面从严治党向基层延伸,不断夯实党的执政根基。2013年6月,在全国组织工作会议上,习近平总书记深刻指出,贯彻党要管党、从严治党方针,必须扎实做好抓基层、打基础的工作,使每个基层党组织都成为坚强战斗堡垒。① 这是以习近平同志为核心的党中央向全国450多万个基层党组织发出的动员令。同年7月,在河北正定县考察调研时,习近平总书记再次强调,"做好基层基础工作十分重要,只要每个基层党组织和每个共产党员都有强烈的宗旨意识和责任意识,都能发挥战斗堡垒作用、先锋模范作用,我们党就会很有力量,我们国家就会很有力量,我们人民就会很有力量,党的执政基础就能坚如磐石。"②

党的十八大以来,党中央先后组织召开全国组织工作会议、全国国有企业党的建设工作会议、全国高校思想政治工作会议等重要会议,对基层党建作出全面部署。自2013年以来,《关于加强新形势下发展党员和党员管理工作的意见》《关于推进"两学一做"学习教育常态化制度化的意见》《关于加强社会组织党的建设工作的意见(试行)》《关于加强民办学校党的建设工作的意见(试行)》等"四梁八柱"性政策文件陆续出台,为基层党组织建设提供基本遵循。从各地实践来看,各级党委严格落实基层党建工作责任制,党员发展和从严教育管理工作扎实推进,基层党建工作中的短板不断补齐,基层党组织的政治引领与组织服务功能显著提升。

---

① 盛若蔚、鞠鹏:《建设一支宏大高素质干部队伍 确保党始终成为坚强领导核心》,《人民日报》,2013年6月30日。
② 《习近平在河北省调研指导党的群众路线教育实践活动》,新华网,http://www.xinhuanet.com/politics/2013-07/12/c_116518771.htm。

(一) 扎实做好发展党员和从严教育管理工作

要严格党员日常教育和管理,使广大党员平常时候看得出来、关键时刻站得出来、危急关头豁得出来,充分发挥先锋模范作用,这是 2013 年习近平总书记向全党 8900 多万名党员提出的明确要求。党的十八大以来,各级党委按照党中央"控制总量、优化结构、提高质量、发挥作用"① 的工作方针,严把党员入口关,党员队伍结构进一步优化,整体素质得到提升。与此同时,大规模开展党员教育培训,从严管理党员队伍。2014 年 7 月,中共中央办公厅印发《2014—2018 年全国党员教育培训工作规划》(以下简称《规划》),推动党内教育从"关键少数"向全体党员拓展,从集中性教育向经常性教育延伸。《规划》从指导思想和基本原则两个方面,明确了今后 5 年党员教育培训工作的总体要求。其中,"坚持基层为主、上下联动"被确定为五大基本原则之一。

(二) 统筹推进各领域基层党组织建设

坚持以重点带动整体,突出抓好"两面、两线、两新"六个领域。"两面"是指农村和城市两大块面、两大阵地。在农村,2015 年 6 月召开全国农村基层党建工作座谈会,推广"浙江经验 20 条"。同时,加快完善乡村治理机制,普遍建立村务监督委员会。"大力推进抓党建促脱贫攻坚,调整 3500 多个贫困乡镇党委书记,选拔 1.4 万名'老乡镇'、专业技术干部进入贫困乡镇领导班子,调整配强 5000 多名贫困村党组织书记,发展壮大薄弱村空壳村集体经济。全国选派 19.5 万名机关优秀干部担任第一书记,在建强基层组织、推动精准扶贫、为民办事服务、提升治理水平中发挥了重要作用。"② 在城市,总结推广上海等地经验,以街道社区党组织为核心,推进街道社区、单位、行业和各领域党建互联互动,扩大商务楼

---

① 中共中央文献研究室编:《十八大以来重要文献选编》(上),中央文献出版社 2014 年版,第 485 页。

② 罗宇凡、崔静、白靖利等:《全面从严治党向基层延伸——以习近平同志为核心的党中央抓基层强基础纪实》,《人民日报》,2017 年 6 月 29 日。

宇、各类园区、商圈市场、网络媒体等新兴领域党建覆盖。"两线"是指国企和高校。在国企,要求把党建工作写入公司章程,把党的领导融入公司治理,完善"双向进入、交叉任职"领导体制,配备专职副书记。针对"一些非公有制经济组织和社会组织党建工作还比较薄弱"的问题,开展推进"两个覆盖"专项行动。截至2016年底,"非公有制企业、社会组织党组织覆盖率分别达到67.9%和58.9%,比2012年提高13.6和23.9个百分点。"① 在高校,毫不动摇加强党的领导,着力解决高校基层党建突出问题。2014年10月,中共中央办公厅印发了《关于坚持和完善普通高等学校党委领导下的校长负责制的实施意见》。2017年2月,中共中央、国务院印发了《关于加强和改进新形势下高校思想政治工作的意见》。2017年8月,教育部党组印发了《关于加强新形势下高校教师党支部建设的意见》。这些文件的出台,是推动全面从严治党向高校基层延伸的重要举措。"两新"是指新经济组织和新社会组织。近年来,积极探索以园区为龙头加强非公有制企业党建工作,强化社会组织党组织政治引领作用。党的十八大以来,各领域基层党建呈整体提升、全面加强的工作格局。

(三)补齐基层党建工作短板

选优建强基层执政骨干队伍建设,发挥战斗堡垒作用。特别是对于贫困地区广大农村,充分围绕抓扶贫建强基层党组织。对于软弱涣散的基层党组织,进行全面整顿。基层党建基础保障扩大,持续加大。农村"一定三有"、社区"三有一化"工作持续加强。例如,2016年,新建或改扩建村级组织活动场所7.0万个。建立党群服务机构的村、社区分别占91.8%、90.7%,分别提高5.3和3.7个百分点。各级共选派驻村第一书记19.5万名。到社区报到为群众服务的在职党员1260.3万名,增幅为17.5%。②

---

① 罗宇凡、崔静、白靖利等:《全面从严治党向基层延伸——以习近平同志为核心的党中央抓基层强基础纪实》,《人民日报》,2017年6月29日。
② 盛若蔚:《中国共产党党员结构持续优化 基层党组织功能不断强化》,《人民日报》,2017年7月1日。

（四）积极引导党组织和党员服务中心工作，服务人民群众

2014年5月，中共中央办公厅印发《关于加强基层服务型党组织建设的意见》，要求各级党组织"以服务型党组织建设引领基层党建工作，使服务成为基层党组织建设的鲜明主题，推动基层党组织在强化服务中更好地发挥领导核心和政治核心作用，使党的执政基础深深植根于人民群众之中"。① 在此文件指导下，各省、市、区大力推进基层服务型党组织建设，组织动员党员干部全力投入脱贫攻坚、抗灾抢险等重大任务，党组织的战斗堡垒作用和党员先锋模范作用得到充分彰显。涌现出了廖俊波、黄大年、谢樵等一批先进模范，为广大党员干部树立了榜样，为社会传递了正能量。

实践证明，抓基层、打基础，强化基层党组织建设，是全面从严治党的长远之计和固本之策。经过努力，460多万个基层党组织正成为党的坚强战斗堡垒，截至2018年底，9000多万名党员正成为干事创业的先进模范，密切着党同人民群众的血肉联系，汇聚成不可阻挡的磅礴力量。

四、驰而不息抓党的作风

党的十八大以来，以习近平同志为核心的党中央，以"打铁还需自身硬""打铁必须自身硬"的鲜明态度，驰而不息抓党的作风。2012年12月，中共中央政治局审议通过《十八届中央政治局关于改进工作作风、密切联系群众的八项规定》。这是党的十八大后，中共中央制定的第一部重要党内法规，被老百姓亲切地称为"中央八项规定"。中央八项规定，短短600多字，内涵却十分丰富，从调查研究、会议活动、文件简报、新闻报道等八个方面对中央政治局同志加强作风建设立下规矩，表明了新一届中央领导集体带头执行党的纪律规矩的鲜明态度。2017年10月，十九届中央政治局首次会议审议通过了《中共中央政治局贯彻落实中央八项规

---

① 《关于加强基层服务型党组织建设的意见》，《人民日报》，2014年5月29日。

定的实施细则》,向全党全社会释放出一刻不停歇推动作风建设向纵深发展的强烈信号。

党的十八大以来,以习近平同志为核心的党中央身体力行、率先垂范,始终带头严格执行中央八项规定,为全党树立起光辉典范。针对人民群众反映强烈的突出问题,各级纪检监察机关坚持严字当头、抓早抓小、落实落细、动真碰硬。2013年9月,中央纪委公开通报海南省卫生学校违规发放月饼券的典型事件。小小月饼背后,折射出党中央抓作风的清晰思路。从抓公款购买赠送月饼、贺年卡、烟花爆竹等,再到抓公款吃喝送礼、公款旅游、公车私用、违规建设楼堂馆所、大办婚丧喜庆、滥发钱物、出入私人会所等,各级纪检监察机关一个节点一个节点地坚守,以一个又一个具体问题的突破,带动了作风的整体转变。

以群众反映最强烈的"三公"问题为例,截至2016年12月,全国查处的公款吃喝、送礼、旅游(国内)这三类问题共3.18万起。其中,发生在2013年、2014年的违纪行为占到76.1%,发生在2015年的占16.7%,发生在2016年的仅为7.2%。全国"三公"经费支出实现"四连降",2016年,中央部门、地方分别比2012年下降35%、50%。数字大幅下降,背后是各级党委贯彻落实中央八项规定的不懈努力。① 党的十八大以来,各级党委(党组)以最认真的精神、零容忍的态度,对违反中央八项规定的案件坚决查处、严肃问责、一律曝光,使中央八项规定真正成为"铁八条"。

抓作风建设,如何既治标又治本?2014年3月,习近平总书记在兰考调研时深刻指出:"作风问题本质上是党性问题。抓作风建设,就要返璞归真、固本培元,重点突出坚定理想信念、践行根本宗旨、加强道德修养。"② 以此为指导,近年来,党中央持续组织开展党内集中性教育和经常

---

① 李拯:《八项规定,激发当代中国风气之变》,《人民日报》,2017年10月10日。
② 中共中央纪律检查委员会、中共中央文献研究室编:《习近平关于党风廉政建设和反腐败斗争论述摘编》,中央文献出版社、中国方正出版社2015年版,第144页。

性教育，筑牢堤坝，为中央八项规定精神落地生根打下了坚实的思想基础。

2013年至2014年开展的党的群众路线教育实践活动，以"为民、务实、清廉"为主题，聚焦"四风"突出问题，使广大党员同志受到思想的洗礼，强化了宗旨意识。2015年启动的"三严三实"专题教育，把贯彻落实中央八项规定精神作为重要内容，重点查处不讲党性原则、目无法纪、乱作为、不担当等问题。2016年开展的"两学一做"学习教育，将党内教育从"关键少数"延伸到所有基层党组织和全体党员，着力解决党章意识不强、看齐意识淡薄等问题，实现了党员干部在思想作风纪律上的新进步。这一系列教育的开展，既是直面现实的"问题清扫"，也是回归传统的"思想整风"，更是党内政治生态的"集中净化"。

扎紧制度的笼子、优化制度设计，是抓作风建设的根本之策。习近平总书记明确强调：抓作风建设，要"坚持破立并举，注重建章立制"[①]，"在坚持中见常态，向制度建设要长效"[②]。继《十八届中央政治局关于改进工作作风、密切联系群众的八项规定》之后，2013年10月《党政机关厉行节约反对浪费条例》印发并施行，成为从源头上狠刹奢侈浪费之风的综合性、基础性党内法规。此外，《关于党政机关停止新建楼堂馆所和清理办公用房的通知》（2013年7月）、《党政机关国内公务接待管理规定》（2013年12月）、《因公临时出国经费管理办法》（2013年12月）、《关于全面推进公务用车制度改革的指导意见》（2014年7月）、《关于严禁党政机关到风景名胜区开会的通知》（2014年9月）、《关于调整中央和国家机关差旅住宿费标准等有关问题的通知》（2015年10月）陆续出台，为贯彻落实中央八项规定精神提供了一个可执行、可操作的顶层规范。

---

① 中共中央文献研究室编：《十八大以来重要文献选编》（中），中央文献出版社2016年版，第87页。

② 中共中央纪律检查委员会、中共中央文献研究室编：《习近平关于严明党的纪律和规矩论述摘编》，中央文献出版社会、中国方正出版社2016年版，第127页。

制度的生命力在于执行。2015年10月，中共中央印发了《中国共产党廉洁自律准则》和《中国共产党纪律处分条例》（2018年再次修订颁发），为深化和坚持落实中央八项规定精神、纠正"四风"提供了坚强纪律保障。

党的十八大以来，中央八项规定成为以习近平同志为核心的党中央全面从严治党的亮丽名片，赢得了人民群众的衷心拥护和广泛赞誉。2017年6月，国家统计局进行的民情民意电话调查显示，94.8%的受调查对象肯定以习近平同志为核心的党中央制定和落实中央八项规定的成效，91.8%的受调查对象对中央八项规定长期执行有信心，85.5%的受调查对象认为中央八项规定实施以来身边党员干部工作作风有明显改进，89.5%的受调查对象认为党员干部工作作风带动社会风气有明显改进。2017年，全国党风廉政建设民意调查也显示，92.7%的群众认为党的十八大以来落实中央八项规定精神、纠正"四风"有很大的效果，比2013年提高11.4个百分点。①

五、不断推进反腐败斗争

党的十八大以来，以习近平同志为核心的党中央，坚持反腐无禁区、全覆盖、零容忍，"打虎""拍蝇""猎狐"同步进行，不敢腐的目标初步实现，不能腐的笼子越扎越牢，不想腐的堤坝正在构筑，反腐败斗争压倒性态势已经形成。

（一）持续保持反腐高压态势，坚持有腐必反、有贪必肃

2012年11月，在十八届中央政治局第一次集体学习时，习近平总书记深刻指出，"物必先腐，而后虫生"。近年来，一些国家因长期积累的矛盾导致民怨载道、社会动荡、政权垮台，其中贪污腐败是一个很重要的原因。大量事实告诉我们，腐败问题愈演愈烈，最终必然会亡党亡国！将反

---

① 《八项规定，激浊扬清之剑——党的十八大以来以习近平同志为核心的党中央贯彻执行八项规定、推动作风建设综述》，《人民日报》，2017年9月29日。

腐败斗争提到关系党和国家生死存亡的高度来认识，充分体现了以习近平同志为核心的党中央高瞻远瞩的战略眼光和强烈的使命担当。纵观中国历史，因为统治集团严重腐败导致人亡政息的例子比比皆是。当今世界，由于执政党腐化堕落、严重脱离群众导致失去政权的例子不胜枚举。关于反腐败斗争，习近平总书记在第十八届中央纪委二次全会的讲话中明确提出："要坚持'老虎''苍蝇'一起打，既坚决查处领导干部违纪违法案件，又切实解决发生在群众身边的不正之风和腐败问题。要坚持党纪国法面前没有例外，不管涉及到谁，都要一查到底，决不姑息。"[①] 这一表态，彰显了新一届中央领导集体推进党风廉政建设和反腐败斗争的坚定决心，也向党内外、国内外宣告了中国共产党有腐必反、有贪必肃的鲜明态度。党的十八大以来，以习近平同志为核心的党中央，猛药去疴，重典治乱，"打虎""拍蝇""猎狐"同时进行，反腐持续保持高压态势。

2012年12月，四川省委副书记李春城涉嫌严重违纪接受组织调查，成为党的十八大以来首个落马的"老虎"。之后，周永康、薄熙来、郭伯雄、徐才厚、令计划、苏荣等高级干部也相继落马，打破了一些人所谓"刑不上大夫"的猜想。据十八届中央纪律检查委员会工作报告，"十八大以来，经党中央批准立案审查的省军级以上党员干部及其他中管干部440人。其中，十八届中央委员、候补委员43人，中央纪委委员9人。全国纪检监察机关共接受信访举报1218.6万件（次），处置问题线索267.4万件，立案154.5万件，处分153.7万人，其中厅局级干部8900余人，县处级干部6.3万人，涉嫌犯罪被移送司法机关处理5.8万人"。[②] 一大批"老虎"相继落马，证明在党内没有免罪的"丹书铁券"，也没有什么"铁帽子王"，在党内外产生强烈反响。

---

① 中共中央文献研究室编：《十八大以来重要文献选编》（上），中央文献出版社2014年版，第135页。
② 《十八届中央纪律检查委员会向中国共产党第十九次全国代表大会的工作报告》，新华网，http：//www.xinhuanet.com/politics/2017-10/29/c_1121873020.htm。

(二) 坚决惩治人民群众身边的不正之风和腐败问题

习近平总书记鲜明指出,"相对于'远在天边'的'老虎',群众对'近在眼前'嗡嗡乱飞的'蝇贪'感受更为真切。'微腐败'也可能成为"大祸害",它损害的是老百姓切身利益,啃食的是群众获得感,挥霍的是基层群众对党的信任。对基层贪腐以及执法不公等问题,要认真纠正和严肃查处,维护群众切身利益,让群众更多感受到反腐倡廉的实际成果。"① 党的十八大以来,在强力"打虎"的同时,各级纪检监察机关聚焦扶贫民生领域,实行精准监督。仅2013年,各级纪检监察机关严查发生在社会保障、医疗卫生、环境保护、国土资源、教育等部门的案件,查处1.5万人,比2012年同期增长27%。在此过程中,查处了一批职级不高、涉案金额巨大、群众反映强烈的"小官巨贪"案件。2016年,中央纪委作出专项部署,对信访举报中涉及扶贫的问题建立移送查处工作机制。2016年,中央纪委对问题反映集中的21个县市旗、164个扶贫领域腐败问题重点督办,对40起典型案例通报曝光。2016年,全国共处分乡科级及以下干部39.4万人,比上年增长24%,其中处分村党支部书记、村委会主任7.4万人,比上年增长12%。截至2016年底,"全国纪检监察机关共立案116.2万件,给予纪律处分119.9万人;全国共处分乡科级及以下党员、干部114.3万人,处分农村党员、干部55.4万人。"② 自2014年以来,对乱作为、不作为的3.2万名基层党员干部严肃追责。近年来,全国纪检监察机关共处分村党支部书记、村委会主任27.8万人。③

(三) 加强反腐败国际合作,织就全球反腐败"天网"

党的十八大以来,党中央把反腐败追逃追赃作为遏制腐败蔓延的重要

---

① 习近平:《在第十八届中央纪律检查委员会第六次全体会议上的讲话(2016年1月12日)》,《人民日报》,2016年5月3日。
② 姜洁:《反腐败斗争压倒性态势已经形成》,《人民日报》,2017年1月10日。
③ 《十八届中央纪律检查委员会向中国共产党第十九次全国代表大会的工作报告》,新华网,http://www.xinhuanet.com/politics/2017-10/29/c_1121873020.htm。

一环,提升到国家政治和外交层面,纳入反腐败工作总体部署。习近平总书记多次指出,腐败分子即使逃到天涯海角,也要把他们追回来绳之以法,五年、十年、二十年都要追,要切断腐败分子的后路①,把惩治腐败的天罗地网撒向全球,让已经潜逃的无处藏身,让企图外逃的丢掉幻想。近年来,以习近平同志为核心的党中央,积极倡导构建国际反腐败新秩序,为全球反腐败治理贡献中国方案。在中国的倡导下,2014年11月亚太经合组织第26届部长级会议审议通过《北京反腐败宣言》,推动在亚太经合组织框架下加强反腐败国际合作。2016年9月,中国担任二十国集团反腐败工作组主席,主导通过了《二十国集团反腐败追逃追赃高级原则》《二十国集团2017—2018年反腐败行动计划》,并决定设立二十国集团反腐败追逃追赃研究中心。此外,与美国、英国、加拿大、澳大利亚、新西兰等国建立双边执法合作机制,搭建联合调查、快速遣返、资产追缴便捷通道。2014年6月,中央反腐败协调小组国际追逃追赃工作办公室正式成立,简称中央追逃办。2014年7月,部署"猎狐"行动。2015年3月,启动"天网"行动。2015年4月,中纪委公布百名外逃人员的"红色通缉令"。2017年1月,第十八届中央纪委七次全会工作报告作出部署,深化反腐败国际合作,抓紧构建不敢逃、不能逃的机制,并提出开展"天网2017"行动。国际反腐力度的不断加大,有力地遏制了人员外逃和赃款外流。2014年至2017年10月,"共从90多个国家和地区追回外逃人员3453名、追赃95.1亿元,'百名红通人员'中已有48人落网"。② 据统计,新增外逃人员从2014年的101人降至2015年的31人、2016年的19人,2017年1月至9月为4人。

近年来,反腐力度史无前例、成效举世瞩目。人民群众有了实实在在

---

① 《为反腐败斗争压倒性胜利提供有力支撑——写在中央追逃办成立五周年之际》,中华人民共和国中央人民政府网,http://www.gov.cn/xinwen/2017-06/27/content_5403654.htm。

② 《十八届中央纪律检查委员会向中国共产党第十九次全国代表大会的工作报告》,新华网2017年10月29日。

的获得感，对党的信心、信任和信赖不断增强。2016年，国家统计局问卷调查结果显示："92.9%的群众对全面从严治党、反腐败工作成效很满意或比较满意"；中国社科院问卷调查显示："97.3%的领导干部、98%的普通干部、94.4%的企业人员、84.2%的城乡居民对反腐败有信心或比较有信心。"①

此外，我国的反腐行动也赢得了国外媒体和相关人士的高度评价。英国《金融时报》评价说："此次反腐行动查处官员级别之高、数量之多可谓数十年所罕见，同时颁行的《关于新形势下党内政治生活的若干准则》和《中国共产党党内监督条例》等规定，都在相当程度上反映了中国共产党领导集体从制度上对腐败'治本'的决心与雄心。"美国佐治亚州立大学政治学教授安德鲁·魏德安在英国《金融时报》撰文称：习近平上任以来展开的反腐行动，"很可能成为自20世纪70年代末中国改革开放以来最持久、最强硬的一次'实干'行动"。美国《外交》杂志刊文指出："打虎拍蝇"行动已经取得第一阶段的成功，有力地震慑了中国的腐败分子，多数中国政府官员已经"不敢腐"。目前，反腐进入更为关键的阶段"不能腐"，即加大反腐倡廉法规制度建设，建立防止腐败产生的有效机制。在这一阶段取得成功后，中国将迎来第三阶段的反腐行动，即"不想腐"，这或将改变中国的政治文化。②

第三节　把党建设得更加坚强有力

迈向全面建设社会主义现代化国家新征程，向第二个百年奋斗目标进军，必须坚持以党的政治建设为统领，抓好党的思想建设，建设高素

---

① 《坚强领导开创反腐新局——反腐败压倒性态势已经形成》，《人民日报》，2017年1月18日。
② 严瑜、徐骏：《中国反腐成果令世界惊叹（国际论道）》，《人民日报（海外版）》，2017年6月12日。

质专业化干部队伍，抓好党的组织体系建设，努力把党建设得更加坚强有力。

一、坚持以党的政治建设为统领

坚持以党的政治建设为统领，是党的十九大提出的明确要求，充分反映了政治建设在新时代党的建设总布局中的极端重要性。2019年1月，中共中央印发的《中共中央关于加强党的政治建设的意见》，进一步明确了新时代以党的政治建设为统领的党的建设的"四梁八栋"。同年11月，党的十九届四中全会再次强调："建立健全以党的政治建设为统领，全面推进党的各方面建设的体制机制。"① 坚持以党的政治建设为统领，抓住了马克思主义执政党建设的根本点、关键点，具有纲举目张的作用。

（一）旗帜鲜明讲政治

党的政治建设是党的根本性建设，决定党的建设方向和效果，事关统揽推进伟大斗争、伟大工程、伟大事业、伟大梦想。旗帜鲜明讲政治，是我们党作为马克思主义政党的根本要求。只有加强党的政治建设，并以其为统领加强党的各项建设，把政治标准和政治要求贯穿党的思想、组织、作风、纪律、制度建设和反腐败斗争始终。保证思想建设突出政治信仰、对党忠诚教育、塑造政治灵魂、政治品格。组织建设突出政治功能、政治标准，建强组织体系和党员、干部、人才队伍。作风建设突出强化党群血肉联系，坚定政治立场和本色。纪律建设突出严守政治纪律和规矩，构建良好政治生态。制度建设突出立国之本和强国之路，既不走封闭僵化的老路，也不走改旗易帜的邪路。以此统一全党意志、凝聚全党力量，把党建设得更加坚强有力，推动党的事业快速发展，从而实现党的执政使命。

---

① 《中共中央关于坚持和完善中国特色社会主义制度 推进国家治理体系和治理能力现代化若干重大问题的决定》，《人民日报》，2019年11月6日。

(二) 保证全党服从中央，坚持党中央权威和集中统一领导，是党的政治建设的首要任务①

要牢固树立"四个意识"，坚定"四个自信"，把坚决维护以习近平同志为核心党中央，保证全党服从中央，坚决维护党中央权威和集中统一领导作为最大的政治，作为首要政治责任、最高政治原则、最重要的政治纪律和政治规矩，始终在政治立场、政治方向、政治原则、政治道路上同以习近平同志为核心的党中央保持高度一致。增强"四个意识"不是空洞口号，不能只停留在口头表态上，关键要落实到行动上、落实到做的效果上。要把维护习近平总书记的核心地位、维护党中央权威作为加强党的建设的重中之重，做到思想上十分自觉、政治上十分明白、理论上十分清醒、行动上十分坚定，真正把"两个维护"化为自己的言行准则。

(三) 严明党的政治纪律和政治规矩

严格的组织、严明的纪律是中国共产党的优良传统，也是我们党不断发展壮大、不断开创各项事业新局面的重要原因。党的十八大以来，以习近平同志为核心的党中央强调从严管党治党，把严明政治纪律和政治规矩放到突出位置。新修订的《中国共产党纪律处分条例》，一个鲜明特点就是突出政治性，强调要严格落实"五个必须"，坚决反对"七个有之"，严肃查处违反政治纪律和政治规矩的行为。广大党员干部要牢固树立政治意识和规矩意识，知敬畏、存戒惧、守底线，时刻紧绷纪律和规矩这根弦，对照党章党规党纪，对照党内制度条例，严格按照规则办事。把政治意识和规矩意识作为底线，尤其在重要是非、重大斗争面前，必须坚定政治立场，保持头脑清醒，敢于坚决斗争，始终做政治上的明白人、清醒人和规矩人。

(四) 严肃党内政治生活

严肃党内政治生活，是解决党内存在问题与矛盾的重要途径，是我们

---

① 习近平：《决胜全面建成小康社会 夺取新时代中国特色社会主义伟大胜利——在中国共产党第十九次全国代表大会上的报告》，人民出版社2017年版，第62页。

党管党治党的优良传统和政治优势,也是我们党作为马克思主义政党区别于其他政党的重要标志。严格执行新形势下党内政治生活若干准则,重点抓好"三会一课"、"两学一做"、民主生活会、组织生活会、主题党日、民主评议党员、谈心谈话、领导干部过双重组织生活等工作,切实增强党内政治生活的政治性、时代性、原则性、战斗性,要拿起批评和自我批评的武器,及时发现和解决领导班子、党员干部存在的问题。

(五) 加强党内政治文化建设

加强党内政治文化建设,是马克思主义政党建设的本质要求,是解决党内政治生态突出问题、深化全面从严治党的治本之举。习近平总书记指出,政治文化是政治生活的灵魂,对政治生态具有潜移默化的影响。要注重加强党内政治文化建设,倡导和弘扬忠诚老实、光明坦荡、公道正派、实事求是、艰苦奋斗、清正廉洁等价值观,旗帜鲜明抵制和反对关系学、厚黑学、官场术、"潜规则"等庸俗腐朽的政治文化,不断培厚良好政治生态的土壤。① 这一重要思想,抓住了党内政治生态最深层、最本质的东西,具有很强的现实针对性。要把建设先进政治文化作为严肃党内政治生活、净化党内政治生态的重要任务,着重解决一些党员干部理想信念这个"压舱石"发生动摇,世界观、人生观、价值观这个"总开关"出现偏差的问题。要大力弘扬忠诚老实、公道正派、实事求是、清正廉洁等价值观,坚决防止和抵制各种消极腐朽思想文化的侵蚀,营造清清爽爽的同志关系、规规矩矩的上下级关系、干干净净的政商关系。

二、抓好党的思想建设

思想建设,是党的基础性建设。迈向新征程,思想建党的根本任务仍是解决好党员干部的世界观、人生观、价值观这个"总开关"问题。要坚持不懈加强理论武装,坚定理想信念,引导广大党员干部牢记党的初心使

---

① 中共中央文献研究室编:《习近平关于全面从严治党论述摘编》,中央文献出版社2016年版,第74页。

命,挺起共产党人的精神脊梁,推动党和国家事业不断前进。

(一)加强理论武装,是思想建设的基础环节

思想上的坚定,离不开理论上的清醒。我们党之所以能够历经艰难困苦而不断发展壮大,并带领中国人民创造出世所罕见的经济快速发展奇迹和社会长期稳定奇迹,根本原因之一就是始终能用创新的理论凝聚意志、引领前行,使全党始终保持统一的思想、协调的行动、强大的战斗力,从一个胜利走向另一个胜利。在带领中国人民从站起来到富起来、强起来的伟大进程中,中国共产党立足时代,直面问题,不断进行理论创新,形成了毛泽东思想、邓小平理论、"三个代表"重要思想、科学发展观和习近平新时代中国特色社会主义思想。党的十八大以来,以习近平同志为核心的党中央以非凡的政治勇气和使命担当,应时代之变迁、立时代之潮头,围绕新时代坚持和发展什么样的中国特色社会主义、怎样坚持和发展中国特色社会主义这个重大时代课题,创立了习近平新时代中国特色社会主义思想。习近平新时代中国特色社会主义思想,是当代中国的马克思主义、21世纪马克思主义。当前,各级党员干部最大的政治任务就是用习近平新时代中国特色社会主义思想武装全党、教育人民,引领广大党员干部群众系统掌握习近平新时代中国特色社会主义思想的核心要义、精神实质、丰富内涵、实践要求,准确运用贯穿其中的马克思主义立场、观点和方法,不断提高全党的马克思主义理论水平,为贯彻党的路线方针政策、推进党的建设新的伟大工程、提升国家治理体系和治理能力现代化水平提供科学指导和精神动力。

(二)坚定理想信念,是思想建设的首要任务

一个国家、一个民族、一个政党,任何时候任何情况下都必须树立和坚持明确的理想信念。如果没有或丧失理想信念,就会迷失奋斗目标和前进方向,就会像一盘散沙而形不成凝聚力,就会失去精神支柱而自我瓦解。习近平总书记反复强调,共产主义远大理想和中国特色社会主义共同理想,是中国共产党人的精神支柱和政治灵魂,也是保持党的团结统一的思想基础。要把坚定理想信念作为党的思想建设的首要任务,教育引导全

党牢记党的宗旨，挺起共产党人的精神脊梁，解决好世界观、人生观、价值观这个"总开关"问题，自觉做共产主义远大理想和中国特色社会主义共同理想的坚定信仰者和忠实实践者。① 回顾中国共产党近百年光辉历程，之所以能够历经挫折而不断奋起，历尽苦难而淬火成钢，归根结底在于千千万万中国共产党人心中的远大理想和革命信念始终坚定执着。步入新时代，广大党员干部要立足工作岗位，始终坚持全心全意为人民服务的根本宗旨，坚持吃苦在前、享受在后，勤奋工作、廉洁奉公，为了理想奋不顾身去拼搏、去奋斗、去献出自己的全部精力乃至生命。

(三) 牢记初心使命，是思想建设的根本要义

中国共产党人的初心和使命，就是为中国人民谋幸福、为中华民族谋复兴。寻找中国共产党一路走来的成功密码，人民的衷心拥护与支持是决定性的因素。中国共产党是以人民为中心的政党。无论是毛泽东时代的"全心全意为人民服务"，还是改革开放初期邓小平同志所提出的"人民拥护不拥护""人民赞成不赞成""人民高兴不高兴""人民答应不答应"，到江泽民同志的"始终代表中国最广大人民的根本利益"，再到胡锦涛同志的"以人为本"，直至而今的"坚持以人民为中心"，"人民"是中国共产党割舍不下的永恒牵挂。广大党员干部要始终牢记，我们党来自人民、植根人民、服务人民，一旦脱离群众，就会失去生命力。要牢记党的性质宗旨，不断强化党性修养，不断强化党的意识、党员意识，为民族复兴而努力奋斗。

三、建设高素质专业化干部队伍

"建设高素质专业化干部队伍"，是党的十九大提出的明确要求。习近平总书记在会上强调，党的干部是党和国家事业的中坚力量。要坚持党管干部原则，坚持德才兼备、以德为先，坚持五湖四海、任人唯贤，坚

---

① 习近平：《决胜全面建成小康社会 夺取新时代中国特色社会主义伟大胜利——在中国共产党第十九次全国代表大会上的报告》，人民出版社2017年版，第63页。

持事业为上、公道正派，把好干部标准落到实处。注重培养专业能力、专业精神，增强干部队伍适应新时代中国特色社会主义发展要求的能力。这是中国共产党近百年干部队伍建设史上，首次在"高素质"后面加上了"专业化"三个字。这一目标的提出，为干部队伍建设提供了根本遵循。

（一）坚持党管干部，从严治吏

习近平总书记指出："党要管党，首先是管好干部；从严治党，关键是从严治吏。"① 要严格按照《党政领导干部选拔任用工作条例》（2019年3月修订印发）、《推进领导干部能上能下若干规定（试行）》（2015年7月印发）、《关于防止干部"带病提拔"的意见》（2016年8月印发）等文件制度，完善选人用人机制。在干部管理监督方面，要严格落实领导干部报告个人有关事项制度，对超职数配备、"裸官"、干部档案造假等突出问题进行集中整治，对干部监督管理的螺丝扣要越拧越紧。

（二）落实好干部标准，坚持正确选人用人导向

2013年6月，习近平总书记在全国组织工作会议上提出了新时代好干部的20字标准，即"信念坚定、为民服务、勤政务实、敢于担当、清正廉洁"。"信念坚定"是好干部立身之本。领导干部在任何条件下，都要把改造主观世界、加强党性修养、加强品格陶冶作为必修课。"为民服务"是好干部为政之道。领导干部要"公"字当头，以"民"为先，懂得"官"是为人民服务的岗位，"权"是为人民服务的工具。"勤政务实"是好干部履职之要，必须夙夜在公，勤勉工作，力戒空谈，做到决策条条算数，工作件件落实。"敢于担当"是好干部成事之基。为官避事平生耻。党员干部要敢于担当、敢于负责，面对大是大非敢于亮剑，面对矛盾敢于迎难而上，面对危机敢于挺身而出，面对失误敢于承担责任，面对歪风邪气敢于坚决斗争。"清正廉洁"是好干部正气之源。党员干部必须敬畏权力、管好权力、慎用权力，守住自己的政治生命，保持拒

---

① 中共中央文献研究室编：《十八大以来重要文献选编》（上），中央文献出版社2014年版，第350页。

腐蚀、永不沾的政治本色。要时刻用党章、用共产党员标准要求自己，时刻自重、自省、自警、自励，老老实实做人，踏踏实实干事，清清白白为官。

（三）注重专业化，提高解决实际问题的能力

专业化，强调的就是解决实际问题的能力，解决"外行领导内行"的突出问题。2015年10月，在党的十八届五中全会第二次全体会议上，习近平总书记指出："无论是分析形势还是作出决策，无论是破解发展难题还是解决涉及群众利益的问题，都需要专业思维、专业素养、专业方法。"① 广大干部要立足工作岗位，结合工作需要来学习经济、政治、历史、文化、社会、科技、军事、外交等方面的知识，不断提高自己的知识化、专业化水平。要坚持干什么学什么、缺什么补什么，有针对性地学习掌握做好领导工作、履行岗位职责所必备的各种知识，努力使自己真正成为行家里手、内行领导。

（四）大力发现储备年轻干部，注重培养选拔优秀年轻干部

培养选拔年轻干部，事关党的事业薪火相传，事关国家长治久安。党的十八大以来，习近平总书记多次谈到优秀年轻干部，并提出了"选苗子""压担子""给位置""铺路子"的四步培养法。"选苗子"即放眼各条战线、各个领域、各个行业，注意培养有专业背景的复合型领导干部。2018年7月，习近平总书记在全国组织工作会议上指出，"干部素质培养是一个长期过程，不是朝夕之功。刚参加工作的干部就像小树苗一样，需要精心浇灌、修枝剪叶，基础打扎实了才能茁壮成长。"② "压担子"即注重在基层一线和困难艰苦的地方培养锻炼年轻干部，对那些看得准、有潜力、有发展前途的年轻干部，要敢于给他们压担子，有计划安排他们去经

---

① 中共中央文献研究室编：《十八大以来重要文献选编》（中），中央文献出版社2016年版，第835页。

② 习近平：《在全国组织工作会议上的讲话（2018年7月3日）》，人民出版社2018年版，第16页。

受锻炼。要让年轻干部真正成长为信念如磐、意志如铁、勇往直前,遇到挫折撑得住,关键时刻顶得住,扛得了重活,打得了硬仗,经得住磨难的优秀干部。"给位置"即"不拘一格降人才"。正如习近平总书记所指出,要创新人才流动机制,打破户籍、身份、学历、人事关系等制约,"对有培养前途的优秀年轻干部,要不拘一格大胆使用。"① 只有这样才能打破论资排辈的固有思维模式,挣脱传统干部选拔的旧有观念,有利于优秀人才的脱颖而出,最大限度激发出广大年轻干部的积极性、主动性和创造性。"铺路子"即加强组织关心,健全干部选拔机制。各级党委要把关心年轻干部健康成长作为义不容辞的政治责任,加强长远规划,健全工作责任制,及时发现、培养起用优秀年轻干部。要通过公开、公正、公平的选拔机制,将真正有能力的年轻人才选进后备干部队伍中。

四、抓好党的组织体系建设

严密的组织体系,是马克思主义政党的优势所在、力量所在。马克思、恩格斯把无产阶级组织成为独立政党作为无产阶级革命的首要条件,强调无产阶级政党必须成为一个统一的整体,必须由最彻底、最坚定的先进分子组成。列宁指出,无产阶级"所以能够成为而且必然会成为不可战胜的力量,就是因为它根据马克思主义原则形成的思想一致是用组织的物质统一来巩固的"②。毛泽东同志指出,"一个政党要引导革命到胜利,必须依靠自己政治路线的正确和组织上的巩固。"③ 邓小平同志强调,实现四个现代化"要有正确的组织路线来保证"④。2018 年 7 月,习近平总书记在全国组织工作会议上鲜明提出,新时代党的组织路线要"以组织体系建

---

① 习近平:《在全国组织工作会议上的讲话(2018 年 7 月 3 日)》,人民出版社 2018 年版,第 24、第 33 页。
② 中共中央马克思恩格斯列宁斯大林著作编译局编:《列宁选集》(第 1 卷),人民出版社 1995 年版,第 526 页。
③ 《毛泽东选集》(第 1 卷),人民出版社 1991 年版,第 303 页。
④ 《邓小平文选》(第 2 卷),人民出版社 1994 年版,第 193 页。

设为重点",强调"党的全面领导、党的全部工作要靠党的坚强组织体系去实现。"① 而今,我们党建立了包括党的中央组织、地方组织、基层组织在内的严密组织体系,其中地方党委3200多个,党组、工委14.5万个,基层组织468.1万个。这是世界上任何其他政党都不具有的强大优势。只有党的中央组织、地方组织、基层组织都坚强有力,充分发挥作用,党的组织体系的优势和威力才能体现出来,党的领导才能"如身使臂,如臂使指"。这也是新时代党的组织路线强调"以组织体系建设为重点"的道理所在。

(一)"中军帅"挂帅出征,以上率下

2015年2月,习近平总书记在省部级主要领导干部学习贯彻党的十八届四中全会精神全面推进依法治国专题研讨班上指出:"在国家治理体系的大棋局中,党中央是坐镇中军帐的'帅',车马炮各展其长,一盘棋大局分明。"② 在中国共产党严密的组织体系中,党中央同样是大脑和中枢,是坐镇中军帐的"帅"。中央委员会、中央政治局、政治局常委会,是党的领导决策核心。党的十八大以来,以习近平同志为核心的党中央无论在遵规守纪还是履行管党治党政治责任方面,都为全党同志立起了标杆,作出了表率,以崭新的"中军帅"形象矗立在全党全国各族人民面前。在以习近平同志为核心的党中央坚强领导下,我们党以巨大的政治勇气和强烈的责任担当,解决了许多长期想解决而没有解决的难题,办成了许多过去想办而没有办成的大事,推动党和国家事业发生历史性变革。迈向新征程,仍要求中央领导同志扬帆起航,为全党同志立标杆、作表率,推动新时代党的建设抓深抓实,一抓到底。

(二)"最初一公里"不能出现"拦路虎"

2020年6月,习近平总书记在十九届中央政治局第二十一次集体学

---

① 《切实贯彻落实新时代党的组织路线 全党努力把党建设得更加坚强有力》,《人民日报》,2018年7月5日。

② 习近平:《中国共产党领导是中国特色社会主义最本质的特征》,《求是》,2020年第14期。

习时明确指出,中央和国家机关是贯彻落实党中央决策部署的"最初一公里",①不能出现"拦路虎"。中央和国家机关直接参与党和国家重要方针政策的制定,是贯彻落实党中央决策部署的"最初一公里",要时时处处严要求,发挥好第一方阵的作用。2019年7月,党中央主持召开中央和国家机关党的建设工作会议,这在党的历史上是第一次。习近平总书记出席并强调,"中央和国家机关党的建设必须走在前、作表率,这是由中央和国家机关的地位和作用决定的。中央和国家机关离党中央最近,服务党中央最直接,对机关党建乃至其他领域党建具有重要风向标作用。"② 因此,贯彻落实党的建设总要求,必须首先从中央和国家机关抓起,要推动新时代党的建设总要求在中央和国家机关落地生根。中央和国家机关各级党组织必须认真贯彻执行《中国共产党党组工作条例》《中国共产党工作机关条例(试行)》《中国共产党党和国家机关基层组织工作条例》,把中央和国家机关建设成为讲政治、守纪律、负责任、有效率的模范机关。

(三)"中间段"不能出现"中梗阻"

党的地方组织的根本任务,是确保党中央决策部署在地方贯彻落实到位,做到有令即行、有禁即止。地方党委强不强、领导作用发挥得好不好,事关党的执政根基,事关党和国家事业的发展。贯彻落实新时代党的建设总要求,地方党委是"中间段",不能出现"中梗阻"。既要抓好自身建设,又要抓好本地区各领域基层党的建设,加强对本地区各项事业的全面领导。各级地方党委要认真贯彻执行《中国共产党地方委员会工作条例》,把地方党委建设成为坚决听从党中央指挥、管理严格、监督有力、班子团结、风气纯正的坚强组织。要严格落实党建工作责任制,树立"抓好党建是本职、不抓党建是失职、抓不好党建是不称职"的理念,层层压

---

① 《贯彻落实好新时代党的组织路线 不断把党建得更加坚强有力》,《人民日报》,2020年7月1日。
② 习近平:《在中央和国家机关党的建设工作会议上的讲话(2019年7月9日)》,《求是》,2019年第21期。

实责任。要把坚决贯彻落实中央决策部署和创造性开展、领导经济社会发展和履行全面从严治党政治责任、坚持集体领导和个人负责，坚持党委领导和支持保证国家机关依法履行职责结合起来，确保在本地区充分发挥总揽全局、协调各方的领导核心作用。

（四）"最后一公里"不能出现"断头路"

基层党组织作为党的组织体系中的"神经末梢"，处于最基础、第一线的位置，既是党的路线方针政策的组织者和实践者，也是贯彻落实的推动者，实现的是上"架天线"、下"接地气"，是贯彻落实党中央决策部署的"最后一公里"，不能出现"断头路"。要坚持大抓基层的鲜明导向，扎实推动企业、农村、机关、事业单位、社区等各领域党建工作齐头并进，努力实现党的领导、党的建设在各领域全面覆盖，把各领域基层党组织建设成为实现党的领导的坚强战斗堡垒，形成贯彻落实党的建设总要求和各方面任务的总体效应、总体效果。习近平总书记指出，加强党的基层组织建设，关键是从严抓好落实。要以提升组织力为重点，突出政治功能，健全基层组织，优化组织设置，理顺隶属关系，创新活动方式，扩大基层党的组织覆盖和工作覆盖。基层党组织要在贯彻落实中发挥领导作用，强化政治引领，发挥党的群众工作优势和党员先锋模范作用，引领基层各类组织自觉贯彻党的主张，确保基层治理正确方向。特别要加强新兴领域党的建设，不断提升党的号召力，凝聚共识、汇聚力量，推动改革发展。确保新时代党的建设总要求和各项任务四脚落地、根深叶茂。

第十章　开启全面建设社会主义现代化国家新征程

建设社会主义现代化国家，实现中华民族伟大复兴，是中国共产党矢志不渝的奋斗目标，是中华民族的最高利益和根本利益。全面建成小康社会目标的实现，为全面建设社会主义现代化国家奠定了坚实基础。全面建设社会主义现代化国家，是对全面建成小康社会的跃升，两者统一于民族复兴伟大事业中。

第一节　全面建成小康社会与全面建设社会主义现代化国家

党的十九大报告指出，我们既要全面建成小康社会，实现第一个一百年奋斗目标，又要乘势而上，开启全面建设社会主义现代化国家新征程，向第二个百年奋斗目标进军。这两个目标都是中国特色社会主义现代化进程中的关键点，是党治国理政重要战略部署的集中体现，两者之间相互联系、相互统一。

一、全面建成小康社会是全面建设社会主义现代化国家的基础

全面建成小康社会，是中国共产党向人民作出的庄严承诺，是14亿中国人民的共同期盼。全面小康社会的建成，标志着我国在现代化进程中迈出了关键性一步，为全面建设社会主义现代化国家奠定了基础。

（一）经济领域

邓小平同志曾说："我们的国家一定要发展，不发展就会受人欺负，发展才是硬道理。"发展首先是经济的发展，中国特色社会主义现代化必须以经济高质量发展为基础和前提。改革开放以来，党始终坚持以经济建设为中心，在提高经济总量的同时提高了经济发展质量，成效突出。

一是经济总量节节攀升。就国内生产总值而言，1980年，我国国内生产总值为1911亿美元，1990年为19347.8亿美元，2000年为8.9万亿美元，至2019年增加到99万多亿美元，2020年突破100万亿美元。经济总量稳居世界第二，与发达国家的差距进一步缩小。我国对世界经济增长的贡献率也高达30%左右，持续成为世界经济增长的主要动力源。

二是经济结构不断优化。我国经济结构在调整中不断优化，发展质量稳步提升，发展后劲充足。在持续发展过程中，我国也涌现出了一大批体现国家战略意图的重大科技项目。"天眼"问世、"墨子"升空、"蛟龙"潜海、"奋斗者号"坐底、"嫦娥一号"升空、高铁飞驰……中国正在现代化建设的道路上快马加鞭。

三是人民群众生活水平明显提高。人民对美好生活的向往，就是党的奋斗目标。在经济总量稳步提升和经济发展质量不断提高的同时，人民群众生活水平也得到提高。小康社会建设进程开启以来，在党的领导下，全国各族人民勠力同心，人民群众生活水平节节攀升。1980年，我国人均国内生产总值为463元，城镇居民人均可支配收入为477.6元，农村居民人均可支配收入为191.3元。2019年，我国人均国内生产总值首次突破1万美元，达到10276美元。城镇居民人均可支配收入为42359元，农村居民人均可支配收入为16021元。人民群众生活更有保障，全面建成小康社会真正使人民群众受益。

（二）政治领域

发展社会主义民主政治是全面建成小康社会的一个重要指标。在小康社会建设进程中，党带领广大人民群众积极探索民主发展规律，顺应社会主义民主发展潮流,建立保证人民当家作主的制度,有力推进了中国特色社会主义的政治现代化。如不断坚持和完善党的领导制度,推动社会主义协商民主制度广泛多层制度化发展,深化党和国家机构改革,推进国家治理体系和治理能力现代化,健全和完善国家监督制度等。民主政治领域多年的坚持取得了丰硕的成果。首先,政治文明理念深入人心。当前,我国更加注重从制度的层面推进民主政治的发展。其次,人民群众的政治意识有很大提升。一定民众的积极参与是民主政治发展的必要条件。在全面建成小康社会建设中,党积极推进民主政治建设,人民政治参与积极性不断提高、参与能力和效果不断提升。最后,基层治理制度更加健全。进入21世纪,社会治理问题成为党治国理政的重点,通过不断探索,国家出台了一系列关乎基层治理的制度体系,为人民群众安居乐业提供良好环境和制度保障。党的十九届四中全会就明确提出,要通过健全和完善中国特色社会主义制度,不断推进国家治理体系和治理能力现代化,彰显"中国之治"的制度优势。这些制度,从根本上来讲,大多来源于全面小康社会建设过程中的经验积累。反过来,这些制度的完善,又为实现中国特色社会主义现代化奠定了良好基础。

(三)文化领域

文化发展是全面建成小康社会的重要内容,也是全面建成小康社会的重要动力,因为文化具有凝聚和导向功能,是社会的"黏合剂"与"缓冲器"。党的十八大报告号召"为全面建成小康社会而奋斗",指出"建设中国特色社会主义,总依据是社会主义初级阶段,总布局是'五位一体',总任务是实现社会主义现代化和中华民族伟大复兴"。报告不仅将"文化建设"作为全面建成小康社会的重要内容,而且要求文化建设要坚持社会主义方向,树立高度的文化自觉和文化自信,向着建设社会主义文化强国的宏伟目标前进。同时,报告还提出了全面建成小康社会视阈下"文化建设"的目标,即社会文化生活更加丰富多彩,人民基本文化权益得到更好保障,人民思想道德品质和科学文化素质全面提高,中华文化国际影响力不断增强。以党的十八大精神为遵循,党带领广大人民群众积极推进中国特色社会主义文化建设,成效突出。

一是公共文化设施网络日益完善。基础教育发展水平显著提升。截至 2019 年底,全国共有各级各类学校 53.01 万所。其中,幼儿园 28.12 万所,义务教育阶段学校 21.26 万所,九年义务教育巩固率为 94.8%;人民群众文化素养得到有效提升。公共图书馆、文化馆(站)、公共博物馆、公共美术馆等公共文化设施免费向居民开放,县级文化馆、图书馆总分馆制建设扎实推进。截至 2020 年 6 月,全国共建成基层综合性文化服务中心 56 万个,覆盖率超过 95%。

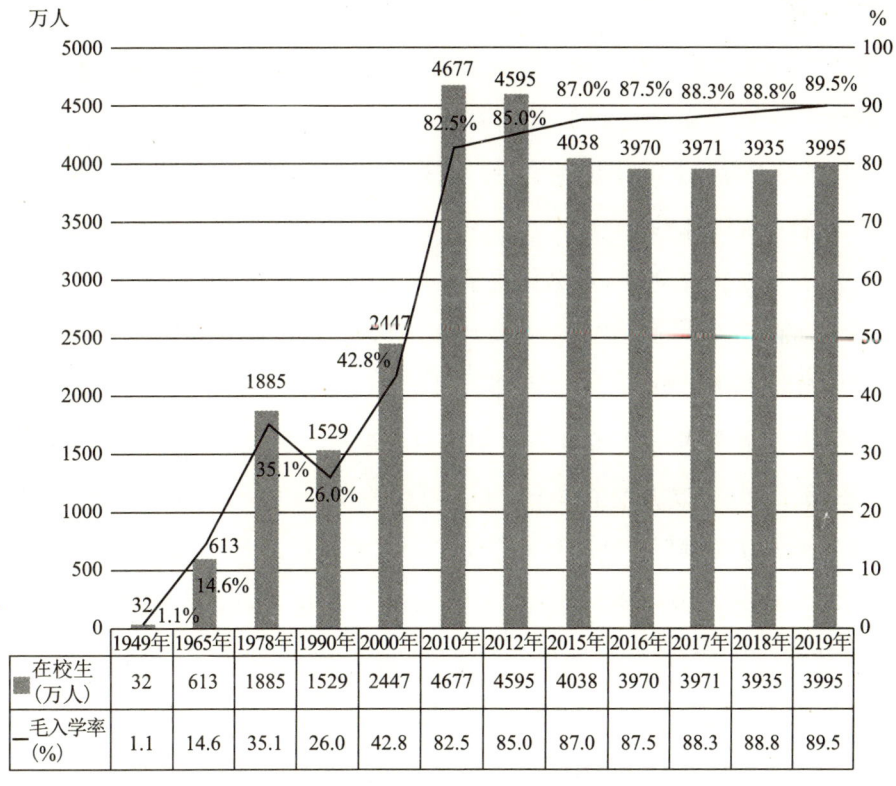

图 10-1　1949—2019 年部分年度我国高中阶段在校生与毛入学率

二是文化产业迅速发展。2000 年,"文化产业"一词首次写入中国共产党全国代表大会报告。截至2019年底,我国共有各类文化和旅游单位35.05万个,全国规模以上文化及相关产业企业实现营业收入86624亿元。文化和旅游双边交流机制不断深化,我国与世界各国文化交流合作持续加强。

(四)社会领域

社会主义发展以人的发展为目的。全面建成小康社会,并不单指国家经济指标的增长,也包括人民群众生活水平的全面提升。随着全面建成小康社会进程的推进,我国社会治理领域的成效也逐渐凸显。

一是积极探索优质社会保障服务供给,人民更有安全感。至2019年,我国共有13亿人享受了基本医疗保险,10亿人享受了基本养老保险。全面建成小康社会的目标强调要建成"惠及十几亿人口"和"更高水平"的小康社会,在实践中通过健全完善社会保障制度得到了落实。2020年,《中国的社会保障》一书出版发行,该书指出,目前我国已建成世界规模最大的社会保障体系。

二是坚持统筹发展,有效解决了贫困人口的脱贫问题。1994年4月15日,国务院印发了《国家八七扶贫攻坚计划》,要求从1994年到2000年,集中人力、物力、财力,动员社会各界力量,争取用7年左右的时间,基本解决了当时全国农村8000万贫困人口的温饱问题。2015年11月27日至28日,中央扶贫开发工作会议上,习近平总书记指出,消除贫困、改善民生、逐步实现共同富裕,是社会主义的本质要求,也是中国共产党的重要使命。截至2019年底,我国共完成5575万农村贫困人口的脱贫,创造了减贫史上的最好成绩,谱写了人类反贫困历史新篇章。通过脱贫攻坚,促进了贫困地区的发展,构筑了由党政机关、军队、社会力量共同参与的全社会扶贫强大合力,建立了中国特色脱贫攻坚制度体系。在脱贫攻坚的伟大实践中,我们也积累了许多宝贵经验,如坚持党的领导、坚持精准方略、坚持加大投入、坚持社会动员、坚持从严要求、坚持群众主体等。

三是加快推进和谐社会、平安社会、法治社会、幸福社会和诚信社会建设等，人民群众幸福感、获得感、安全感不断提升。

（五）生态领域

生态文明是全面建成小康社会的重要目标，也是近年来中国共产党施政的重点领域。2007年，党的十七大报告在深入总结小康社会建设经验的基础上，把"建设生态文明，基本形成节约能源资源和保护生态环境的产业结构、增长方式、消费模式"作为全面建成小康社会的一个重要目标，全面系统地构建起了由政治、经济、文化、社会、生态五个方面组成的中国特色社会主义建设目标体系。全面建设小康社会是要以人为本，实现人的全面发展的，没有生态文明、环境质量不达标的小康不是真正的小康。党的十七大这一目标的提出，既符合人类社会发展规律，也是对我国改革开放经验的总结，反映了我国广大人民群众的强烈愿望。

为推进生态文明建设，中央深入研究和把握人类社会发展规律，坚持把生态文明建设理念、原则、要求在实践工作中贯彻，领导全国人民积极参与生态文明建设，全面小康社会建设在生态文明领域取得重大突破：一是补齐了生态文明短板，如修复陆生生态和水生生态、开展大气污染治理、防止水土流失、保护野生动物等。二是河流保护、沙漠治理等取得积极成效，并为参与国际治理作出"绿色贡献"。三是实行最严格的生态保护制度，实行源头严防、过程严管、后果严惩，发挥制度力量营造绿色生态环境，助力可持续发展。

以上系列成果的取得，是全国人民在党的领导下共同努力的结果，为全面建成小康社会提供了保障，也为全面建设社会主义现代化国家提供了坚实的基础。它不仅从物质方面，而且从精神、发展环境等方面构筑起可持续发展系统框架，有利于全面建设社会主义现代化国家目标的实现。

二、全面建设社会主义现代化国家是全面建成小康社会的跃升

实现中国特色社会主义现代化需要一代又一代人接续奋斗，中国特色

社会主义现代化国家也将在继往开来中不断推进。2017年7月26日，在省部级主要领导干部"学习习近平总书记重要讲话精神，迎接党的十九大"专题研讨班开班式上，习近平总书记指出："2020年全面建成小康社会后，我们要激励全党全国各族人民为实现第二个百年奋斗目标而努力，踏上建设社会主义现代化国家新征程，让中华民族以更加昂扬的姿态屹立于世界民族之林。"① 2017年10月，在党的十九大会上，习近平总书记描绘了2020年全面建成小康社会目标实现后，向第二个百年目标进军的宏伟蓝图。全面建设社会主义现代化国家，是中国特色社会主义现代化建设的重要节点，也是全面建成小康社会的跃升。它将从经济总量、综合国力、人民生活水平、社会治理能力、发展模式等角度进一步提升中国特色社会主义发展成果。

（一）综合国力全面提升

什么是"现代化"？现代化是指"全社会范围内，一系列现代要素以及组合方式连续发生的由低级到高级的突破性的变化或变革的过程"。② 人类社会发展到今天，主要经历了两大现代化的浪潮：一是从农业社会向工业社会、从农业经济向工业经济、从农业文明向工业文明的转变；二是从工业社会向知识社会、从工业经济向知识经济、从工业文明向知识文明、从物质文明向生态文明的转变。就全球发展趋势而言，现代化是一个持续的历史进程。在这个进程中，工农业生产力水平高度发达，国家民主政治健全，人民群众文化素养高，国家文化可持续发展。总之，现代化是国家综合国力不断提高的过程。

发展是解决一切问题的基础和关键，全面建设社会主义现代化国家，离不开发展。根据党的十九大和十九届二中、三中、四中、五中全会部署，到本世纪中叶，我国不仅要实现经济实力的大规模增长，人民群众生活质量的大幅度提升，而且要通过发展方式的转变，真正实现高质量发

---

① 《习近平谈治国理政》（第2卷），外文出版社2017年版，第63页。
② 胡鞍钢：《中国道路与中国梦想》，浙江人民出版社2013年版，第26页。

展,并使发展成果更加惠及人民群众。

(二) 成为世界科技创新强国

综观当今世界,创新是大势,各国综合国力的提升越来越依赖科技创新。各个领域各个层次的科技创新正在加速推进,全球科技创新进入了高度密集活跃期。一个国家要屹立于世界民族之林,不仅要洞察世界发展大势,而且要紧跟甚至引领世界发展潮流。

在现代化建设进程中,在全国人民的共同努力下,我国诞生了一批高质量的科技创新成果。科技部数据显示,2019年我国全社会研发经费支出达2.17万亿元,占GDP的比重为2.19%,高于欧盟15国平均水平;国际科技论文发表数量连续8年位居世界第二,被引用次数上升到世界第二位,高被引论文数量位居世界第三;专利申请和授权量位居世界第一;科技研发人员总数达到400万人/年,位居世界第一。在基础研究、高科技领域、产业发展等方面都取得了不俗成绩。在蛋白质研究、量子科学、高温超导、纳米催化、干细胞等重大科研领域,实现了多点突破;在载人航天、探月工程、卫星导航、超级计算、深海探测、资源勘探等重点领域,实现了"后发先至";在移动通信、航空制造、高速铁路、新能源汽车、半导体照明、能源电力等面向国民经济主战场的重点产业规模和技术成绩突出。通过科技创新,我们提升了产业技术水平,促进了经济社会发展。

但是,大量事实告诉我们,在科技领域,我们与发达国家还存在较大差距。实践也证明,真正的科学技术必须得靠自己创新。我国要在激烈的国际竞争中占据优势和主动,就必须提高自主创新的能力。到本世纪中叶全面建成社会主义现代化强国,我们将综合政府、科研院所、高校、专家学者的力量在一系列关键技术领域,进行重点攻关,实现重大突破,我国将走在世界科技创新前列,成为世界科技创新强国。

(三) 国家治理体系和治理能力实现现代化

党的十八届三中全会提出,全面深化改革的总目标,是"完善和发展中国特色社会主义制度，推进国家治理体系和治理能力现代化"①。这是坚持和发展中国特色社会主义的必然要求，也是实现社会主义现代化的应有之义。所谓"国家治理体系现代化"，就是通过系列制度安排和宏观顶层设计，使国家的治理体系日趋系统完备、不断科学规范、愈加运行有效的过程。所谓"治理能力现代化"，就是将制度优势转化为治理效能的现代性能力不断获取并逐渐强化的过程。现代化是一个系统工程。如果将中国特色社会主义的现代化视为母系统，那么，国家治理体系和治理能力的现代化就是从属于这个母系统的子系统。国家治理体系和治理能力的现代化是深层次的现代化。

推进国家治理体系和治理能力的现代化，最根本的是要充分发挥制度的作用，不断健全和完善与国家治理相关的各项制度。为此，党的十九届四中全会提出了坚持和完善中国特色社会主义制度，推进国家治理体系和治理能力现代化的13项重点任务。主要包括坚持和完善党的领导制度体系、人民当家作主制度体系、中国特色社会主义法治体系、中国特色社会主义行政体制、社会主义基本经济制度、繁荣发展社会主义先进文化的制度、统筹城乡的民生保障制度、共建共治共享的社会治理制度、生态文明制度体系、党对人民军队的绝对领导制度、"一国两制"制度体系、独立自主的和平外交政策、党和国家监督体系。13个重点任务的综合，不仅科学回答了"坚持什么、巩固什么""完善什么、发展什么"的重大政治课题，而且使推进国家治理体系和治理能力有了基本遵循，使中国特色社会主义现代化的路径图谱更加完整。

国家治理体系和治理能力现代化的完善有一个过程。党的十九届四中全会也制定了推进国家治理体系和治理能力现代化的"时间线"和"路线图"：到2035年，各方面制度更加完善，国家治理体系和治理能力现代化基本实现；到本世纪中叶，实现国家治理体系和治理能力现代化。"路线

---

① 《习近平谈治国理政》，外文出版社2014年版，第90页。

图"与党的十九大报告中的现代化战略步骤彼此呈明显的对应关系。这就意味着,到本世纪中叶,国家治理体系和治理能力在现有基础上将实现更大程度的发展。

(四)全体人民共同富裕实现

人的全面发展是中国特色社会主义现代化的目标。马克思和恩格斯在《共产党宣言》中指出:"过去的一切运动都是少数人的或者为少数人谋利益的运动。无产阶级的运动是绝大多数人的、为绝大多数人谋利益的独立的运动。"① 马克思从人的解放层面来解释人的价值取向。他认为,人的全面发展是人的解放的最高目标,明确指出:"代替那存在着各种阶级以及阶级对立的资产阶级旧社会的,将是一个以各个人自由发展为一切人自由发展的条件的联合体。"② 在这里,"联合体"指的是共产主义社会;"人的全面发展"既包括物质上的满足,也包括精神上的提升,是政治、经济、文化、社会、生态等方面需求的共同满足。作为共产主义的初级阶段,社会主义社会发展的目的同样是要实现人的全面发展。这就决定了,全面建设社会主义现代化国家应该以满足人们对美好生活需要,实现人的全面发展为目标。不仅如此,作为执政党,中国共产党是马克思主义政党,始终坚持以马克思主义为指导。它也决定了,实现人的全面发展始终是中国共产党治国理政的价值取向。而实现人的全面发展的过程,既是满足人们对美好生活向往的过程,也是不断推进社会主义现代化的过程。

人民的需求具有历史性。中国特色社会主义进入新时代,人民群众需求的种类越来越多,质量越来越高。人们不仅要求物质丰盈,而且追求精神富有;不仅要求有衣穿、有饭吃、有房住,而且要求穿得舒服、吃得安

---

① 中共中央马克思恩格斯列宁斯大林著作编译局编译:《马克思恩格斯选集》(第一卷),人民出版社1995年出版,第283页。
② 中共中央马克思恩格斯列宁斯大林著作编译局编译:《马克思恩格斯全集》(第四卷),人民出版社1958年版,第491页。

全、住得健康。据此,党的十九大制定了分"两步走"到2050年建成社会主义现代化强国的目标。从人民生活水平的角度看,从2020年到2035年的第一阶段,人民生活更为宽裕,中等收入群体比例明显提高,城乡区域发展差距和居民生活水平差距显著缩小;从2035年至2050年的第二阶段,全体人民共同富裕基本实现,我国人民将享有更加幸福安康的生活。

2000年,我国宣布如期实现"总体小康",但这种小康是偏重物质、低标准的、不全面的、发展不平衡的小康。2012年,党的十八大站在新的历史起点上,进一步丰富了小康社会的内涵,提出了"五位一体"的总体布局。在此基础上,党的十九大对社会主义现代化国家建设战略步骤的安排则全面擘画了社会主义现代化国家的蓝图,实现了对全面建成社会主义现代化国家的提升。

三、全面建成小康社会是全面建设社会主义现代化国家的承上启下阶段

全面建成小康社会,对全面建设社会主义现代化国家具有十分重要的意义。新中国成立以来,为建成社会主义现代化强国,一代又一代中国人在党的领导下,不畏艰难,持续奋斗。通过恢复和发展国民经济,通过剿匪、"三反""五反"、抗美援朝等,我们巩固了新生政权。通过对农业、手工业和资本主义工商业的社会主义改造,我们建立起了社会主义制度,开始探索社会主义建设道路。后来,又通过实行改革开放,开辟了中国特色社会主义道路,形成了中国特色社会主义理论体系,确立了中国特色社会主义制度,为全面建设社会主义现代化奠定了坚实基础、描绘了美好前景,也激励着无数中国人为建设社会主义现代化国家奋勇向前。全面建成小康社会,是我们在推进现代化建设"三步走"战略目标过程中的一个重要阶段、重要目标。它是在我国人民生活水平总体上达到小康后,党中央作出的一个重大决策,是全面建设社会主义现代化国家的关键一步,起着承上启下的作用。

第十章　开启全面建设社会主义现代化国家新征程

（一）全面建成小康社会是提质增效、转型升级的阶段

经济的提质增效、转型升级是全面建成小康社会的重要内容。在传统发展阶段，我们依靠高投入的发展模式带来了经济的高速增长。与此同时，也带来了发展中的一些问题，如资源消耗巨大。经过改革开放几十年的高速发展，导致我国一些资源能源已经接近枯竭，对国外资源能源的依存度越来越高。资源能源大量消耗的背后，则是对环境的严重破坏——水环境越来越差，雾霾天的比例越来越大，等等。资源环境越来越成为制约经济发展的掣肘。同时，当前国际经济形势下行趋势明显。为破除困境，各国都在寻求经济发展的新路子，都在积极寻找经济转型的路径。例如，美国通过"振兴制造业""再工业化"战略，着力推进智能制造业转型升级。又如，欧盟大规模发展绿色能源，推动经济从"高碳版"向"低碳版"转变。为了遏制中国发展，西方国家也想方设法在经济领域对我国实行制约。我国经济发展形势严峻，迫使我们实行经济的转型升级。

在全面建成小康社会的进程中，党准确把握时代潮流，主动谋划，积极推动经济转型升级。从中国特色社会主义进入新时代的历史方位出发，主张并实行经济增速从高速转向中高速，发展方式从规模速度型转向质量效率型，经济结构调整从增量扩能为主转向调整存量、做优增量并举，发展动力从主要依靠资源和低成本劳动力等要素投入转向创新驱动，强调创新，尤其是科技创新在经济发展中的地位和作用。经济发展方式上的调整是对中国特色社会主义现代化建设经验的总结，也为全面建设社会主义现代化国家打下了坚实的基础。

（二）全面建成小康社会是披荆斩棘、爬坡过坎的阶段

社会主义现代化的推进离不开改革开放。通过对上层建筑和生产关系的调整，通过对国际市场和资源的充分利用，社会主义现代化建设稳步推进。经过多年改革，我国进入全面建成小康社会阶段。此时，改革"已进入深水区，可以说，容易的、皆大欢喜的改革已经完成了，好吃的肉都吃

掉了,剩下的都是难啃的硬骨头"。① 实践是发展的,在改革开放推进的过程中,新问题层出不穷,改革不可能毕其功于一役,不可能一蹴而就。党的十八大首次正式提出"全面建成小康社会"之时,正是我国改革进入深水区、攻坚期之时,这是时代的特征,也是全面建设社会主义现代化不可逾越的阶段。

为深入推进改革,中国共产党以"壮士断腕"的决心、"过五关斩六将"的勇气,深入推进改革。2012年,党的十八大在提出全面建成小康社会目标的同时,明确提出了全面深化改革的部署。2013年,党的十八届三中全会通过《中共中央关于全面深化改革若干重大问题的决定》,正式拉开全面深化改革的大幕。党的十八届四中、五中、六中全会又相继围绕全面依法治国、贯彻新发展理念全面建成小康社会、全面从严治党提出了一系列重要改革举措。党的十八届三中全会之后,中央迅速成立了全面深化改革领导小组(后更为名"全面深化改革领导委员会"),负责改革总体设计、统筹协调、整体推进、督促落实。这是党第一次在中央层面成立专司改革工作的决策议事协调机构。各地区各部门也相应建立起党领导下的改革推进机制。党的十九大召开后,改革的力度进一步加大。全面建成小康社会阶段,是中国共产党坚决深入推进改革开放的阶段,也是党领导广大人民群众在实现社会主义现代化过程中披荆斩棘、爬坡过坎的阶段。

(三)全面建成小康社会是补齐短板、促进平衡的阶段

伴随着生产力的不断发展,人类社会发展呈现出由低到高的过程。在发展的特定时期,一般都存在生产力与生产关系之间、经济基础与上层建筑之间的矛盾,正是在矛盾的不断产生、不断解决中,人类社会才不断发展进步。2000年,我国人民群众生活总体上达到小康水平。所谓总体小康,是指国家整体经济实力大大增强,城乡居民生活水平、生活质量明显提高。在总体小康阶段,就发展程度而言,我国还存在发展水平较低、发

---

① 《习近平谈治国理政》,外文出版社2014年版,第101页。

展不平衡等问题，城乡之间、地区之间、行业之间等的发展水平还存在一些差距，与社会主义现代化要求不相符合。就发展水平而言，我国在高新技术等方面还存在一些短板，发展潜力有待深入挖掘。我国社会主要矛盾转化为人民日益增长的美好生活需要和不平衡不充分的发展之间的矛盾。

全面小康是在总体小康基础上的发展，是高水平、发展均衡的小康。在这个阶段，一方面，我们注重发展的协调性，统筹城乡发展、区域发展、东西发展，让发展的成果更多惠及人民。另一方面，我们注重发展的高质量，通过调整经济结构，实行供给侧结构性改革，创新驱动发展，积极推动经济转型发展，经济正朝着又好又快的方向发展。经济的协调发展和结构性调整为全面建设社会主义现代化国家稳固了根基。

（四）全面建成小康社会是自我革命、能力提高的阶段

在我国，无论是社会主义现代化目标的提出、战略部署的安排，还是社会主义现代化进程的推进，都是在党的领导下完成的。社会主义现代化每一个阶段目标的实现，都有一个基本的前提，即中国共产党的科学领导。党的领导是全面建成小康社会的保证，党是全面建设社会主义现代化国家蓝图的擘画者、领导者、实施者。于党而言，无论是全面建成小康社会，还是全面建设社会主义现代化国家，都是使命光荣，任务艰巨。

勇于自我革命、不断提高能力是中国共产党最鲜明的品格，也是中国共产党最大的优势。马克思说，无产阶级革命与其他革命的不同之处就在于：它自己批评自己，并靠批评自己壮大起来。勇于自我革命，还是中国共产党克敌制胜的重要法宝，利用这个法宝，我们党战胜了前进途中的无数艰难险阻。在社会主义现代化建设时期，中国共产党继承和发扬了这种自我革命精神，不仅保持了党的先进性和纯洁性，而且提高了党的执政能力和水平。

四、全面建成小康社会与全面建设社会主义现代化国家统一于民族复兴伟业

实现中华民族伟大复兴是近代以来中华民族最伟大的梦想。鸦片战争

后，由于西方列强的入侵、封建统治的腐败，中国逐渐成为半殖民地半封建社会。战乱频仍、民生凋敝、军阀混战，成了旧中国长期无法消除的病疠。为实现民族复兴，中国社会各个阶级奋起抗争，但最终都以失败告终。1921年，中国共产党诞生，成为中国历史上开天辟地的大事件。在党的领导下，中华民族写就了中国近现代史上的光辉灿烂篇章——1949年，中华人民共和国成立。自此，民族复兴伟业迎来崭新前景。在新中国建设中，党先后提出了全面建成小康社会和全面建设社会主义现代化国家的目标，两者统一于民族复兴伟业。

（一）目标统一

"小康社会"原本是中国古代思想史上的一个概念，党在谋划社会主义现代化战略时，恰当地使用了这一概念。这个概念最初提出时，是指经济发展水平和人民生活水平，具体指标则非常有限。1984年，邓小平同志就曾说道，人民生活达到小康水平，"这个目标对发达国家来说是微不足道的，但对中国来说，是一个雄心壮志，是一个宏伟的目标"。① 生产力的发展推动了社会的进步。在中国共产党的领导下，社会主义制度在中国呈现出蓬勃生机。根据民族复兴路线图的设计：1990年解决温饱问题，2000年总体实现小康，2020年全面建成小康社会，2035年基本实现现代化，2050年全面建成社会主义现代化强国。可见，无论是全面建成小康社会，还是全面建设社会主义现代化国家，都是以实现民族复兴为目标。

（二）宗旨统一

社会主义现代化以人的全面发展为目标，坚持以人为本。"小康"一词最初在《诗经·大雅·民劳》中出现时，意指老百姓太苦了，可以得到一些安乐了。社会主义制度在我国确立起来后，党领导人民积极探索社会主义建设道路，但遭遇挫折。到20世纪70年代末，我们发现，中国落后了。1978年1月至11月，我国派出了529批共计3213人经我国香港出国

---

① 《邓小平文选》（第3卷），人民出版社1993年版，第77页。

和去港考察。考察之后，大家的一个共同感受是——世界发展很快，中国落后了。同年10月，邓小平同志以中华人民共和国国务院副总理的身份考察日本。受日方邀请，他体验了日本的新干线。当记者问他乘坐新干线的感受时，他说，快，真快，就像后面有鞭子赶着似的，这就是现在我们需要的速度，我们现在很需要跑。邓小平同志也深深感受到了中国发展的落后。贫穷不是社会主义，社会主义要消灭贫穷，消除两极分化，最终达到共同富裕。为了赶上世界发展的步伐，为了实现人民富裕幸福，1978年12月党的十一届三中全会作出了实行改革开放的决定。在改革开放40多年的进程中，我们通过提出小康社会的目标，通过总体小康、全面建设小康社会目标的实现，为实现人民富裕、幸福打下了坚实基础，为实现民族复兴筑牢了根基。在此基础上，我们提出全面建设社会主义现代化国家，则进一步彰显了对新时代人民利益诉求的深刻洞察和准确把握，通过满足人的需求更好地实现人的发展，符合以人为本的宗旨。

（三）过程统一

作为决定当代中国命运的关键抉择，作为强国之路，改革开放极大地促进了中国经济社会的发展。至2000年，总体小康实现。但是，人的需求具有多样性、时代性。所谓小康水平，是指在温饱的基础上，生活质量进一步提高，达到丰衣足食。发展到今天，人们对富裕幸福生活有了更深刻的理解，有了更高质量的要求。因此，在党的十六大要求"在本世纪头二十年，全面建设惠及十几亿人口的更高水平的小康社会"[①]的基础上，党的十八大要求全党把握机遇，沉着应对挑战，确保到2020年实现全面建成小康社会的目标。它所构建的政治、经济、文化、社会、生态"五位一体"整体推进的目标，是现代化的进一步发展。当全面建成小康社会的目标实现后，中国共产党再提出开启全面建设社会主义现代化国家的新征程，要求实现更高水平的发展，就使社会主义现代的实现有了更坚实的基

---

① 中共中央文献研究室编：《十六大以来重要文献选编》（上），中央文献出版社2005年版，第88页。

础和保障。全面建成小康社会与全面建设社会主义现代化国家前后衔接，两者统一于民族复兴伟业。

第二节 分两步到本世纪中叶全面建成社会主义现代化强国

现代化是历史的、发展着的概念，并没有固定的模式和发展道路，每个国家的现代化进程不一样，现代化的发展路径也不一样，必须根据本国国情予以规划。在领导推进社会主义现代化的过程中，中国共产党坚持以马克思主义为指导，从实际情况出发，制定了完整的社会主义现代化建设路线图。这就是党的十九大报告提出的"两步走"战略："从二〇二〇年到本世纪中叶可以分两个阶段来安排。第一个阶段，从二〇二〇年到二〇三五年，在全面建成小康社会的基础上，再奋斗十五年，基本实现社会主义现代化。""第二个阶段，从二〇三五年到本世纪中叶，在基本实现现代化的基础上，再奋斗十五年，把我国建成富强民主文明和谐美丽的社会主义现代化强国。""两步走"战略进一步明确了到本世纪中叶把我国建设成为社会主义现代化强国的"时间表"和"路线图"，确立了党和国家事业发展的宏伟目标，展现了实现中华民族伟大复兴的光辉前景。

一、基本实现社会主义现代化

在2035年基本实现社会主义现代化，这是社会主义现代进程中的一个重要时间节点，也是社会主义现代化建设的阶段性目标。它反映了党对社会主义建设规律的科学认识。这一目标的提出，充分体现了坚定的道路自信、理论自信、制度自信和文化自信。

（一）基本实现社会主义现代化将成为近代以来中华民族发生的又一次历史性巨变

习近平总书记指出，建立中国共产党、成立中华人民共和国、推进改革开放和中国特色社会主义事业,是五四运动以来我国发生的三大历史性事件,是近代以来实现中华民族伟大复兴的三大里程碑。

基本实现现代化是根据新时代党和国家发展的总体战略确立的发展目标。1954年8月,周恩来同志提出,要建设起"强大的现代化的工业、现代化的农业、现代化的交通运输业和现代化的国防。"1964年12月至1965年1月,第三届全国人民代表大会第一次会议召开。会议指出,我国的现代化具体是指农业、工业、国防和科学技术的现代化。1975年1月,在第四届全国人民代表会议第一次会议上,邓小平绘制了现代化"两步走"的战略。第一步是用十年左右时间……使各方面都有比较好的发展。第二步是在这个世纪的末期达到现代化水平。① 1979年3月,邓小平同志首次使用了"中国式的四个现代化"的概念。他之所以能够抓住"现代化"这个关键,是因为这个时期他出访了日本、新加坡等国家,切身感受了发达国家的现代化,对现代化的概念有了全新的认识。他甚至在访问日本期间感叹:我懂得什么是现代化了;在访问美国时则感慨道:我看到现代化了。懂得了现代化又看到了现代化的邓小平同志,更加清醒地正视差距。他指出,一个人本来长得不漂亮,要打扮成一个美人,那是不行的。老实的态度,倒是可以改善我们的工作,发展我们的国家。不认识自己,没有希望。在看了世界上的许多国家后,1979年12月,邓小平同志开始用"小康"描述四个现代化的战略目标,提出了与西方相区别的"现代化"概念——"小康之家"。

改革开放时期,中国共产党对现代化的进程有了更为深入的思考。1987年,党的十三大提出了"三步走"的现代化战略:第一步实现国民生产总值比1980年翻一番,解决人民的温饱问题;第二步到20世纪末,使国民生产总值再增长一倍,人民生活达到小康水平;第三步到21世纪中叶,人均国民生产总值达到中等发达国家水平,人民生活比较富裕,基本

---

① 冷溶、汪作玲主编:《邓小平年谱(1975—1997)》(上卷),中央文献出版社2004年版,第53页。

实现现代化。目前,第一、第二步战略目标都已实现,实现第三步战略目标成为党和国家工作的重点。党的十九大"两步走"战略的提出,实际上是对"三步走"战略中第三步的细化和具体化,它将带来近代以来中华民族发展的又一次历史性飞跃。

(二)基本实现社会主义现代化将使我国的综合国力和发展水平迈上中等发达国家水平

1978年,邓小平同志在听取中共吉林省委常委汇报工作时曾说,社会主义制度优越性的根本表现,就是能够允许社会生产力以旧社会所没有的速度迅速发展,使人民不断增长的物质文化生活需要能够逐步得到满足……"如果在一个很长的历史时期内,社会主义国家生产力发展的速度比资本主义国家慢,还谈什么优越性?"[1] 为了推动中国特色社会主义发展,显示社会主义制度的优越性,在中国建成现代化的国家,党对社会主义建设规律进行深入研究,并适时提出了现代化建设在各个特定历史时期的目标。到2035年基本实现社会主义现代化,意味着到那时,我国的工业化、市场化、信息化、城市化等各个领域都将发生深刻变化,意味着我国社会的思想道德、价值观念、社会结构和生态环境将发生整体性变迁,意味着我国综合国力和发展水平将迈上中等发达国家水平。

(三)基本实现社会主义现代化将为我国迈向比较发达的社会主义阶段奠定基础

作为一种社会形态,社会主义的建设和发展是一个长期的过程。作为一种制度,中国特色社会主义也是由一个个不断发展,逐渐成熟的阶段组成。毛泽东同志说,认清中国的国情,乃是认清一切革命问题的基本依据。中国革命的胜利是建立在对中国国情深入了解基础上的,社会主义现代化在中国的基本实现同样需要深入了解中国国情。

新中国刚成立时,我们走过了7年的新民主主义社会,才建立起社会

---

[1] 《邓小平文选》(第2卷),人民出版社1994年版,第128页。

主义制度。社会主义制度建立起来后,我们又经过了一段时间的摸索,才最终找到推动社会主义事业发展的动力——改革开放。在改革开放中,中国特色社会主义发展成果逐渐显现,中国特色社会主义制度也不断发展。

但是,目前,我国仍然处于并将长期处于社会主义初级阶段。在这个阶段,经过生产力的进一步发展,到2035年基本实现现代化。它标志着我国社会主义初级阶段的生产力实现较大程度的发展,物质财富和精神财富将实现较大程度的提高,将为我国进入比较发达的社会主义奠定更加坚实的基础,更充分地展现出社会主义制度的优越性。

(四) 基本实现社会主义现代化是实现中华民族伟大复兴的重要历史坐标

在5000年的历史发展中,中华民族创造了辉煌灿烂的人类文明,为人类社会发展作出了卓越贡献。我们孕育了生产力较高的"农耕文明",我们有闻名于世的"四大发明",也诞生了具有创造性和时代性的伟大思想——中华民族是伟大的民族。但是,近代以来,西方列强的入侵、封建统治的腐败,中国逐渐成为半殖民地半封建社会。为了挽救民族危亡,中华民族进行过激烈的抗争,但均未能改变中国社会的时局。1921年,中国共产党诞生,成为中国历史上开天辟地的大事件,也带来了中国社会翻天覆地的变化。在党的领导下,革命、建设、改革取得了一个又一个胜利。

但是,发展到今天,从某种意义上来看,中国还是一个处于较低现代化水平的国家,传统的农业文明在我国社会还占很大比重。而社会主义现代化是建立在工业文明基础上的现代化,是以超越农业文明为标志的民族复兴,因此,从历史发展的角度来看,到2035年基本实现社会主义现代化是我国民族复兴过程中的一次文明转型。"它创造和带来的将是人类社会的一种新型文明形态——社会主义现代化和社会主义文明形态,是我国古代文明和近现代资本主义工业文明所无法比拟的。"[1] 这一目标的实现,也

---

[1] 戴木才、魏旭:《2035年基本实现社会主义现代化的重大意义》,《科学社会主义》,2020年第2期。

将极大地增强我们建成社会主义现代化强国的信心。

二、建成社会主义现代化强国

现代化过程是一个不断推进的过程，也是一个由传统不断向现代转变的过程。全面建成社会主义现代化强国，是在基本实现现代化的基础上，更高水平发展的结果。社会主义现代化强国有着独特本质、内涵、优势和特色，是党对科学社会主义发展的重要贡献。

（一）社会主义现代化强国更加强调全面性和系统性

全面建成社会主义现代化强国，强调的是由政治建设、经济建设、文化建设、社会建设和生态文明建设形成的"五位一体"的总体布局。在由这五个方面构成的系统中，五个子要素之间是相互联系、相互支撑的，最终统一于社会主义现代化建设。

中国现代化建设的进程开启以来，根据各个时期的不同要求，我国社会主义建设的内容和重点也在不断调整。从起初的"以经济建设为中心"到"一手抓物质文明，一手抓精神文明""两手抓，两手都要硬"，政治、经济、文化"三位一体"，政治、经济、文化、社会"四位一体"，再到党的十八大提出政治、经济、文化、社会、生态"五位一体"，都是党对每个阶段的发展做出的战略部署，既实事求是，符合各个不同时期我国人民的愿望和利益诉求，又一脉相承，反映了党对执政理念的传承、对发展规划和方式的创新。总体上，在"五位一体"的总体布局中，经济建设是根本，政治建设是保证，文化建设是灵魂，社会建设是条件，生态文明建设是基础。五个方面共同构成完整的社会主义现代化建设体系，凸显了社会主义现代化建设的整体性和系统性。

（二）全面建成社会主义现代化强国更加注重制度体系的构建

现代化是一个时代性的概念，不同国家现代化的道路不一样、任务不一样。现代化也是一个阶段性的概念，一个国家在不同阶段的现代化任务不同、表现不同。不仅如此，人类在不同的发展阶段，现代化也有不同的标准。发展到今天,"现代化不仅指技术手段和物质实体等客观存在,也包括理念、制度、知识、风尚,甚至习俗等主观认知。"①

基于制度在全面建设社会主义现代化强国中的地位,以习近平同志为核心的党中央不仅提出了"坚持和完善中国特色社会主义制度,推进国家治理体系和治理能力现代化"的命题,而且采取了一系列举措健全和完善各项制度。一是完善和发展国家制度体系,完善体现社会主义公平正义的各项制度,调动广大人民群众参与现代化建设的积极性。二是不断改革和创新中国特色社会主义经济体制,充分发挥社会主义制度集中力量办大事的优势,为现代化建设增速加油。三是健全和完善中国特色社会主义文化制度体系,强调社会主义核心价值观的作用,指出中国特色社会主义文化主要由优秀传统文化、革命文化和社会主义先进文化三个部分组成,维护国家意识形态安全。四是健全和完善现代化的生态文明制度体系,提高人与自然共荣共生的和谐度,不断增强人类可持续发展的内在潜力和循环力。五是健全和完善科技创新制度体系,运用制度的力量调动创新的积极性,激发更多创新成果的产生和运用。

(三) 全面建成社会主义现代化强国更加注重中国的国际话语权

全面建成社会主义现代化强国,强调的是实现祖国统一、民族团结、人民富裕、国家富强,是在民富基础上的国家富强。所谓"强",是要放在全世界范围内进行比较和衡量的,因此,全面建成社会主义现代化强国更加注重中国在国际社会的话语权和影响力。我国是一个发展中大国,目前,虽然已经全面建成小康社会,但"全面小康"更多的是从民富的角度考虑的,使发展为了人民,发展依靠人民,发展的成果为人民共享。改革开放 40 多年来,人民群众能够深刻地感受到生活的变化、生活品质的提高,这从人民的吃、住、行等方面都直接体现了出来。改革实现了民富。

---

① 程萍、康世功:《全面建成社会主义现代化强国的本质与途径》,《人民论坛·学术前沿》,2020 年第 7 期。

但是，目前的中国还不是一个强国，我国的经济总量虽然已经居世界第二位，但中国人口多、现代化进程启动较晚，就综合国力而言，与发达国家还存在一定差距。因此，下一阶段的发展目标，就是要在继续提高国家综合国力的同时提高国家在国际社会的话语权，在继续提高人民群众生活水平的同时提升国家的国际影响力。具体来说，强国主要表现为：强盛的综合国力、稳定的政治环境、突出的经济优势、完善的基础设施、领先的科技水平、健全的社会保障体系、优质的教育系统、高度的文化价值、美丽的自然环境等。这些都是，也应该成为全面建成社会主义现代化强国的目标。

（四）全面建成社会主义现代化强国符合中国特色社会主义国家的本质特征

中国共产党是马克思主义政党，从建党开始，就把马克思主义鲜明地写在自己的旗帜上。以马克思主义为指导，党结合中国革命和建设实际，把科学社会主义理论作为治国理政的行动指南，把中华人民共和国的性质明确定义为："工人阶级为领导的，以工农联盟为基础的人民民主专政的社会主义国家"，集中体现了马克思主义的理论精髓。

在中国共产党的领导下，我国开辟了中国特色社会主义道路，形成了中国特色社会主义理论体系，确立了中国特色社会主义制度。习近平总书记指出，中国特色社会主义是社会主义而不是其他什么主义，科学社会主义基本原则不能丢，丢了就不是社会主义。这就告诉我们，走中国特色社会主义道路，马克思主义基本原则不能丢。马克思主义是要为全世界无产阶级谋利益的科学的理论，相应地，发展中国特色社会主义，实现社会主义现代化也应以实现和维护群众最广大人民群众的利益为目标。事实上，全面建成社会主义现代化强国，一方面是综合国力的巨大提升；另一方面是最广大人民群众生活水平和质量的提高，人民群众对美好生活的向往的满足。因此，就这个角度而言，全面建成社会主义现代化强国符合中国特色社会主义国家的本质特征。

第三节 乘势而上开启全面建设社会主义现代化国家新征程

毛泽东同志曾说过:"我们中华民族有同自己的敌人血战到底的气概,有在自力更生的基础上光复旧物的决心,有自立于世界民族之林的能力。"① 中华民族是一个有斗争精神的民族。1840年以来,为实现民族复兴,中华民族不屈不挠、前赴后继,展现了不畏艰难,勇往直前的斗争精神。在开启全面建设社会主义现代化国家新征程的今天,广大中国人民将在中国共产党的领导下,继续为实现民族复兴不懈奋斗。

一、坚持以习近平新时代中国特色社会主义思想为指导

中国共产党是一个马克思主义政党,在自身发展过程中,不断推进马克思主义中国化,先后形成了毛泽东思想、邓小平理论、"三个代表"重要思想、科学发展观、习近平新时代中国特色社会主义思想。以发展着的马克思主义为指导,党一方面推进了革命、建设、改革事业,另一方面实现了自身发展。全面建设社会主义现代化国家,必须始终坚持以马克思主义为指导。就当前而言,就是要以马克思主义中国化的最新理论成果——习近平新时代中国特色社会主义思想作为全面建设社会主义现代化国家的行动指南。

(一) 习近平新时代中国特色社会主义思想是马克思主义中国化的最新理论成果

正如习近平总书记所说,中国特色社会主义是一篇大文章,我们这一代共产党人的任务,就是继续把这篇大文章写下去。中国特色社会主义,凝聚着一代又一代中国人的梦想,寄托着近代以来无数仁人志士的夙愿与期待,是近代以来中国历史发展的必然,也是中国共产党带领广大人民群

---

① 《毛泽东选集》(第1卷),人民出版社1991年版,第161页。

众建设国家的重大成果。1840年以来的历史证明,只有社会主义才能救中国,只有社会主义才能发展中国。改革开放40多年来的历史也证明,中国特色社会主义极大地促进了中国社会的发展,满足了人民群众的利益诉求,调动了人民群众建设社会主义的积极性。中国以前所未有的速度迅速发展起来,中华民族实现了从站起来、富起来到强起来的历史性转变。基于我国发生的巨大变化,党的十九大作出一个重要判断:中国特色社会主义进入新时代。"新时代"是我们国家新的发展历史方位,也是新的阶段思考中国发展问题的逻辑起点。

中国特色社会主义进入新时代,一方面意味着近代以来久经磨难的中华民族迎来了从站起来、富起来到强起来的伟大飞跃,迎来了实现中华民族伟大复兴的光明前景;意味着科学社会主义在21世纪的中国焕发出强大生机活力,在世界上高举起了中国特色社会主义伟大旗帜;意味着中国特色社会主义道路、理论、制度、文化不断发展,拓展了发展中国走向现代化的途径,给世界上那些既希望发展又希望保持自身独立性的国家和民族提供了全新选择,为解决人类问题贡献了中国智慧和中国方案。这个时代的来临,说明社会主义现代化的实现有了更好的基础、更优的环境、更足的底气。

中国特色社会主义进入新时代,另一方面意味着我国社会的主要矛盾发生了变化。我国社会主要矛盾已经转化为人民日益增长的美好生活需要和不平衡不充分的发展之间的矛盾。主要矛盾决定主要任务,在全面建设社会主义现代化国家的新阶段,仍然要坚持以发展为主要任务。

事实是,新时代,党承担的历史使命非常艰巨,我们要在本世纪中叶建成社会主义现代化国家;我们面临的国内外环境十分复杂,单边主义、保护主义、意识形态进攻等,都不同程度地存在。全面建设社会主义现代化国家,这些问题避不开、绕不过,怎么办?

没有革命的理论,就不会有革命的运动。实践永无止境,理论创新也永无止境。作为马克思主义中国化的最新理论成果,习近平新时代中国特色社会主义思想科学系统地回答了"在新时代坚持和发展什么样的中国特色社会主义,以及怎样坚持和发展中国特色社会主义"的问题,是全党全国人民为实现民族复兴而奋斗的行动指南,必须长期坚持。

(二)习近平新时代中国特色社会主义思想是科学理论和科学方法的有机统一

习近平新时代中国特色社会主义思想立足时代之基,坚持以马克思主义为指导,坚持以人民为中心,是科学理论与科学方法的有机结合。党的十九大用"八大明确、十四个坚持"对习近平新时代中国特色社会主义思想的理论框架进行了科学概括。在习近平新时代中国特色社会主义思想的理论体系中,包含了一系列科学论断,如关于我国新的历史方位的判断,关于我国社会主义主要矛盾的判断,"五位一体"的总体布局,"四个全面"的战略布局,新发展理念,政治、经济、文化、社会、生态发展目标,等等。这些都为全面建设社会主义现代化国家提供了理论指导。在习近平新时代中国特色社会主义思想的理论体系中,也蕴含着一系列科学的方法论。如根据马克思主义生产关系与生产力关系的观点对全面深化改革的论述,根据马克思主义人与自然关系的观点提出了"绿水青山就是金山银山"的思想,根据马克思主义关于政党的观点对党的政治建设的论述,等等。不仅如此,习近平新时代中国特色社会主义思想本身也倡导一系列科学方法和科学思维,如历史思维、辩证思维、底线思维、法治思维等。科学观点和科学方法的有机结合,充分彰显了习近平新时代中国特色社会主义思想的科学性,也更能对全面建设社会主义现代化国家起到指导作用。

(三)习近平新时代中国特色社会主义思想是全面建设社会主义现代化国家的行动指南

理论一经群众掌握,也会变成物质力量。坚持习近平新时代中国特色社会主义思想的指导,是满足人民群众美好生活的需要,是时代发展的需要,是全面建设社会主义现代化国家的需要。

一是要学深悟透理论。习近平新时代中国特色社会主义思想内涵丰富，必须通过读原著、学原文才能悟透原理，才能了解理论真谛，把握理论精髓。我们要以"衣带渐宽终不悔，为伊消得人憔悴"的境界，认真学习理论。

二是要切实践行理论。全面建设社会主义现代化国家是党在当前阶段的政治纲领，这是一项伟大的事业，也是一项全新的事业，它的实现离不开科学理论的指导。但是，理论只有真正用来指导实践，才能体现出它的伟力。因此，必须坚持在实践中践行习近平新时代中国特色社会主义思想。

三是要不断发展理论。理论的生命在于不断随着实践的发展而发展，在实践中吸收营养，不断充实、丰富、完善自己。在全面建设社会主义现代化国家新征程中，我们会遇到各种各样的问题，这就要不断推进马克思主义中国化，用发展着的实践不断丰富习近平新时代中国特色社会主义思想。通过发展，既保持理论的科学性，也保证理论能够对实践真正起到指导、解释、推动的作用。

二、坚持走中国特色社会主义道路

道路决定生命。在中华民族的历史上，"走什么路"的问题一直是一个关键性的问题。新民主主义革命28年，党带领广大人民群众历经艰难险阻，找到了符合中国国情的革命道路——"农村包围城市，武装夺取政权"。社会主义建设阶段，党带领广大人民群众不畏艰难，开辟了中国特色社会主义道路。这条道路，是一条实现人民利益之路，也是一条强国富民之路。

（一）中国特色社会主义道路是历史的选择

新中国成立后，经过7年的社会主义革命，我国确立了社会主义制度。从1956年起，党领导广大人民群众，开始探索社会主义建设道路。但是，探索的过程出现了一些曲折，走了一些弯路，付出了一些代价。出现挫折时，党没有退缩，而是攻坚克难，矢志不渝，最终找到了中国特色社会主义道路。基于对历史的回顾，习近平总书记指出，一个国家实行什么样的主义、走什么样的路,关键要看这个主义、这条道路能否解决这个国家面临的历史性课题。中国特色社会主义道路,既不是从天上掉下来的,也不是从地上冒出来的,而是中国共产党人带领中国人民一步一个脚印踏出来的。这条道路,经历了历史的考验,经得起实践的检验。

(二)中国特色社会主义道路具有强大生命力

鞋子合不合脚,只有自己才知道。要使鞋子合脚,就必须根据脚来定鞋,而不能削足适履。走中国特色社会主义道路,就好比鞋子与脚的关系。在选择发展道路问题上,应该是根据中国国情来选择发展道路,而非根据道路来规划中国发展。基于此,我们党在充分认识国情的基础上,科学判断我国所处的历史方位,选择了中国特色社会主义道路。

一个国家走什么样道路,关键要看这条道路能不能解决这个国家的问题。中国特色社会主义道路形成于改革开放时期,它是改革开放的重要成果,也是改革开放顺利推进的重要保证。沿着这条道路,中国特色社会主义建设呈现出蓬勃生机。它使中国大踏步地赶上了时代,迎来了大发展、大繁荣的新历史时期。

中国特色社会主义道路是一条科学发展的道路。它坚持以发展为中心,把发展视为党执政兴国的第一要务。它讲究科学发展,要求发展以人为本,坚持统筹、协调、可持续,沿着这条道路,我国创造了震撼世界的"中国奇迹"。

(三)坚定中国特色社会主义道路自信

当今世界,任何国家都不可能关起门发展。中国同样如此,中国的发展离不开世界。在发展过程中,我们也会受到多种因素的影响。如经济领域的贸易保护主义、意识形态领域的恶意攻击、政治领域的打压等,有意干扰我们对中国特色社会主义道路的坚持。走什么路的问题是关乎国家安全、人民利益的根本性问题。在这个问题上,来不得半点含糊。不管环境如何复杂,不管挑战多么严峻,我们都始终坚持既不走封闭僵化的老路,也不走改旗易帜的邪路,而是坚定走中国特色社会主义道路,坚定道路自信,把好全面建设社会主义现代化国家的方向。

值得指出的是,坚定中国特色社会主义道路自信也有赖于全面建设社会主义现代化国家目标的实现。因为,只有全面建成社会主义现代化国家,让人民群众从中感受到社会主义道路的正确和科学,用事实说话、用事实证明,才能坚定全体中国人的道路自信。

三、坚持把发展作为党执政兴国的第一要务

2013年2月26日,习近平总书记在党的十八届二中全会第一次全体会议上讲道,以经济建设为中心是兴国之要,发展仍是解决我国所有问题的关键。习近平总书记一语中的,抓住了中国特色社会主义发展的关键,也抓住了全面建设社会主义现代化国家的首要问题。

(一) 发展仍是解决中国所有问题的关键

新中国成立以来,尽管我国在社会主义建设过程中出现过一些偏差,但是总的说来,我国经济社会发展还是取得了历史性进步。邓小平同志就曾说过:"我们尽管犯过一些错误,但我们还是在三十年间取得了旧中国几百年、几千年所没有取得过的进步。我们的经济建设曾经有过较快的发展速度。"① 发展到今天,我国的经济总量已经位居世界第二。但是,应当看到,在发展中,我国还存在一些突出问题,地区发展不平衡、区域发展不平衡、城乡发展不平衡等问题还存在。全面建设社会主义现代化强国,也面临一系列挑战。无论是问题还是挑战,都需要首先做大做强做优国家的综合国力。要满足老百姓的利益诉求,获得老百姓的支持,也必须把发展作为中心任务。通过发展,更好地满足人民群众的利益诉求,获得人民群众的支持,坚持和巩固执政地位。

(二) 全面建设社会主义现代国家需要全面发展

在社会主义现代化进程中,全面建设社会主义现代化国家中的"全

---

① 《邓小平文选》(第2卷),人民出版社1994年版,第167页。

面"具有多层内涵。一是群体的全面性。也就是说,全体中国公民都要享受到社会主义现代化建设的成果。二是领域的全面性。在全面建成社会主义现代化国家后,人们看到的将是城乡和谐统一、区域协调发展、地区共同繁荣。三是内容的全面性。全面建设社会主义现代化国家,不仅要求工业、农业、国防和科学技术等实现现代化,而且还包括制度现代化、理想现代化、文化现代化、习俗现代化等,是多方面的有机统一整体。

(三)全面建设社会主义现代国家需要高质量发展

开启全面建设社会主义现代化国家新征程,意味着我国经济发展进入高质量发展阶段。在这个阶段,现代化发展更多需要的是技术创新,更多地依靠科技进步,相应地,国家的发展方式也要进行调整。这就要求我们:一要切实转变经济增长方式,通过创新推动经济社会发展。就当前而言,更多的是依靠科技创新型企业。二要激发全社会创新的活力和潜力。三是提升创新能力,通过多方面、多领域的学习,实现经济社会发展的高质量和高速度。同时,需要加大开放利用,利用国际、国内两个市场,构建以国内大循环为主、国内国际双循环相互促进的新发展格局,更好地促进中国经济社会发展。

四、坚持"五位一体"的总体布局

中国特色社会主义事业"五位一体"的总体布局,是习近平新时代中国特色社会主义思想的重要内容,也是全面建设社会主义现代化国家的基本框架。

(一)"五位一体"的总体布局是新时代中国特色社会主义事业的路线图

社会主义现代化在我国的推进具有明显的阶段性。经过改革开放40多年的发展,中国特色社会主义进入了新时代。要推动整个时代继续前进,就必须实现全方位发展。只有这样,才能增强国家综合国力,也才能有效解决当前阶段的社会矛盾,全面建成社会主义现代化国家。

"五位一体"的总体布局有着严密的内在逻辑。首先，只有大力发展经济，才能满足人民群众对美好生活的需要，而且这种发展必须是科学发展。其次，中国特色社会主义政治制度是党和人民的伟大创造。我国社会主义民主是最广泛、最真实、最管用的民主，发展社会主义民主政治，体现人民的民主权利，是凝心聚力全面建设社会主义现代化国家的内在需要。文化是一个国家、一个民族的灵魂，文化自信是最深沉的自信，没有高度的文化自信，就没有中华民族的伟大复兴，也没有社会主义现代化国家的实现，因此，文化发展不可忽视。最后，对于政党而言，为什么人的问题，是一个根本性的问题。带领广大人民群众共同创造美好生活，让发展的成果、改革的成果更多地惠及群众，这也是全面建设社会主义现代化强国的需要。此外，绿水青山是人民群众幸福生活的重要内容。党的十九大报告指出，我国要建设的现代化是人与自然和谐共生的现代化。可见，"五位一体"既是一个体系，也为推进全面建设社会主义现代化国家绘制了一张清晰的"路线图"。

　　（二）"五位一体"的总体布局重在落实

　　"五位一体"的总体布局是当前和今后一段时间工作的基本遵循。它要求：在经济建设方面，要坚持新发展理念，以供给侧结构性改革为主线，不断解放和发展生产力，提高生产质量。在政治建设方面，坚持把人民当家作主落实到广大人民群众的生活中，引导他们有意见就一定要提。在文化建设方面，坚持社会主义核心价值的体系，发展中国特色社会主义文化。在社会建设方面，坚持在发展中发展和保障民生，在发展中补齐民生短板，更好地促进双方交流。在生态文明建设方面，则要更深入地转变理念，下更大力气转变经济增长方式。五个方面相互结合，推动形成社会主义现代化建设进程中的良好局面。

五、坚持以人民为中心

　　社会主义现代化，从根本上而言，是人的现代化。社会主义现代化以人的全面发展为目标，又以人为发展的主体。全面建设社会主义现代化国家，必须坚持以人民为中心。

（一）以人民为中心是全面建设社会主义现代化国家的出发点和落脚点

在《共产党宣言》中，马克思和恩格斯将共产主义定义为"每个人自由发展"，这就决定了，共产主义的低级阶段——社会主义社会也必须服务人的自由发展。相应地，坚持以人民为中心也应当成为全面建设社会主义现代化国家的出发点和落脚点。

在人类社会的现代化进程中，最早开始现代化的国家，在探索现代化建设路径的时候，大都片面追求经济发展的高速度。这种模式虽然在一定时间内带来了经济的高速增长，但随之而来的，是环境的破坏、贫富差距的拉大等系列问题。这些问题的存在，不利于人的全面发展，危害人本身的利益，与社会主义社会的初衷背道而驰。前车之鉴，后事之师。通过对传统现代化道路的反思，在领导推动中国特色社会主义现代化过程中，应始终保持对人的高度关注。

（二）以人民为中心要贯穿全面建设社会主义现代化国家新征程

全面建设社会主义现代化国家，是一项伟大的事业，也是一项艰巨的事业。推进这项事业，必须始终贯穿以人为本的理念。第一，要充分认识人民群众在发展中的地位和作用，坚持以人为本的理念。如同毛泽东说的，只有人民，才是历史的创造者。得民心者得天下。要从执政的高度看待人民群众的地位和作用。第二，要始终践行全心全意为人民服务的宗旨。为人民服务既要记在心中，也要体现在日常工作中，用自己的实际行动服务群众，帮助群众，解决群众的困难。第三，要不断提高为人民服务的能力。2020年，习近平总书记在中共中央党校（国家行政学院）中青年干部培训班开班式上要求领导干部要具备七种能力，即提高政治能力、调查研究能力、科学决策能力、改革攻坚能力、应急处突能力、群众工作能力、抓落实能力。只有真正把握了这些能力，为民服务才能见成效，全面建设社会主义现代化强国最终的成果才能惠及大众。

六、坚持全面深化改革

中国的改革，源于问题倒逼。改革开放前30年，全国人民在中国共产党的领导下，豪情万丈，投入火热的社会主义建设中。但由于这个时期的一些做法违背了生产关系要适应生产力发展的要求，遭遇了一些挫折。反思历史，总结教训，才有了1978年党的十一届三中全会作出的伟大决策——改革开放。改革开放是决定当代中国命运的关键一招，也是实现"两个一百年"奋斗目标、全面建设社会主义现代化国家的关键抉择。改革开放是强国之路，坚持全面深化改革是全面建设社会主义现代化国家所需。

（一）坚持全面深化改革要坚定信念

开弓没有回头箭。改革开放的目的是提高国家综合国力，满足人民群众对美好生活的追求。但是，中国的改革开放没有现成的模式可供借鉴，也缺乏已有经验的参考。无论是在改革开放初期，还是在全面深化阶段，难免都会出现一些问题，遇到一些挑战，这是事物发展规律决定的。但是，越是艰难处，越要有坚定的信念。一方面，要始终坚定改革是能够成功的信念。改革开放发展到全面深化阶段，矛盾更加尖锐，问题更加复杂。此时，一定要以必胜的信念始终坚持。另一方面，要通过全面深化改革，真正解决一批影响经济社会发展的深层次问题，将改革的成果进一步呈现在人民群众面前，让人民群众从幸福感、获得感、安全感的提升中体会改革的好，坚决支持和拥护改革，成为改革开放的动力。

（二）坚持全面深化改革要找准方法

改革是一场伟大的革命。革命是讲究方法的。新民主主义革命早期，中国共产党借鉴苏联模式，走以"城市"为中心的革命道路，方法不对，革命遭受挫折。社会主义建设初期，中国共产党同样以苏联模式为参考，实行计划经济体制。这个体制在一定时期内为集中全国有限的人力、物力、财力进行社会主义建设,作出了突出贡献。但是,越往前进,党就越感受到这个体制本身的弊端,决心对这种发展方式进行改革。实践告诉中国共产党:要发展,必须找对方法。全面深化改革阶段,面临的形势更复杂,遇到的问题更棘手,找对方法就显得尤为重要。

凡将立国,制度不可不察也。全面深化改革阶段,摆在我们面前的都是深层次的问题,应该更加注重制度体系建设,因为"领导制度、组织制度问题更带有根本性、全局性、稳定性和长期性"[①]。改革是要破除一切有碍于生产力发展的体制和机制障碍,改革的方法也应有的放矢。全面深化改革首要的是要健全和完善中国特色社会主义制度,通过建立符合生产力发展的制度体系,实现制度与制度的有机联动,调动人民群众的积极性、主动性、创造性,发挥市场活力,增强发展后劲,更大程度显示社会主义制度优越性。

(三)坚持全面深化改革要抓住重点

坚决破除一切不合时宜的思想观念和体制机制的束缚,突破利益固化的藩篱,为发展扫除障碍,是全面深化改革的路径选择。改革要全面,但在不同时期改革也有重点。改革进入深水区,要重点解决治理障碍、政策阻碍的问题;要重点关注依法治国中法治意识不强、执法措施及效果不够理想的问题;要重点破解民生领域的教育、医疗、住房等问题。

七、坚持完善党的领导

没有中国共产党,哪有社会主义中国,哪有中国特色社会主义,哪有中华民族伟大复兴?党的领导是中国特色社会主义的本质特征,是中国特色社会主义制度的最大优势。全面建设社会主义现代化国家,是党治国理政的战略部署,也是党推进社会主义现代化、实现国富民强的重大决策。党的领导是确保现代建设始终保持正确方向的需要,也是全面建设社会主

---

① 《邓小平文选》(第2卷),人民出版社1994年版,第333页。

义现代化目标顺利实现的需要。

（一）全面建设社会主义现代化国家必须始终坚持党的领导

党政军民学，东西南北中，党是领导一切的。这个重要论断是对历史经验的总结，也是新时代中国特色社会主义发展的重要组成部分。首先，从宪法来看，坚持党的领导是我国宪法的基本原则。宪法规定，我国实行人民民主专政的国体，这是坚持党的领导的具体体现。中国共产党是中国工人阶级的先锋队，同时是中国人民和中华民族的先锋队，坚持党的领导，是实现和维护最广大人民群众根本利益的需要，也是全面建设社会主义现代化国家的需要。其次，从党章来看，坚持党的领导是党章的一贯要求。党的十九大将"党是领导一切的"写入党章，以党内根本大法的形式向全党提出要求，有利于全党在思想上、政治上、行动上保持高度一致，为全面建设社会主义现代化国家提供坚强的领导保障。

在全面建设社会主义现代化国家新征程中坚持党的领导，一方面要始终做到"两个维护"，增强全党的凝聚力，形成方向一致的合力；另一方面要始终坚持立党为公、执政为民。实现、维护、发展好民众利益，是政党的基本功能，也是坚持和巩固党的执政地位的基础和前提。

（二）全面建设社会主义现代化国家必须不断完善党的领导

中国共产党是在中国长期执政的唯一政党。时代在变，形势在变，党也必须根据现实需要调整和改革自身。我们党是一个有着斗争精神的政党，十分注重在领导革命建设改革的同时进行自我革命。这是党永葆生机和活力的法宝，也是全面建设社会主义现代化国家的内在需要。

完善党的领导，要坚持和完善党的制度体系，不断提高党科学执政、民主执政、依法执政的水平。一是要建立不忘初心、牢记使命的制度，确保全党始终坚定对马克思主义的信仰，对社会主义和共产主义的信仰，筑牢信仰之魂。二是要完善坚定维护党中央权威和集中统一领导的各项制度，确保党总揽全局、协调各方，确保党的路线方针政策切实得到贯彻落实，彰显党的执政理念和宗旨。三是要健全党的全面领导制度，确保党在各个领域、各级组织中发挥领导作用。四是要坚持为人民执政、靠人民执政的各项制度。我们党来自人民、植根人民，只有始终保持与人民群众的血肉联系，才能筑牢党的执政根基。五是要健全提高党的执政能力和领导水平制度，通过发扬民主集中制，通过发挥专家学者智囊团的力量，提高决策科学化水平；借助信息技术等现代手段，更好地了解民众意愿，尽可能减少决策的失误。要积极吸收人类社会共同的政治文明，为党执政提高参考。六是要完善全面从严治党制度。党要管党，全面从严治党。要通过健全各项制度，严格执行各项制度净化党内生态，在党内营造全面从严治党的氛围，不断增强党的凝聚力、创造力、战斗性，始终保持党的先进性和纯洁性，为全面建设社会主义现代化国家提供组织保障。

参考文献

[1] 何爱国:《改革开放以来小康社会理论的形成与发展》,《当代中国史研究》,2009年第1期。

[2] 齐卫平:《全面建成小康社会的奋斗历程和开启新征程的时代使命》,《江汉论坛》,2020第7期。

[3] 秦宣、林啸:《全面建成小康社会:历程、经验、意义》,《当代世界与社会主义》,2020年第4期。

[4] 贾高建:《全面建成小康社会是中华民族伟大复兴的关键一步》,《光明日报》,2016年9月6日。

[5] 宁吉喆:《决胜全面建成小康社会取得决定性成就》,《人民日报》,2020年12月7日。

[6] 万东华:《从社会发展看全面建成小康社会成就》,《人民日报》,2020年8月4日。

[7]《习近平新时代中国特色社会主义思想三十讲》,学习出版社2018年版。

[8]《习近平谈治国理政》,外文出版社2014年版。

[9]《习近平谈治国理政》(第2卷),外文出版社2017年版。

[10]《习近平谈治国理政》(第3卷),外文出版社2020年版。

[11]《〈中共中央关于制定国民经济和社会发展第十四个五年规划和二〇三五年远景目标的建议〉辅导读本》,人民出版社2020年版。

[12]《〈中共中央关于坚持和完善中国特色社会主义制度、推进国家治理体系和治理能力现代化若干重大问题的决定〉辅导读本》,人民出版社2019年版。

［13］石建勋、张凯文、李兆玉：《现代化经济体系的科学内涵及建设着力点》，《财经问题研究》，2018年第2期。

［14］中共中央宣传部编：《习近平总书记系列重要讲话读本》，学习出版社、人民出版社2014年版。

［15］中共中央宣传部编：《习近平新时代中国特色社会主义思想学习纲要》，学习出版社、人民出版社2019年版。

［16］国务院发展研究中心公共管理与人力资源研究所、"我国社会治理创新发展研究"课题组：《我国社会治理的制度与实践》，中国发展出版社2018年版。

［17］中共中央党史和文献研究院编：《习近平扶贫论述摘编》，中央文献出版社2018年版。

［18］萨孟武：《中国政治思想史》，东方出版社2008年版。

［19］中共中央党史和文献研究院、中央"不忘初心、牢记使命"主题教育领导小组办公室编：《习近平关于"不忘初心、牢记使命"论述摘编》，中央文献出版社、党建读物出版社2019年版。

［20］中共中央宣传部编：《习近平总书记系列重要讲话读本》（2016年版），学习出版社、人民出版社2016年版。

［21］习近平：《决胜全面建成小康社会 夺取新时代中国特色社会主义伟大胜利》，《人民日报》，2017年10月28日。

［22］沈春耀：《加强人民当家作主制度保障》，《人民日报》，2017年12月21日。

［23］中共中央文献研究室编：《十八大以来重要文献选编》（上），中央文献出版社2014年版。

［24］中共中央文献研究室编：《十八大以来重要文献选编》（中），中央文献出版社2016年版。

［25］中共中央党史和文献研究院编：《十八大以来重要文献选编》（下），中央文献出版社2018年版。

[26] 中共中央文献研究室编：《十九大以来重要文献选编》（上），中央文献出版社2019年版。

[27] 中共中央文献研究室编：《习近平关于社会主义文化建设论述摘编》，中央文献出版社2017年版。

[28] 中共中央宣传部理论局编：《新中国发展面对面——理论热点面对面·2019》，学习出版社、人民出版社2019年版。

[29] 宋学勤：《改革开放40年的中国社会》，中共党史出版社2018年版。

[30] 彭华民主编：《民生为本的社会建设》，社会科学文献出版社2018年版。

[31] 国务院发展研究中心课题组：《中国民生调查2018》，中国发展出版社2018年版。

[32] 任远：《社会建设与全面建成小康社会》，重庆出版社2014年版。

[33] 习近平：《摆脱贫困》，福建人民出版社1992年版。

[34] 张瑞敏：《中国共产党反贫困实践研究：1978—2018》，人民出版社2019年版。

[35] 中共中央文献研究室编：《习近平关于社会主义经济建设论述摘编》，中央文献出版社2017年版。

[36] 中华人民共和国国务院新闻办公室：《抗击新冠肺炎疫情的中国行动》，人民出版社2020年版。

[37] 新华社中央新闻采访中心编：《2020全国两会记者会实录》，人民出版社2020年版。

[38] 中共中央文献研究室编：《习近平关于全面建成小康社会论述摘编》，中央文献出版社2016年版。

[39] 杜尚泽、廖政军、兰红光：《习近平出席华盛顿州当地政府和美国友好团体联合欢迎宴会并发表演讲》，《人民日报》，2015年9月24日。

[40] 中共中央文献研究室编：《习近平关于协调推进"四个全面"战

略布局论述摘编》，中央文献出版社 2015 年版。

[41] 刘儒、王媛：《着力补齐制约全面建成小康社会的短板和弱项》，《红旗文稿》，2019 年第 11 期。

[42] 鞠鹏、申宏：《中共十九届四中全会在京举行》，《人民日报》，2019 年 11 月 1 日。

[43] 朱启贵：《全面建成小康社会评价指标体系研究》，《人民论坛·学术前沿》，2017 年第 4 期。

[44] 中共中央文献研究室编：《习近平关于社会主义生态文明建设论述摘编》，中央文献出版社 2017 年版。

[45] 潘家华等：《生态文明建设的理论构建与实践探索》，中国社会科学出版社 2019 年版。

[46] 王雨辰主编：《生态文明与绿色发展研究报告》，中国社会科学出版社 2020 年版。

[47] 陈晓红等：《生态文明制度建设研究》，经济科学出版社 2019 年版。

[48] 本刊编辑部、牟宇：《在习近平生态文明思想指引下迈入新时代生态文明建设新境界》，《求是》，2019 年第 3 期。

[49] 曹立、郭兆晖编著：《讲述生态文明的中国故事》，人民出版社 2020 年版。

[50] 中共中央马克思恩格斯列宁斯大林著作编译局编：《列宁选集》（第 1 卷），人民出版社 1995 年版。

[51]《毛泽东选集》（第 1—4 卷），人民出版社 1991 年版。

[52]《邓小平文选》（第 1—3 卷），人民出版社 1994 年版。

[53] 中共中央文献研究室编：《习近平关于全面从严治党论述摘编》，中央文献出版社 2016 年版。

[54] 中共中央纪律检查委员会、中共中央文献研究室编：《习近平关于党风廉政建设和反腐败斗争论述摘编》，中国方正出版社 2015 年版。

［55］习近平:《在全国组织工作会议上的讲话》,人民出版社2018年版。

［56］中共中央党史研究室:《中国共产党的九十年》,中共党史出版社、党建读物出版社2016年版。

［57］王灵桂主编:《中国:实现社会主义现代化和中华民族伟大复兴》,社会科学文献出版社2018年版。

后 记

"小康"是一个古老的词,是炎黄子孙长期的憧憬。20世纪70年代末80年代初,邓小平同志在规划中国经济社会发展蓝图时提出"小康社会"战略构想。党的十八大报告正式提出"全面建成小康社会"。全面建成小康社会,实现第一个百年奋斗目标,是实现中华民族伟大复兴中国梦的关键一步,在中华民族发展史上具有重大意义。

习近平总书记强调,到2020年全面建成小康社会,实现第一个百年奋斗目标,是我们党向人民、向历史作出的庄严承诺。站在全面建成小康社会胜利收官、开启全面建设社会主义现代化国家新征程的历史交汇点上,我们组织编写了《全面建成小康社会——兑现向人民向历史作出的庄严承诺》一书,目的是深度反映党和人民在全面建成小康社会中的伟大实践、精神风貌和决定性成就,为广大党员、干部读懂新时代、奋斗新时代提供通俗易懂的理论宣传读本。

全书由十章构成,分为三个板块。第一板块为总论,即第一章"实现中华民族伟大复兴的关键一步",总体阐述全面建成小康社会的历史方位、时代特征和重大意义。第二板块为分论,包括八章,即第二章至第九章,分别从坚定不移推动经济高质量发展、用制度体系保障人民当家作主、推进文化大发展大繁荣、提高保障和改善民生水平、打好精准脱贫攻坚战、构建共建共治共享社会治理新格局、坚持绿水青山就是金山银山、把党建设得更加坚强有力八个方面,全景式描绘全面建成小康社会所走过的不平凡道路,立体化呈现全面建成小康社会的生动实践和丰硕成果。第三板块为前景展望,即第十章,对开启全面建设社会主义现代化国家新征程进行前景展望。

全面建成小康社会既是社会主义现代化道路上的一个阶段性目标，又拓展现代化建设的途径；全面建成小康社会的理论和实践既深化了人们对社会主义的认识，又彰显了社会主义制度的优势。本书作为中共湖南省委党校（湖南行政学院）2020年教学科研咨询一体化创新工程重点支持的政策理论图书，站在历史交汇点，带着对新阶段的展望和思考，以全面建成小康社会为统领，以兑现向人民向历史作出的庄严承诺为脉络，全面回望、检视全面建成小康社会历史进程中的生动实践、不凡成就和宝贵经验，系统展现全面小康实践中的历史、理论和发展逻辑，生动体现决定性成就背后的"中国之治"的显著优势，让读者更加自觉地增强中国特色社会主义道路自信、理论自信、制度自信、文化自信。

本书是集体研究写作的成果，由中共湖南省委党校（湖南行政学院）教育长吴厚庆教授担任主编，科研部主任谢兵良、期刊社副主任王赞新教授担任副主编。编写思路和大纲由主编、副主编提出，经讨论后最终确定。书稿各章写作分工如下：吴厚庆、王赞新，第一章；陈志平，第二章；贺治方，第三章；邓田田，第四章；邓志强，第五章；王小艳，第六章；田利，第七章；陶焘，第八章；谌玉梅，第九章；李美玲，第十章。中共湖南省委党校（湖南行政学院）校（院）委非常重视本书的写作，为本书提供了大力支持；国家行政学院出版社积极支持本书出版。在本书写作过程中，我们参考、借鉴和吸收了国内外相关著作、论文和同行的研究成果，限于篇幅不能全部列出，在此我们向这些作者一并表示感谢。

由于作者写作水平有限，书中不足之处在所难免，恳请读者批评指正。

编　者
2020年12月